| 军事情报前沿理论探索丛书 |

主编｜王 亮

美军联合情报行动中心研究

阎宏瑞 ｜ 著

金城出版社
GOLD WALL PRESS
·北京·

Copyright © 2024 GOLD WALL PRESS CO., LTD., CHINA

本作品一切权利归**金城出版社有限公司**所有，未经合法授权，严禁以任何方式使用。

图书在版编目（CIP）数据

美军联合情报行动中心研究 / 阎宏瑞著. -- 北京：金城出版社有限公司, 2024.9
（军事情报前沿理论探索丛书 / 王亮主编）
ISBN 978-7-5155-2495-5

Ⅰ.①美… Ⅱ.①阎… Ⅲ.①军事情报－情报工作－研究－美国 Ⅳ.①E712.416

中国国家版本馆CIP数据核字（2023）第149478号

美军联合情报行动中心研究

作　　者	阎宏瑞
责任编辑	蔡传聪　柴　桦
特约编辑	刘　磊　刘政钰
责任校对	王秋月
责任印制	李　滨
开　　本	710毫米×1000毫米　1/16
印　　张	17
字　　数	220千字
版　　次	2024年9月第1版
印　　次	2024年9月第1次印刷
印　　刷	北京科信印刷有限公司
书　　号	ISBN 978–7–5155–2495–5
定　　价	58.00元

出版发行	金城出版社有限公司　北京市朝阳区利泽东二路3号
	邮编：100102
发 行 部	（010）84252396
编 辑 部	（010）61842989
总 编 室	（010）64228516
网　　址	http://www.baomi.org.cn
电子邮箱	jinchengchuban@163.com
法律顾问	北京植德律师事务所　（电话）18911105819

丛书总序
努力系统探寻军事情报活动的"道"与"理"

一

对军事情报活动"道"与"理"的探寻，始于约2500年前的孙子时期。"用间""相敌三十二法"等思想在军事历史的长河中熠熠生辉，引领与指导军事情报实践活动，至今仍然闪耀着智慧的光芒。这份东方智慧在西方直至19世纪上半叶还无法被军事理论的研究者认同。西方的"兵圣"克劳塞维茨在《战争论》中依然仅用不足千字来讨论"战争中的情报"，主要阐释的是，指挥官面对情报的"不可靠性和多变性"应该如何"保持真正的镇静"，对于从情报人员视角思考怎样做好情报保障工作，克劳塞维茨既无信心也无办法。

西方开始系统理性地思考情报活动规律已然是20世纪的事情。19世纪末20世纪初，新老帝国主义国家激烈博弈，对情报产生巨大的需求，情报活动随之迅猛发展。在谍报领域，各国的情报侦察能力向体系化和精细化两个向度发展。在技术侦察领域，第一次世界大战前后，无线电技术侦察和航空侦察纷纷登上情报活动的历史舞台，极大地拓展了情报侦察手段的多样性。日俄战争催生了俄国独立的情报分析机构，侦察和分析成为情报工作链条上两个独立的环节。日益复杂的情报活动既为系统的情报研究活动提供了实践基础，也对深入理解情报活动的内在规律提出了现实需求。战后，曾是沙皇俄国第一位晋升将军军衔的情报人员巴秋申撰写了《秘密军事情报工作与反情报工作》，这应该是最早对现代情报活动展开理性探讨的专门著作。此后，日本、英国等多个国家出现了类似的研究成果，但数量稀少，基本上是有着丰富情报工作经验的人员对情报经验的总结与升华，这些成果也多成为各国情报人员的培训教材。

1949年，曾在第二次世界大战期间服务于美国战略情报局的谢尔曼·肯特，撰写了《战略情报：为美国世界政策服务》，开启了美国情报理论研究的先河，更开启了文人研究情报活动的先河。肯特在战前20年的时间里，受训和执教于耶鲁大学，已经打下了扎实的学术训练功底，形成极强的理论意识和方法意识。《战略情报：为美国世界政策服务》正是他的学术意识与情报领域实践活动结合的产物，更是他力图通过系统建构情报理论从而统筹与规范复杂的战略情报活动的尝试。自此，经验总结与升华不再是情报领域理性思考的唯一路径，引入自然科学和社会科学的理论，借以分析军事情报问题，进而创建军事情报理论，成为美国军事情报理论研究活动的重要方向。肯特之后，以罗伯塔·沃尔斯泰特为代表的非情报人员出身的学者也投入情报研究，取得了诸多研究成果。张晓军教授在《美国军事情报理论著作评介》一书的前言中，这样概括美国战后的军事情报理论研究："美国的军事情报理论研究，数十年热度不退……这些著作从不同层面、不同视角，对军事情报理论与实践进行了探讨。"[1]

与战后美国情报学界的百家争鸣景象不同，同样有着超强情报实力的

---

[1] 张晓军主编：《美国军事情报理论著作评介》，时事出版社2005年版，第1页。

中国与苏联，因为国家安全观念和情报文化的不同，在情报理论创新上鲜少呈现学者的相互争鸣，公开出版的情报相关文献有着共同的话语体系和共同的认知内容。《苏联军事百科全书》和《中国人民解放军军语》及其修订版最利于观察两国情报理论创新的节奏与面貌，其中情报相关篇章论述极为精练，蕴含极为丰富的情报工作实践经验与理性思考。

东西方情报理论创新成果的广泛交融出现在冷战结束以后。20世纪90年代，俄罗斯情报界开始向西方开放，俄罗斯情报学界也外溢出情报界，诸多国际政治和军事问题研究机构（大学和智库等）纷纷开始研究情报问题。传播本国既有的情报理论，引入美国情报理论研究成果，运用历史学研究方法深挖解密档案，创造性地引入系统论等现代科学方法探索军事情报问题，蔚然成风。我国在20世纪90年代末开始学术化地研究军事情报活动的规律与指导规律，系统构建军事情报的理论知识与经验知识体系。由此，国内军事情报研究领域的拓荒者们一方面系统梳理情报活动的历史经验，另一方面从继承、"拿来"和创新三条路径探索情报理论。在对中国古代军事情报思想进行系统总结与提炼后，学界把目光投向了百花齐放的美国情报理论界。张晓军教授开此先河，《美国军事情报理论著作评介》为中国读者打开了美国情报理论研究的万花筒，《美国军事情报理论研究》一书则开启了对美国军事情报问题的原创性理论研究。

过去的20多年，国内军事情报学者在军事情报理论的翻译与研究道路上大踏步前进。"情报与反情报丛书""国家战略预警研究译丛"等书系为国内情报学界提供了丰富的美国情报理论研究全本译著，"军事情报学博士文库""国家安全与情报丛书"等研究成果也不断推陈出新，相映生辉。更为重要的是，一些研究大战略和战略问题的学者加入情报理论研究的行列，为学界贡献出不同视角下的情报理论研究成果。中国军事情报学界初露锋芒。

二

当我们讨论军事情报理论时，到底在指涉什么？军事情报活动是否需要理论？

为此需要先理解何谓理论。各个学科几乎都要从回答这一问题开始。陈嘉映在《哲学·科学·常识》一书中认为，"我们叫作'理论'的东西，首先是一般的东西、普遍的东西、抽象的东西，是和具体情况相对的"，"理论的另一个含义是对世界的整体解释"。[1] 文军在探讨何谓社会学视野下的"理论"时指出，"从功能主义的观点来看，理论实际上就是力求解释社会进程的过程和因果关系的一种体系或架构，在这一框架中，各种陈述都会由逻辑的关系连接起来，而逻辑必然性依靠的又是一套内部相关一致的定义和规则。所以，理论也可以看作是对事物的合理解释或事先预测，是对客观事物本质及其运动规律的一种科学认识"[2]。国际关系学者詹姆斯·多尔蒂和罗伯特·法尔兹格拉夫劝告该领域的学生不应被"理论"一词吓到，"理论只是对现象系统的反映，旨在说明这些现象，并显示它们是如何相互密切联系的"[3]。不一而足。从这些学者对"理论"的界定来看，第一，它是对世界（理论所对应领域）进程的反映，也是对具体现象的系统反映，因而是一种抽象的反映；第二，它为世界进程中的因果关系提供一种解释，这种解释往往是整体的、结构化的，由多重逻辑关系构成的。

如果说上述对理论的定义具有较强的西方科学思维的色彩，那么从中国传统文化中对"道"与"理"的解读，似乎更能帮助我们以中国人习惯的思维和视角理解理论的内涵及价值。

庄子以一则《庖丁解牛》建构了两组对立统一的概念——"技"与

---

[1] 陈嘉映：《哲学·科学·常识》，中信出版社2018年版，第60页。
[2] 文军：《西方社会学理论》，上海人民出版社2006年版，第6页。
[3] 倪世雄等：《当代西方国际关系理论》，复旦大学出版社2001年版，第2页。

"道"、"道"与"理"。当文惠君感叹庖丁解牛技术之高明时,庖丁却为自己理解解牛的"道"而自豪,甚至向文惠君详细描述了处理大骨、小骨、筋骨结合处等部位的方法,此所谓"道",即"所然"。庖丁进而解释了这些方法的形成依据,所谓"依乎天理",就是遵循"道"背后的"理"、"所然"背后的"所以然",按照今天的话语体系,庖丁所遵循的"天理"应为牛的内在结构。能够保证庖丁所用之刀十九年仍仿佛"新发于硎"的,并非"切割"这样的表象活动及其技巧,而是对所解之牛内在深层次结构(理)理解基础上的用刀之法(道)。

散见的道理无处不在。中国文化传播的特点是将诸多道理分别寓于形象化的故事中表达出来。散见的道理不能称为理论。道理还需要系统地说——"系统说理"。"常识所关的……是简单而基本的事实和道理",而"细致、系统观察到的现象,仪器观察和实验所产生的结果,更是常识难以解释的",所以需要"系统说理","所谓'穷理'……是向深一层去探究事物的所以然","我们关于世界的东鳞西爪的知识,通过对所以然的追问,收归原理的统辖之下,形成一个系统","系统说理通过一套原理贯通各种具体问题"。[1]

由此,东西方关于"何谓理论"的理解达成了共识。抽象地阐述事物的所然,系统地理解事物的所以然,从而对事物形成整体的、结构性的认识,应为"理论"的本质内涵。

需要强调的是,"系统说理"的"系统"有具体的内涵。中国文化中有强烈的"悟道"习惯,比如《关尹子教射》中的关尹子,所谓"教"者,只是明示列子需要知道射箭的"所然"与"所以然",但"所以然"需要列子在实践中去体悟。西方的理论是对"所然"与"所以然"的系统逻辑推理过程。这也应该是陈嘉映所谓"系统说理"的本意吧。所以,我们进而可以说,通过系统地逻辑推理实现求道穷理的过程即为理论建构的

---

[1] 陈嘉映:《说理》,华夏出版社2011年版,第32—33页。

过程，这一过程的产物——运用严密的逻辑推理过程系统地表达事物表象背后的"道"与"理"，即为理论。

理解"理论"的内涵后，也就理解了"理论"的价值。人们应该皆希望自己是文惠君所赞之庖丁，而非"月更刀""岁更刀"的"族庖"和"良庖"。《韩非子·解老》甚至有言："夫缘道理以从事者，无不能成。"但是哲人们也提醒我们，不要过高估计"道"的价值。走过"确定领域中的确定事物中的沟沟坎坎"，往往还需要经验和通过经验的累积而日益熟悉的"术"的帮助。[1]

所以，所谓军事情报理论应为对军事情报活动"道"与"理"的系统逻辑推理，是对军事情报活动"所然"与"所以然"的结构化理解。

三

今天，中国军事情报学界已经走过了理论研究的拓荒时期。诸多军事情报理论探索的前辈在这一领域深耕20余载，形成了自己对情报活动"所然"与"所以然"的认识。更为重要的是，他们以自己丰厚的学养和拓荒者的精神培养了新一代的情报理论研究者。薪火相传中，新一代的情报学人承载着新的使命。

如果说，中国军事情报学界前20年的理论探索为军事情报理论研究领域不断拓展边界，赋予了它足够的宽度，那么在接下来的时间里，情报学人努力的方向也许是：

首先，潜心深耕这片沃土。把情报理论研究前辈们已经开拓出的这片研究领域，作为情报理论探索的核心地带，努力为其中的每一个情报理论问题提供扎实的研究注解，这是构建系统情报理论的第一步，就像所有的

---

[1] 陈嘉映：《说理》，华夏出版社2011年版，第32—33页。

通史研究都需要首先做好各个断代史的研究一样。

其次，在继承和"拿来"的基础上更加专注于对情报问题的原创性理解与阐释。事实上，美国的情报理论创新最重要的路径是将哲学和社会科学的方法引入情报问题的理解中，比如小理查兹·霍耶尔的《情报分析心理学》、凯瑟琳·弗森和伦道夫·弗森的《战略情报的批判性思维》，即将认知心理学的最新发展成果和西方传统的批判性思维引入情报学的具体研究领域。面对情报活动中的诸多理论问题，我们也可以打开视野，运用不一样的哲学理论或者跨学科理论工具形成独特的系统解释。

再次，对军事情报活动的"所然"与"所以然"给出现代中国的答案。每一个民族每一种文化都有自己在长期的生产生活中形成的独特思维方式。如果说现代科学有共通的"天理"，当涉及人的精神理解时则必然会有文化的烙印。情报领域所需面对的问题既有科学的问题也有人文的问题。现代中国对军事情报基本理论的回答必然依托自己的文化心理和思维方式。与此同时，情报理论学人也应努力回答国家发展过程中所迫切需要回答的情报理论问题。信息时代，情报能力作为国家重要战略能力之一，面临着更大的竞争挑战，有着更为迫切的发展需求，通过理论创新引领与推动国家情报能力的发展是情报理论研究者责无旁贷的使命。

最后，紧跟时代发展的前沿努力探索情报理论的发展方向。"每一个时代的理论思维，包括我们这个时代的理论思维，都是一种历史的产物，它在不同的时代具有完全不同的形式，同时具有完全不同的内容。"这句耳熟能详的教导同样适用军事情报理论探索领域。这个时代的理论创新，一方面，是对这个时代所产生新现象的深入系统理解；另一方面，也应该包括以这个时代的视角和理解方式阐释军事情报的基本问题。

上述每一个方向的探索都非易事。好在我们都是"思想的苇草"，好在何兆武先生为我们指明了路径："人的思想总是由零零碎碎的感触长期积累而逐步形成的，没有夹生的，自然也就不会有成熟的。"[1]

　　正是在这些思考基础上，我们策划了"军事情报前沿理论探索丛书"。这将是一个具有高度包容性的丛书系列，只要聚焦军事情报理论探索问题，哪怕只是一个小小的理论问题，哪怕思想没有那么深邃，理论没有那么完美，我们都愿意将其视为珍宝奉献出来。多年以后，中国军事情报理论体系的构建也许就有今天一个小小的理论探索火花的作用。星星之火，终可燎原。

　　是为序。

王亮　彭亚平

---

[1] 何兆武：《思想的苇草：历史与人生的叩问》，北京师范大学出版社2013年版，前言。

前　言

美军是世界上联合作战实践最丰富、水平最高的军队，其对情报支援以及情报与作战配合的高度重视也为外界所公认。联合情报行动中心是美军建立的统筹情报与作战的专职机构，是美军从组织制度层面推动情报与作战一体化的关键性举措。联合情报行动中心不是一家单独的情报机构，而是美军对应作战指挥体系，在国家级、联合司令部和联合特遣部队层级设立的相互联系的机构体系，[1]其主要任务不是从事情报搜集或生产等具体业务，而是根据不同层级的作战需要统筹协调情报工作。目前美军在国家级和战区级共设有12家常设联合情报行动中心，即国家联合作战和情报中心、10家联合作战司令部联合情报行动中心[2]以及驻韩美军司令部联合

---

[1] U.S. Joint Chiefs of Staff, Joint Publication 1-02, *Department of Defense Dictionary of Military and Associated Terms*, Washington, D.C.: GPO, January 2020, p. 117.

[2] 美军目前共设11个联合作战司令部（印太司令部、中央司令部、欧洲司令部、北方司令部、南方司令部、非洲司令部、战略司令部、运输司令部、特种作战司令部、网络空间司令部、太空司令部），除2019年8月最新成立的太空司令部目前尚未完成联合情报行动中心组建外，其他10个联合作战司令部均设有联合情报行动中心。U.S. Joint Chiefs of Staff, Joint Publication 2-01, *Joint and National Intelligence Support to Military Operations*, Washington, D.C.: GPO, 5 July 2017, p. II-7.

情报行动中心。危机和战时会在联合特遣部队设立相应的联合情报支援分队作为临时联合情报行动中心。该机构体系能够兼顾不同层级指挥机构的情报需求，优化配置情报力量，统筹情报支援与作战行动全程同步配合。在伊拉克战争和阿富汗战争中，联合情报行动中心各级机构相互配合，整合各类情报力量、活动和产品，并根据不同指挥层级需要统一筹划安排，协调情报与作战以前所未有的方式紧密配合，充分验证了其成效。英国、加拿大和北约也效仿美军建立了相应机构。

联合情报行动中心能够协调情报与作战紧密配合达至一体，是信息化时代美军一体化联合作战情报支援的核心，也是本次世界新军事变革聚焦有效联合、实现力量倍增的关键。一体化联合作战要求各军种作战要素基于信息技术相互联合为一个有机整体。在这种联合中，情报作为依托信息技术在各军种作战要素间传递的实质内容，其地位进一步凸显。它是各军种作战要素相互沟通并实现有效联合的黏合剂，是实现联合的基础以及推动这种联合向一体化转变的关键。可以说，一体化联合作战中，情报不仅是作战制胜的核心，也是作战一体化联合实现力量倍增的关键。情报与作战的配合程度直接决定了情报支援效果以及整体作战能力的提升。信息化条件下一体化联合作战对情报与作战高度配合的空前要求以及为情报与作战实时同步配合提供的技术支持，也带来了组织体制方面的特别需求。仅靠原有指挥机关的情报参谋部门和情报生产单位协调情报和作战配合已是杯水车薪，需要专门起协调作用的组织机构，统筹情报与作战一体化配合。美军作为信息化时代世界新军事变革的引领者，率先建立联合情报行动中心，协调情报与作战一体化配合，在作战上也完成了向"一体化"跃升的深度变革，其情报支援与作战配合以及作战一体化程度目前在世界上处于最高水平，相关做法、经验也最具研究价值。

美军探索建立专职机构协调情报与作战绝非一日之功。联合情报行动中心从最初酝酿到建立发展，代表了美军情报支援和作战配合日趋紧密的探索实践，也贯穿了美军联合作战的发展历史。回顾美军战争史，从独立战争中陆海军共同行动的约克镇战役，到第二次世界大战中陆海空作战力量协作配合的太平洋战争，再到海湾战争中联军紧密协调的"沙漠风暴"行动，直至21世纪伊拉克战争中联军协调一体的"伊拉克自由行动"，可以说"联合作战是美军的历史、传统和未来"[1]。然而不同时期美军军种间联合的程度和内涵并不相同。实际上，"美军联合作战包含的内容过去和现在有相当大的区别，历史上的联合作战是以某军种为主体的协同作战，现在的联合作战是各军种不分主次的整体作战"[2]。并且随着信息化战争时代的真正来临，这种整体作战也由高技术条件下成体系的整体联合，升级为信息化条件下强调效能倍增的集成一体。按照不同时期联合程度和内涵的区别，美军作战发展经历了机械化条件下的协同作战、高技术条件下的联合作战以及信息化条件下的一体化联合作战三个阶段。[3] 而情报作为各阶段作战联合的基础和关键，其与作战的配合程度也应各阶段的不同需求，从"协同""联合"发展到"一体"。这期间，美军基于不同阶段对情报与作战配合的理解认识以及能够依托的技术条件，探索并建立了专门协调情报与作战的组织机构——联合情报行动中心。联合情报行动中心的演进历程遵循美军情报和作战关系的发展轨迹，经历了早期探索、初步发展以及深入推进三个阶段，呈现出特有的机构设置和运行特点，反映了美军从组织制度层面协调情报与作战的实践历程。

国内作战和情报支援领域均已对情报相关问题进行了一定程度的宏观

---

[1] U.S. Joint Chiefs of Staff, Joint Publication 1, *Joint Warfare of the Armed Forces of the United States*, Washington, D.C.: GPO, 10 January 1995, p. II-1.
[2] 冯兆新主编：《美军联合作战理论研究》，国防大学出版社2001年版，第34页。
[3] 关于美军联合作战，也有研究认为是经历了"协调式联合""融合式联合"以及"内聚式联合"三阶段。为了便于在研究中运用我军术语对不同时期联合内涵进行准确阐释，本书采用我军联合作战研究的传统划分方法，即"协同作战""联合作战"和"一体化联合作战"三个发展阶段。

研究，但缺少对情报与作战配合这种关联性具体问题的研究，特别是对相应核心机构的微观研究。本书作为国内首部研究美军联合情报行动中心机构体系的专著，根据美军不同时期官方"情报系列"联合出版物、历次战后总结报告以及军队将领和指挥官的回忆录、文章等，采用系统、案例和比较等研究方法，考察了美军联合情报行动中心的发展历程，解析了美军构建和运行该机构体系实现情报与作战一体化的内在机理。本书从微观视角解析美军联合作战情报支援最为关键的核心机构，由点及面，旨在阐释信息化时代美军一体化联合作战情报支援的核心规律，为我军借鉴美军情报和作战体系化建设经验、破解情报与作战一体化难题、提升一体化联合作战情报支援效果和作战效能提供有益参考。

全书共七章。前三章从历史视角出发，依循美军情报与作战从"协同"到"联合"再到"一体"的发展轨迹，回顾了联合情报行动中心的三阶段演进历程，比较了不同时期联合情报行动中心的机构构建和运行特点，进而揭示了当前信息化时代情报与作战一体化对联合情报行动中心的本质要求。第四章、第五章紧扣情报与作战一体化本质，结合一体化联合作战情报支援理论，从机构设置和运行方式两方面解析了当前联合情报行动中心协调情报与作战一体化配合的内在机理。第六章根据美国官方战后总结报告，客观评价了美军联合情报行动中心实现情报与作战一体化的成效和问题。第七章针对美军联合情报行动中心现存问题，结合一体化联合作战对情报与作战一体化的要求，展望了联合情报行动中心未来发展趋势并结合我军改革发展现状提出了借鉴建议。

目 录

第一章　联合情报行动中心的早期探索……………………………**001**
　　第一节　协同作战中情报与作战的协同………………………002
　　第二节　临时战区级联合情报中心……………………………006
　　第三节　情报信息与作战需求的协同一致……………………011

第二章　联合情报行动中心的初步发展……………………………**019**
　　第一节　联合作战中情报与作战的联合………………………020
　　第二节　联合情报中心机构体系………………………………026
　　第三节　情报支援体系与作战指挥体系整体联合……………041

第三章　联合情报行动中心的深入推进……………………………**052**
　　第一节　一体化联合作战中情报与作战的一体………………053
　　第二节　联合情报行动中心机构体系…………………………060
　　第三节　情报行动与作战行动的同步一体……………………063

第四章　联合情报行动中心的机构设置 ·················· **069**
　　第一节　机构体系布局·················· 070
　　第二节　各级机构组建·················· 086
　　第三节　机构间关系构建················ 106

第五章　联合情报行动中心的机构运行 ·················· **115**
　　第一节　情报内部整合·················· 116
　　第二节　情报与作战整合················ 166

第六章　联合情报行动中心的成效与问题 ·················· **199**
　　第一节　运行成效······················ 199
　　第二节　存在问题······················ 211

第七章　联合情报行动中心的发展趋势与启示 ·················· **219**
　　第一节　发展趋势······················ 219
　　第二节　有关启示······················ 228

第一章
联合情报行动中心的早期探索

第二次世界大战（简称二战，1939—1945年）至20世纪80年代末，美军处于机械化战争时代，实现了不同军种在机械化条件下的协同配合。机械化条件下的协同作战中，情报成为不同军种间通过无线电通信进行协同配合的信息保障。美军认识到情报作为军种间通联的信息基础，是辅助作战的保障要素，其与作战需求的协同一致对于战争胜负十分重要，就此开始了建立情报与作战协调机构的早期探索，在二战和越南战争（简称越战）中分别建立了太平洋战区联合情报中心以及驻越军援司令部联合情报中心。两家机构是美军应战时所需临时设立的战区级联合情报中心，是现在美军联合情报行动中心的设计原型，[1]专门负责针对作战需求集中进行战区情报信息生产，确保提供的情报信息能够紧密应对作战需求。

---

[1] James D. Marchio，"The Evolution and Relevance of Joint Intelligence Centers"，*Studies in Intelligence*, Volume 49, Number 1, 2006, p.46.

第一节　协同作战中情报与作战的协同

机械化战争时代，各军种作战力量间实现了以单一军种为主、其他军种为辅的协同作战。情报成为各军种作战力量有效协同的必要保障，其与作战配合的必要性也逐渐得到认同。机械化战争时代，情报主要通过C^3通信系统传输，缺乏与作战平等配合的技术系统。美军将情报直接等同于搜集后经简单处理即可得到的信息，对后期情报分析不够重视，把情报仅仅当成战时辅助不同军种作战力量实现协同的信息保障。情报与作战的关系是"作战为主、情报为辅"的协同配合，其突出特点是情报信息与作战需求的协同一致。

一、机械化条件下的协同作战

二战呈现出机械化战争发展的兴盛景象。各主要参战国所具备的摩步化、机械化水平大幅提升了作战部队的机动能力。在机械化条件下，单个军种除具备相当强的独立作战能力外，与其他军种的联动配合也得以加强。英国等主要参战国的部队在作战中达到了单一军种为主、其他军种辅助配合的协同。美军在英军影响下进行了一系列应战调整，在欧洲和太平洋战场的作战基本实现了机械化条件下的协同。技术装备方面，美军通过配备无线电通信设备以及基站实现了对各军种的集中指挥控制。组织体制方面，美军仿照英军建立了参谋长联席会议，组建了太平洋战区司令部和西南太平洋战区司令部，初步建成了战时联合作战指挥体制，[1]实现了战

---

[1] 二战期间，在以美国为主导的太平洋战区，这种军种联合体制的益处体现得淋漓尽致。在欧洲战区，美国的联合司令部也纳入了盟国的联军军事指挥体制之中。参见崔师增、王勇男：《美军联合作战》，国防大学出版社1995年版，第26页。

区级指挥机构对不同军种的集中指挥。[1]作战战法方面，美军主要以两栖作战以及空海直接支援地面作战为主。欧洲战场盟军诺曼底两栖登陆行动中，海军和陆军航空兵对陆军和陆战队进行了海上和空中支援，特别是陆军航空兵还实施了空降作战支援地面作战行动。[2]此外，太平洋战场美海军和陆战队航空兵也向两栖部队提供了近距离空中支援。这些均是以陆军为主，海军和陆军航空兵辅助支援的协同作战。

二战后，美苏很快进入冷战对峙状态。以低强度冲突为主的局部战争以及国内核政策主导下的安全战略，限制了美军协同作战的大规模实践。虽然军种间协同配合的技术得以改善，[3]并且随着美空军正式成立并迅速发展，美军对地面部队的空中支援能力也有所提升，但是军种间以谁为主的指挥控制权争夺仍在加剧。在朝鲜战争、越战以及格林纳达战争等实战行动中，美军"陆海空军部队并未真正做好实施联合作战的准备"[4]，也未在协同作战的配合程度和战法上有所突破。特别是在越战中，美陆军和空军基本完全被地面和空中战场分割，大部分时间都各自为战。

二、情报与作战的协同

机械化条件下，军种间协同作战的实质是不同军种的作战力量通过有机配合实现战斗力的有形合成。这对情报能力提出了一定要求，也推动了

---

[1] "集中指挥就是'对互不隶属的数个部队，因协同作战的需要，由指定的首长及其指挥机关统一实施的指挥'。"崔师增、王勇男：《美军联合作战》，国防大学出版社1995年版，第276页。
[2] 美军陆军航空兵后来正式独立为空军。二战中陆军航空兵作为隶属于陆军的兵种之一，它的出现打破了以往陆海两军种作战模式，也为当时美军的陆海空协同作战提供了条件。
[3] 主要是战术空中控制系统初步建成，该系统是战区陆空协同作战的基础。参见崔师增、王勇男：《美军联合作战》，国防大学出版社1995年版，第27页。
[4] 崔师增、王勇男：《美军联合作战》，国防大学出版社1995年版，第28页。

情报与作战配合的紧密程度。二战中，机械化摩步军团的机动节奏和作战规模大幅扩展了部队有效作战范围，使战场情况日益复杂多变。欧洲战场和太平洋战场的两栖作战以及海空对地支援所涉陆海空战场的复杂程度使作战部队更加重视情报能力特别是侦察能力。加之无线电技术的兴起和在军事领域的应用带来了侦察能力发展的新契机，二战期间，情报侦察在准确性、传输距离和速度上都得到了极大提升。冷战时期，美对苏的情报需求刺激了航空航天侦察的发展，出现了侦察机、预警机等飞机为主的空中侦察平台，以及卫星侦察平台，拓展了侦察空间的同时也推动了图像情报等信号情报之外的其他情报门类全面发展。美军侦察能力的增强在一定程度上提升了情报对于作战的重要性。在本阶段，美军将情报视为"通过侦察获取的辅助军种协同作战的信息保障"。情报与作战配合也像军种协同作战中主次分明一般，呈现出作战为主、情报为辅的协同关系。

技术上，情报依靠通信系统传播，缺乏与作战平等配合的技术系统。机械化条件下军种间协同主要通过无线电通信系统下达指挥控制命令。情报侦察手段以侦听破译和雷达侦察等无线电信号情报为主，其获取和传播均以无线电通信系统为载体，是辅助作战的信息保障。二战时美军依靠无线电通信指挥两栖作战的空中和海上支援，情报也仅作为无线电通信系统承载的信息进行传递。[1] 二战后，美军引入无线电通信技术建立了 C^3 系统，该系统包含通信（Communication）和指挥控制（Command and Control）两个分系统。情报通过该系统的通信分系统进行传输，是作战指挥控制所需的信息保障。C^3 系统缓解了以往情报作为指挥控制信息传输时速度慢、效果差、互通能力受限的问题，但未将情报作为与通信和指挥控制同等重要的独立作战要素而建立相应的分系统，导致情报缺乏与作战平等配合的技术系统。

观念上，美军把情报简单等同于通过侦察获取的信息，将情报视为

---

[1] "无线电最简单直接的用途是通信，其中也包含情报相关内容。"刘戟峰：《兵器进化之路》，北京理工大学出版社 2004 年版，第 208 页。

辅助作战的信息保障要素。二战中的信号情报和冷战中的图像情报充分展示了技术情报的优势。美军乃至美国情报界曾一度痴迷于技术情报，大力发展技术侦察手段，片面认为情报仅仅是通过技术手段获取的信息。[1]加之二战中盟军联合指挥决策层级较高，过于强调情报对战略决策的保障。[2]相比之下，美军对作战指挥的情报保障工作不够重视。虽然二战后，美军应朝鲜战争和越战等局部战争所需，加强了对作战指挥的情报保障，提出"情报是初战取胜的先决条件"[3]以及"开始作战前获取有价值情报是一项重要任务"，[4]但美军将情报与作战配合方式片面地理解为在战前提供情报信息，相应的作战情报保障也仅局限于战前情报准备工作。这在越战中尤为明显。越战前，美军通过无线电信号和人力情报侦察就地面目标等信息进行了必要的情报准备。[5]但"滚雷行动"开始后，战场情报侦察手段和力量配备明显不足，未能持续配合作战进行侦察，为之提供所需信息，致使空中轰炸缺乏持续目标更新和打击效果评估，导致美军不断轰炸却收效甚微。[6]

---

[1] 实际上对情报的正确理解应包含情报信息、情报机构和情报行动三层内容。1947年美国著名情报战略家谢尔曼·肯特在《战略情报：为美国世界政策服务》一书中提出："情报是信息、机构和组织。"美军一直认同这一观点并沿用至今，其"情报系列"联合出版物也规定"情报应具备知识、组织和活动三个属性"。U.S. Joint Chiefs of Staff, Joint Publication 1-02, *Department of Defense Dictionary of Military and Associated Terms*, Washington, D.C.: GPO, August 2017, p. 114.

[2] 二战时杜诺万将军称"没有情报作依据的战略是无用的战略，没有战略作指导的情报是无用的情报"。〔美〕托马斯·F. 特罗伊：《历史的回顾——美国中央情报局的由来和发展》，狄奋、李航译，群众出版社1988年版，第68页。

[3] U.S. Headquarters, Department of the Army, Field Manual No. 100-5, Operations, Washington, D.C., August 1976.

[4] U.S. Headquarters, Department of the Army, Field Manual No. 100-5, Operations, Washington, D.C., July 1986.

[5] Robert S. McNamara, *In Retrospect: The Tragedy and Lessons of Vietnam*, New York, Random House, 1995, p.131.

[6] 〔美〕杰克·拉伐尔：《越南空中战争》，李中元、俞福祥、吕民序译，空军学院研究部译印，1981年版，第28页。

第二节　临时战区级联合情报中心

美军基于情报和作战协同的技术和观念，开始了建立情报与作战协调机构的早期探索，在二战和越战中分别建立了太平洋战区联合情报中心和驻越军援司令部联合情报中心。这两家机构都是战时为了向美军提供信息保障而临时建立的战区级情报与作战协调机构，专门负责协调战区情报信息与作战需求对应一致。

一、二战时太平洋战区联合情报中心

二战初期，美陆军部和海军部都有各自的信号情报机构，但军种间利益冲突使信号情报机构沦为陆军部与海军部争夺权力的工具。"尽管陆海信号情报机构共同破译了日本外交密码，但在信号情报共享方面，缺乏协调的问题同样存在。"[1] 这一情况在太平洋战区表现得尤为突出。"美海军和陆军情报机构在太平洋战区争夺信号情报资源，直接引发了珍珠港事件中的情报失误。"[2] 珍珠港事件后，美军正式参战，计划对日展开大规模反攻，亟须情报信息保障作战需求。美军新任太平洋战区总司令兼太平洋舰队司令切斯特·尼米兹（Chester Nimitz）将军十分重视情报，认为情报是对日作战的关键。然而太平洋战区司令部原有情报力量"并不具备向海军作战和两栖登陆提供高规格情报的人力和物力，无法生产满足美对日大规模反

---

[1] 刘宗和、高金虎：《第二次世界大战情报史》，解放军出版社 2009 年版，第 146 页。
[2] Edwin T. Layton, Roger Pineau and John Costello, *And I Was There: Pearl Harbor and Midway-Breaking the Secrets*, N.Y.: Quill, 1985, pp. 356-357.

攻需要的情报"[1]，于是在太平洋战场开始了大规模情报改革。尼米兹将军签发《太平洋战区总司令指令》[2]，建立了太平洋战区联合情报中心（Joint Intelligence Center/Pacific Ocean Area, JICPOA）作为战区内提供信息保障的首要机构。该中心隶属太平洋司令部，负责协调战区内情报信息与作战需求对应一致，能够统一向太平洋司令部决策层和战区内海军、海军陆战队和陆军部队提供所需日方情报。

太平洋战区联合情报中心"在太平洋战区总司令领导下，完成战略和战术情报搜集、验证、评估和分发任务"[3]。为确保所提供的情报信息与作战需求对应一致，中心根据具体作战需求划分情报任务，并就不同情报任务设立专业化的情报组，还会根据需求变化进行调整。太平洋战区联合情报中心设有四个专业情报组（如图1.1所示）："第一组以敌军基地为重点，负责涉及敌军地形、人员数量、健康状况、工业情况和水文特征等内容的静态信息，由地域、图像译释、地形模型、水文、绘图、目标分析、内参、医学八个部门组成；第二组负责分析日军军队结构、后勤情况、日军陆海空各军种军力，并可追踪日军某具体部队位置，由敌军空军、敌军舰船、敌军陆军、高炮情报和评估五个部门组成；第三组负责心理战和反情报等，由心理战和反情报两个部门组成；第四组负责出版物发行、日常管理、情报搜集和分析，由通告、产品、管理、翻译、审讯和作战情报六个部门组成。"[4]"除了已设情报组外，中心还根据舰队司令部的情报需求，

---

[1] Edwin T. Layton, Roger Pineau and John Costello, *And I Was There: Pearl Harbor and Midway-Breaking the Secrets*, N.Y.: Quill, 1985, p. 465.

[2] Joseph J. Twitty, "The Growth of JICPOA", *Report of Intelligence Activities in the Pacific Ocean Areas*, Pearl Harbor, HI., 15 October 1945, p.6.

[3] Ibid.

[4] Jeffrey M. Moore, *Spies for Nimitz: Joint Intelligence in the Pacific War*, Washington, D.C.: Naval Institute Press, 2003, pp.31-56.

利用内部人员组建临时情报小组,负责就特定主题进行信息处理。"[1] "中心人员最多时,编有544名军官和1223名文职人员。"[2]

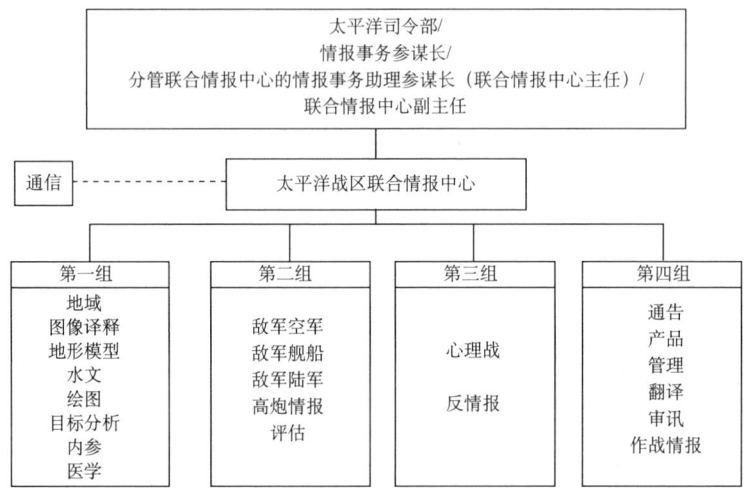

图1.1　1945年年末太平洋战区联合情报中心的机构设置图[3]

太平洋战区联合情报中心"遵循以需求为牵引的工作模式,并尽全力满足用户需求"[4]。通常,参与作战决策的指挥官前往太平洋司令部商讨两栖作战方案时,会向中心详细说明当前作战所需的具体信息,并由中心内四个专业情报组分工协作就特定岛屿目标及其周边敌方作战区域提供相关信息。在作战方案商讨过程中,尼米兹将军和司令部其他指挥官会圈定若干备选岛屿,向中心提出相应情报需求。中心也会就这些临时情报需求,

---

[1] Jeffrey M. Moore, *Spies for Nimitz: Joint Intelligence in the Pacific War*, Washington, D.C.: Naval Institute Press, 2003, p.31.

[2] Joseph J. Twitty, "The Growth of JICPOA", *Report of Intelligence Activities in the Pacific Ocean Areas*, Pearl Harbor, HI., 15 October 1945, p.8.

[3] Jeffrey M. Moore, *Spies for Nimitz: Joint Intelligence in the Pacific War*, Washington, D.C.: Naval Institute Press, 2003, p.32.

[4] Ibid., p.240.

组建针对单个岛屿的情报小组专门提供信息保障。此外，中心内各情报组也能够在战前主动"与决策层沟通，了解具体情报需求，据此向其提供关于敌方基地、舰队动向和战术等具体情报信息"，为其决定"在哪个岛屿作战，针对日军部署应派遣多少兵力"以及制订相应作战方案和具体作战计划提供信息保障。

太平洋战区联合情报中心关注具体作战需求，并以其为依据统一按需生产和分发情报信息，"是美军第一个真正意义上的战区级情报与作战协调机构"。该中心为美军在太平洋战区的多次作战行动提供了"战地手册、地图图册、情报综述等多种实用详尽的情报信息"。特别是在美军对日反攻中，中心为美军在马绍尔群岛的夸贾林环礁和首都马朱罗作战提供了充分有效的信息保障，对扭转太平洋战局起到不可估量的作用。二战后，美国军事力量迅速解散动员，作战情报不再是"和平时期"所必需，加之裁减军事开销造成军费缩减，太平洋战区联合情报中心也随之解散。[1]

二、越战时驻越军援司令部联合情报中心

1964年美国以"北部湾事件"为由，正式介入越南战争。随着1965年年底美军作战部队进入越南战场，"从缴获文件、战俘审讯以及越共叛变分子处获悉的情报信息愈加增多"，仅靠南越情报力量进行处理难以满足需要。美军驻越军援司令部（Military Assistance Command/Vietnam, MACV，也称"联合军事支援司令部"）的情报力量缺口愈加明显和紧迫。[2] 驻越军援司令部情报部部长约瑟夫·麦奎斯

---

[1] Jeffrey M. Moore, *Spies for Nimitz: Joint Intelligence in the Pacific War*, Washington, D.C.: Naval Institute Press, 2003, pp.20-21.

[2] A Guide to the Microfilm Edition of Records of the Military Assistance Command, Vietnam, Part 2. Classified Studies from the Combined Intelligence Center, Vietnam,1965-1973. Library of the U.S. Army Military History Institute, Carlisle Barracks, Pennsylvania. p.v.

蒂安（Joseph A. McChristian）在二战期间曾任太平洋战区陆军情报处处长。他决定以二战时太平洋战区联合情报中心为原型，[1]设立驻越军援司令部联合情报中心，根据驻越军援司令部和越南战场各指挥机构的作战需求统一提供情报信息。

驻越军援司令部联合情报中心编有"650名美军情报人员和160名南越情报人员"，较之于二战时太平洋战区联合情报中心"544名军官和1223名文职人员"的编制而言，规模大幅缩减。此外，中心机构设置不同于二战时太平洋战区联合情报中心可按需灵活调整，其内部组织构成相对固定，设有六个业务组。"第一，作战序列组，负责敌军军力和组织以及越共地下党情况；第二，地域分析组，负责敌军交通和通信线路以及南越军事地形；第三，技术情报组，负责敌军武器装备特点和弱点，以及越共和北越工程、信号、军需和医护等其他技术部队的作战序列；第四，图像译释组，负责将各类高空图像和侦察数据转化为地图和标记图供战场部队使用；第五，研究和分析组，负责越共暴乱行动和北越部队各方面情况，以及老挝和柬埔寨局势；第六，目标组，负责为驻越军援司令部和南越联合司令部提供空地打击目标，并分析特定地区敌军作战特点以寻找高价值目标。"[2]

驻越军援司令部联合情报中心是"驻越军援司令部在越南战场的专属情报保障机构"[3]。该中心能够针对越南战场作战部队具体需求，提供即时信息并就相应主题进行长期研究，是美军在越南战场"除了军种情报机构

---

[1] 冷战时期，美军太平洋司令部也曾多次尝试复建太平洋战区联合情报中心，但因没有二战时期大规模战时情报任务需求推动，均未成功。

[2] A Guide to the Microfilm Edition of Records of the Military Assistance Command, Vietnam, Part 2. Classified Studies from the Combined Intelligence Center, Vietnam,1965-1973. Library of the U.S. Army Military History Institute, Carlisle Barracks, Pennsylvania. p.x.

[3] James D. Marchio, "The Evolution and Relevance of Joint Intelligence Centers", Studies in Intelligence, Volume 49, Number 1, 2006.

外，唯一可以依靠的情报机构"[1]。然而驻越军援司令部联合情报中心与太平洋战区联合情报中心相比，在人员规模和设置方式上均显不足。正如驻越军援司令部情报主官在战后总结中所言，"驻越军援司令部联合情报中心本身缺乏情报资源，提供情报量极为有限"[2]。所以，虽然驻越军援司令部联合情报中心在越南战场起到了协调情报产品和作战需求对应一致的作用，但效果难及二战时太平洋战区联合情报中心。

第三节　情报信息与作战需求的协同一致

机械化战争时代，美军逐渐认识到情报对于作战的重要性，认为情报是作战所需"信息"，大力发展情报技术，将情报视为通过技术手段搜集并经简单处理即可分发使用的信息。较之信息化战争时代，美军对情报的认识尚不充分，仅将情报视为作战所需的信息保障，强调情报信息辅助作战、与作战需求协同一致。受其影响，美军临时战区级联合情报中心的协调重点是针对作战需求集中生产情报信息，通过"以需求贯穿的线型情报工作步骤"以及"依靠自身力量的集中信息生产"两方面，使情报信息与作战需求协同一致。

---

[1] A Guide to the Microfilm Edition of Records of the Military Assistance Command, Vietnam, Part 2. Classified Studies from the Combined Intelligence Center, Vietnam,1965-1973. Library of the U.S. Army Military History Institute, Carlisle Barracks, Pennsylvania. p.v.
[2] Ibid., p.x.

一、线型情报工作步骤

线型情报工作步骤包含指导、搜集、处理和分发四个环节，是美军情报工作最初的实施方式。[1] 该工作步骤只包含与信息搜集和获取直接相关的指导、搜集、处理和分发四个环节，对分析等将信息真正转化为情报产品的工作环节不够重视，也未单独列为工作步骤之一进行区分。美军临时战区级协调机构按照线型情报工作步骤，统筹情报信息与作战需求协同一致。

美军太平洋战区联合情报中心"遵循以需求为牵引的工作模式"，在二战中"首次通过细化的线型情报工作步骤，统一为太平洋战场搜集、整编、评估、分发战略和战术情报"，实现了以需求贯穿的情报信息生产和分发，推动了情报信息与作战需求的真正对接。具体而言，在指导环节，该中心与决策层沟通，详细了解情报需求，使决策者及其计划人员参与、融入情报步骤中的指导环节，并与"各作战决策者下属计划和情报参谋人员沟通，使其参与情报工作步骤中的指导和情报任务分配环节"。中心负责制定满足作战情报需求的具体计划，明确"什么是作战计划制定者需要知道的；谁会参与到情报工作中来；情报计划何时实施、怎样实施、何时能完成"等问题。在搜集环节，该中心作为美军首家全源性质的情报机构，能够按照情报计划所需，从图像、缴获的文件、战犯审问和敌军无线电信号通信四种主要来源获取关于日军的原始数据，并能够综合利用多种来源信息相互印证。在处理环节，该中心会根据作战需求的紧迫程度，对快节奏作战带来的海量信息进行优先处理。"如果信息过量同时又面临新的作战需求，中心会优先处理最近搜集的数据，从中筛选出相关信息，并据此评估日军军力、短板、意图，继而将评估结果转化

---

[1] Jeffrey M. Moore, *Spies for Nimitz: Joint Intelligence in the Pacific War*, Washington, D.C.: Naval Institute Press, 2003, p.8.

为可用、可读形式。"在分发环节，该中心对其情报产品进行保密分级，分为限制、秘密、机密、绝密和涉及"超级机密"的最高秘密这五个密级，[1] 并根据作战需求按密级将关键信息妥善交付作战计划人员，以满足其策划和实施作战行动的需要。[2]

驻越军援司令部联合情报中心的建立是为了"加强司令部情报搜集、生产和使用能力"[3]，满足越战部队情报需求。该中心仍沿用以需求贯穿的四环节情报工作步骤，根据越南战场作战部队具体需求集中进行信息搜集和分发等情报工作。由于该中心规模小，搜集资源不足，主要"从联合军事审讯中心、联合文件利用中心和联合缴获器材利用中心接收情报信息，经过处理将其存入当时已十分先进的电子化数据库"[4]，并统一分发。

二、聚焦需求的自主生产

临时战区级联合情报中心建立时间短，目的也仅是在战时协调情报信息与作战需求协同一致，对协调战场各方情报力量和情报活动不够重视。此类中心主要利用自身情报力量集中进行信息生产，而非统筹战区内情报机构共同完成情报任务。实际上，临时战区级联合情报中心未能充分利用战区内情报力量，对战区内的各方情报力量整合不够。战场上，各军种情

---

[1] 该级别情报指从"超级机密"获得的直接向尼米兹汇报或者写入《敌军队和军力评估》的情报。

[2] Jeffrey M. Moore, *Spies for Nimitz: Joint Intelligence in the Pacific War*, Washington, D.C.: Naval Institute Press, 2003.

[3] A Guide to the Microfilm Edition of Records of the Military Assistance Command, Vietnam, Part 2. Classified Studies from the Combined Intelligence Center, Vietnam,1965-1973. Library of the U.S. Army Military History Institute, Carlisle Barracks, Pennsylvania. p.v.

[4] Ibid.

报机构仍独立为其军种部队提供信息保障,中央情报局等国家情报机构也未能充分参与信息共享。

(一)太平洋战区联合情报中心

太平洋战区联合情报中心针对作战需求,利用中心建制内的军种情报力量和建制外征用的军种资产和人员,自主进行情报信息生产并统一分发至战区内各军种。太平洋战区联合情报中心组建时收编了海军情报部对日通信侦收的"作战情报小队"[1](Combat Intelligence Unit, CIU)和陆军情报部"图像侦察和译释中心"[2](Photographic Reconnaissance Interpretation Section Intelligence Center, PRISIC)等军种情报机构。其人员来自海军、海军陆战队和陆军。一方面,每个军种都能够贡献自己的情报资产和人员并相互学习专业所长。另一方面,能够帮助中心更好地了解各军种的作战情况和情报需求。太平洋战区联合情报中心主任约瑟夫·特威蒂(Joseph Twitty)上校称"情报工作是一项联合职能。让不同军种的情报人员在同一办公地点工作,能够大幅提升太平洋战区联合情报中心所生产的情报成品质量"[3]。

太平洋战区联合情报中心不仅利用建制内的军种情报力量,也会额外获取军种情报资产和人员的直接支援。海军提供舰艇侦察平台,并派外语官员侦收和翻译日方无线电通信以及审讯战俘;海军陆战队派日语语言学家分析日本海军特降部队相关信息并提供两栖登陆等专业作战知识;陆军

---

[1] Ronald H. Specter, *Listening to the Enemy: Key Documents on the Role of Communications Intelligence in the War with Japan*, Wilmington, DE.: Scholarly Resources, Inc., 1988, p.151.

[2] W. J. Holmes, *Double-Edged Secrets: U.S. Naval Intelligence Operations in the Pacific During World War II*, Annapolis, MD.: Naval Institute Press, 1979, p.112.

[3] Jeffrey M. Moore, *Spies for Nimitz: Joint Intelligence in the Pacific War*, Washington, D.C.: Naval Institute Press, 2003, p.58.

派日语军官负责战俘审讯和资料翻译。

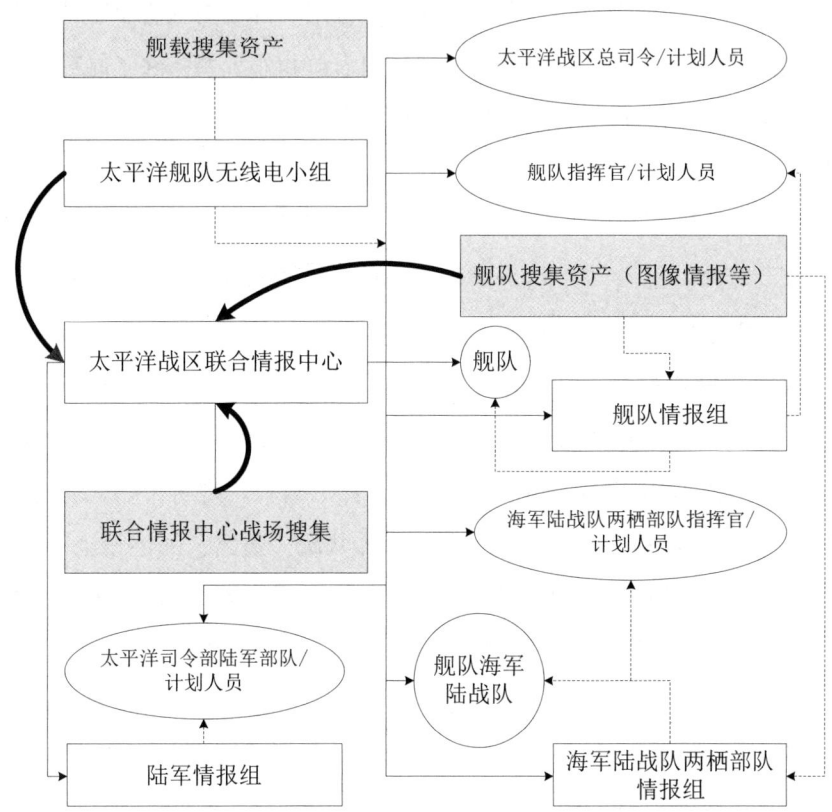

图1.2 太平洋战区联合情报中心与战区内军种情报机构关系图[1]

太平洋战区联合情报中心以自身建制内军种情报力量为主，针对作战需求进行情报信息的自主生产和统一分发。如图1.2所示。虽然中心生产所需原始数据除了由建制内搜集资产提供外，也有来自太平洋舰队情报搜集资产包括舰载侦搜资产，但对原始数据进行处理并生成情报成品都是由建制内情报力量完成。在此过程中，太平洋舰队、海军陆战队以及陆军等

---

[1] Jeffrey M. Moore, *Spies for Nimitz: Joint Intelligence in the Pacific War*, Washington, D.C.: Naval Institute Press, 2003, p.22.

军种情报力量都各自为其计划人员和作战部队服务，均未参与中心的情报生产工作。而在情报成品分发中，中心具备向战区范围内所有军种提供情报信息的广泛输送渠道。战区内军种计划人员和作战部队除了能够得到各自军种情报机构输送的情报信息外，均能得到太平洋战区联合情报中心按需提供的情报信息。

太平洋战区联合情报中心是一家自主处理各种情报样式、生产各类情报产品的工厂，"平均每周生产 200 万页纸质情报，15 万份图像情报"[1]。中心应美军情报需求，"提供《每周情报》《了解敌方》《翻译和审讯》《敌方军队和军力评估》以及《情报通告》等五种常规情报产品"。以《情报通告》为例，它是"尼米兹和特威蒂指导下的针对具体作战需求特别提供的非定期发行的情报产品"，针对美军"跳岛作战"的情报需求"提供相应目标岛屿的地貌、海岸海滩状况、道路、海港设施、码头、机场跑道以及敌军战斗序列等信息"，作为指挥官策划"跳岛作战"的参考，"使指挥官能够依据情报决定进攻部队登陆位置、应派兵力、消减敌方主要防御所需空海火力支援等"。中心使情报产品与作战需求紧密对应，其提供的情报信息被用在"每一次跳岛作战中，并贯穿计划制订和作战实施全程"，有效保障了美军"跳岛作战"，带来了美军对日反攻的胜利以及二战中盟军在太平洋战场的转机。但中心仅靠自主生产，缺乏对各军种情报力量的统筹协调，这对中心自身情报能力要求很高，也会给情报使用方造成信息冗余甚至冲突。此类弊端在越战战场的情报工作中进一步暴露。[2]

---

[1] W. J. Holmes, *Double-Edged Secrets: U.S. Naval Intelligence Operations in the Pacific During World War II*, Annapolis, MD.: Naval Institute Press, 1979, p.215.

[2] Jeffrey M. Moore, *Spies for Nimitz: Joint Intelligence in the Pacific War*, Washington, D.C.: Naval Institute Press, 2003, p.24.

（二）驻越军援司令部联合情报中心

驻越军援司令部联合情报中心是利用美军和南越部队情报力量在驻越军援司令部原目标情报办公室基础上建立的联合性机构。该中心组建的目的是"在越南战场搜集所有来源的信息并生产两军都能获益的情报"，但实际上，中心提供的情报主要依靠自主生产，而非协调利用各方情报力量和搜集来源共同完成。[1]

一方面，中心内部美军和南越部队情报人员缺乏合作，"南越情报人员接触不到美国国家安全局的'信号情报'等所谓机密级材料，同时出于自身考虑也不愿意把很多至关重要的人力情报交给美国情报部门"[2]，严重影响了中心的情报生产能力。另一方面，由于该中心规模小，本身情报人员和搜集资源不足，只有联合军事审讯中心、联合文件利用中心和联合缴获器材利用中心三家美军和南越部队联合性质的机构为驻越军援司令部联合情报中心提供原始信息。这导致中心能够生产、提供的情报量极为有限，较之于二战时太平洋战区联合情报中心，情报产品相对单一，主要情报产品是定期出版的《每月作战序列报告》以及《地域数据》《地名录（Gazetteer）》等零散出版物。[3]

驻越军援司令部联合情报中心是利用美军和南越部队情报力量临时组建的单位，内部人员缺乏合作，本身也缺乏搜集资源，仅仅是通过自主生产提供情报信息充当驻越军援司令部的统一情报出口，对战场多方情报力

---

[1] A Guide to the Microfilm Edition of Records of The Military Assistance Command, Vietnam, Part 2. Classified Studies from the Combined Intelligence Center, Vietnam, 1965-1973. Library of the U.S. Army Military History Institute, Carlisle Barracks, Pennsylvania. p.v.

[2] Colonel John Hughes-Wilson, *Military Intelligence Blunders*, New York: Carroll & Graf Publishers,1999, p.185.

[3] A Guide to the Microfilm Edition of Records of The Military Assistance Command, Vietnam, Part 2. Classified Studies from the Combined Intelligence Center, Vietnam,1965-1973. Library of the U.S. Army Military History Institute, Carlisle Barracks, Pennsylvania.

量缺乏协调。这导致同时在越南战场负责情报保障的中央情报局和国防情报局等国家情报力量以及军种情报力量均各自为政。[1] 驻越军援司令部联合情报中心向越战部队提供的南越境内敌军军力等情报信息甚至还与中央情报局和国防情报局存在分歧。[2]

---

[1] John Hughes Wilson, *Military Intelligence Blunders*, N.Y.: Caroll & Graf Publishers, Inc., 1999, p. 172.

[2] *Defense Intelligence Agency: 50 Years Committed to Excellence in Defense of the Nation*, Historical Research Support Branch, Washington, D.C.: GPO, 2011, p.12.

第二章
联合情报行动中心的初步发展

1991年海湾战争是进入信息化时代后，以美国为首的多国部队进行多军种联合作战的一次成功战例，标志着战争形态的革命性变革。各种作战力量在信息技术条件下协作配合，紧密程度超出了机械化战争时代的协同，实现了现代意义上的真正联合。伴随着联合作战中各军种作战力量的发展壮大，情报也成为覆盖各作战层级和空间的专业化力量体系。美军充分认识到情报作为支援作战的力量体系，有必要与作战指挥体系实现覆盖各作战层级和空间的整体联合，就此建立了协调情报与作战的常设化机构体系——联合情报中心机构体系。各级中心分别对应作战指挥体系的各指挥层级，能够全面协调情报支援体系与作战指挥体系整体联合。

第一节　联合作战中情报与作战的联合

海湾战争充分展示了联合作战的效力。海湾战争后，美军大力发展联合作战。各军种不分主次、跨作战空间的整体联合要求情报作为支援作战的力量体系，与作战指挥体系全面配合。美军建立了 C^3I 系统作为情报与作战体系融合的技术系统，观念上也将情报视为支援作战不可或缺的力量体系。本阶段情报与作战配合处于跨作战空间、成体系的整体联合阶段，要求情报作为作战力量支援体系与作战指挥体系实现整体联合。

一、高技术条件下的联合作战

海湾战争是美军第一场具有信息化时代特征的战争，也是"人类社会进入信息化时代的第一场信息战争"（美国国防部官员艾伦·坎彭《第一场信息战争》中语），它宣告了机械化战争的尾声，揭开了信息化战争的序幕。美军自此迈入信息化门槛，正式进入现代意义上的联合作战时期。我们将这一时期的战争称为兼具机械化战争旧貌和信息化战争新颜的高技术战争，即高技术条件下的联合作战。

海湾战争检验了自越战以来美军探索和改革的阶段性成果，实现了作战从"协同"到"联合"的划时代变革。20 世纪下半叶飞速发展的信息技术带来了世界范围的信息革命，推动了工业社会向信息社会转变，掀起了继农业革命和工业革命之后战争变革的第三次浪潮。新兴信息技术作用于军事领域，推动了美军武器装备信息化。然而精确制导武器等信息化装备并没有使美军取得越战的胜利。美军总结越战教训，进行了适应信息化战争形态的军事革命,在海湾战争中实现了真正的"联合"。

(一)在技术装备方面,信息技术带来了美军指挥控制系统和武器装备的跨越式发展,为美军基于高技术的"联合"奠定了基础

美军因全球 C^3 系统在越战中战区级应用的缺憾,[1] 在其基础上开发了覆盖三个主要作战层级的 C^3I 系统。[2] 该系统是各军种生成整体作战能力的神经中枢,能够有效加强各军种互联互通能力,提升作战行动的联合程度。同时美军大力发展信息技术为主导的武器系统,加强不同武器系统间的有效联通。随着美军信息化水平的不断提升,其整个武器系统在精度、射程、战场感知及通信手段等方面均取得了长足发展,实现了不同作战空间武器系统的高效联合打击。海湾战争中,美军在中央总部首次应用了 C^3I 战区级系统,[3] 实现了信息技术下的各军种间以及武器系统的联合。C^3I 系统通过各级分系统将中央总部前指、各军兵种司令部机关、军师司令部机关以及美国本土国家指挥当局(National Command Authority)[4] 等进行有效连通,[5] 甚至与部分大型武器系统进行连通,实现了对各军种的统一指挥,提升了作战行动联合程度以及诸军兵种和武器系统的整体作战能力。

---

[1] "越南战场上,美军没有一个整体的陆、海、空军的信息系统联网的战区级一体化信息系统,各军兵种的指挥控制和通信系统基本上是各自为战。"参见王保存:《面向信息化战争的军事理论创新》,解放军出版社 2005 年版,第 174 页。

[2] 军事科学院世界军事研究部编:《世界军事革命史》,军事科学出版社 2012 年版,第 1441 页。

[3] 王保存:《世界新军事变革新论》,解放军出版社 2003 年版,第 313 页。

[4] "国家指挥当局是美军联合作战最高指挥层。"董鸿宾主编:《美国军事基本情况》,军事科学出版社 2013 年版,第 174 页。

[5] 王保存:《世界新军事变革新论》,解放军出版社 2003 年版,第 313 页。

（二）在作战战法方面，各军种不分主次、跨作战空间的"整体作战"思想，为"联合"提供了指导

美军借鉴了马岛战争中英国海空军高技术条件下跨作战空间"联合"的经验，总结了越战空中和地面部队被所属作战空间割裂、各自为战的教训，并受苏军大纵深作战理论启发，认识到各军种部队深入战场纵深联合的必要性。高技术条件下，作战部队机动性大幅提升、战场空间进一步拓展。过去技术装备落后，靠单一军种主宰战场的协同作战时代已一去不复返。"任何一个单一军种都不具备在所有空间打击敌人的手段和能力。"现代战争"单靠某一军种无法主宰战场"，要求各军种打破作战空间界限，实现深入战场纵深、跨作战空间的立体联合。美军1982年版《作战纲要》确定了"空地一体战"理论，要求诸军兵种进行跨空地作战空间的立体作战。在此基础上，出现了以约翰·博伊德和约翰·沃登为代表的体系化作战思想。博伊德提出"把军队视为切断维系各部分的肌腱就可摧毁的系统"[1]。沃登主张将敌人视为"一个由多环组成的系统"[2]，并提出关于打击目标优先次序的"五环理论"。海湾战争中，美军制订了基于沃登"系统打击思想"的空中战役计划，[3] 实施了代号为"沙漠风暴"的大规模成体系的空袭行动。继其之后的"沙漠军刀"行动实践了"空地一体战"理论，实现了空中打击力量和地面作战部队在大纵深、高立体战场的整体联合，标志着美军作战方式的根本变革。

（三）在组织体制方面，美军建立了从总统、国防部长到作战司令部，再到作战部队指挥官的联合作战指挥体制，降低了"联合"的体制性障碍

美国总结越战教训，认为"越战中没有一个独立的指挥官在整个战区

---

[1] 〔美〕弗雷德里克·W. 卡根：《寻找目标——美国军事政策的转型》，王春生等译，军事科学出版社2010年版，第73页。

[2] 同上，第83页。

[3] 宁凌等编著：《一体化作战》，军事谊文出版社2006年版，第48页。

实施统一指挥,导致各军种不能协调一致"[1]。就此实施了一系列卓有成效的体制改革。1958年《国防改组法》明确规定美军政令分开,建立了作战和行政两条指挥控制链,取消了军种作战指挥权。1986年《戈尼法案》将作战职责明确赋予作战司令部,减少了指挥层级,确立了从总统和国防部长到作战司令部司令的直接指挥关系,彻底结束了军种对作战指挥的干预。[2] 此外,美军通过多版《联合司令部计划》对联合作战司令部进行了几轮调整,规范了各联合作战司令部的职责分工和力量构成,明确了其对下属军种组成部队的统一指挥权。海湾战争中,美军授予中央司令部施瓦茨科普夫对地面部队、空中打击部队以及海军陆战队队进行全权统一指挥,命令其他作战司令部联合协作为其提供支援:运输司令部负责输送部队;航天司令部提供空间支援;太平洋司令部提供海军和陆战队部队。[3] 各军种和作战司令部在中央司令部统一指挥下高效协作,体现了美军联合作战指挥体制在军种"联合"上的成效。

海湾战争及其之后近十年,美军大力发展高技术条件下的联合作战。各军种的紧密协作程度较之于机械化战争时代的协同作战,发生了质变,实现了信息化战争时代作战的真正"联合"。其实质是高技术条件下各军种在联合作战指挥体制的统一指挥下,不分主次、跨作战空间的整体联合。

二、情报与作战的联合

高技术条件下联合作战要求各军种围绕作战任务相互融合,形成战斗力生成的有机整体。情报作为各军种有机联合的黏合剂,是联合作战实施

---

[1] 军事科学院世界军事研究部编:《世界军事革命史》,军事科学出版社2012年版,第1426页。
[2] 陈学惠等编译:《美军作战指挥体制改革》,军事科学出版社2013年版,第3页。
[3] 〔美〕美国国防部等:《海湾战争(上)——美国国防部致国会的最后报告》,军事科学院外国军事研究部、中国国防科技信息中心译,军事科学出版社1992年版,第19页。

的必备要素，其本身与作战实现高技术条件下的联合显得比以往任何一个时代都尤为必要和迫切。高技术条件下联合作战对情报及其与作战的配合程度提出了前所未有的高要求。电磁雷达等高技术在战争中的广泛应用，使作战空间大幅拓展，战场环境日趋复杂多变。各作战力量在大纵深、高立体战场的整体联合，要求情报侦察对战场空间全方位覆盖。加之作战力量机动性大幅提升，作战节奏加快，过去以战略侦察力量为主、侧重战前侦察的方式难以满足作战需要，情报力量需全面融入作战实施所涉作战空间，支援各作战空间的各层级作战力量。

信息化时代，高技术为情报侦察技术发展注入新动力。美军照相、电子和预警卫星等多种侦察手段快速发展，空基、天基等侦察平台愈加多样，侦察范围拓展至太空。陆海空天等多种情报侦察手段和平台组成了覆盖战场空间的庞大的情报侦察系统。海湾战争中，美军运用了近百种高新侦察技术手段，预警侦察机和卫星等各类机载、天基侦察系统，以及军事侦察营等各级专业侦察部队近3万名情报人员，形成了全方位覆盖陆海空天四维作战空间和各级作战力量的情报力量体系。使情报力量真正进入各作战空间和作战层级，支援联军部队深入战场纵深作战，推动了作战力量间的有机融合，满足了地面和空中作战有效联合的需要。特别是航天和航空侦察，全面深入战场实施不间断侦察，侦获了伊军部署、联军打击目标和效果评估等80%的战场情报，为空中打击配合地面作战提供了有力支援。[1]

海湾战争及其之后的近十年，美军大力发展高技术条件下联合作战，提升作战情报支援能力。情报侦察覆盖范围、探测感知和预警监控能力稳步提升，形成了全方位覆盖作战空间、能够深入战场支援作战的力量体系。美军情报与作战配合进入跨作战空间体系融合的整体

---

[1] 张锦炎：《海湾战争情报工作》，解放军出版社1995年版，第57、72页。

"联合"阶段。

技术上，C^3I 系统作为情报与指挥控制融合的自动化处理系统，为情报与作战平等配合的体系融合提供了所需的技术系统。高技术带来了美军指挥控制自动化系统的升级。美军首次将情报作为不可或缺的支援要素，融入指挥控制自动化系统，开发了 C^3I 系统。情报作为该系统中与通信和指挥控制同等重要的分系统，在技术上实现了与作战指挥控制的首次融合。海湾战争中，美军 C^3I 系统覆盖了战略、战区和战术层级，基本实现了对情报在整个作战体系中的处理和传输进行统一指挥控制和通信连接。该系统一定程度上实现了战场情报信息在各层级指挥机构间有效传递，[1] 将情报融入整个作战体系，为情报和作战体系融合提供了技术支撑。

观念上，美军认为情报是支援作战不可或缺的力量体系，注重情报与作战体系的整体联合。信息化时代的战争赋予了情报比以往任何时代都更为重要的意义。情报作为高技术条件下联合作战的制胜关键以及各军种整体融合的基础，不再是机械化条件下协同作战时期的保障因素，跃升为作战实施和取胜不可或缺的支援要素。美军在重视情报的同时，愈加清晰地认识到情报与作战联合的必要，对情报的需求也从保障战略决策转向支援各层级作战部队。国家情报机构不再只注重向高层决策者提供宏观战略情报，开始生产战场作战计划和实施所需的战役战术情报。[2] 国家战略侦察力量的服务重点也开始向支援战场作战部队倾斜。[3] 情报侦察力量由分散向体系化发展，形成了庞大的情报支援体系。对国

---

[1] 军事科学院世界军事研究部编：《世界军事革命史》，军事科学出版社 2012 年版，第 1442 页。

[2] Steven Hecker, "National-level Intelligence and the Operational Commander: Improving Support to the Theater", Newport, R.I.: Naval War College, 20 May 1994, p.9.

[3] 孙建民等：《战后情报侦察技术发展史研究》，军事科学出版社 2008 年版，第 197 页。

家、战区和战术侦察力量体系进行整合以支援各层级作战指挥官和联合部队成为信息化时代美军的重点工作。加之体系化作战思想将情报与作战体系融合视为信息化时代战斗力生成之根本，使美军愈加重视情报与作战体系的整体联合。

第二节　联合情报中心机构体系

海湾战争中"高立体、大纵深、全方位的战场及高科技武器装备及指挥中枢对情报支援特别是情报与作战配合程度提出了更高要求"。机械化战争时代仅立足于自主生产，协调战区内情报信息与作战需求对应一致的战区级联合情报中心已不能满足作战需求。美军基于情报与作战联合的技术系统和观念要求，建立了对应各作战层级的联合情报中心机构体系，全面协调情报支援体系与作战指挥体系整体联合。

一、海湾战争中初建的机构体系

1990年8月，伊拉克部队开进科威特后，美国情报界迅速备战进行情报准备。海湾战争初期，美军对作战情报的急切需求给其情报工作带来了难题。其难度系数超出了自二战以来情报界面临的任何棘手问题。"国家情报界和中央司令部情报部门在体制编制和制度条例上，都不具备支援海湾战争这样规模的战争行动的情报能力。"[1] 就国家情报界而言，"情报界

---

[1] Robert D. Estvanik, "Intelligence and the Commander: Desert Shield/Storm Case Study", Newport, R.I.: Naval War College, 22 June 1992, p.16.

第二章　联合情报行动中心的初步发展 | 027

最初并没有做好准备应对沙漠盾牌和沙漠风暴这种大规模军事行动产生的大量情报需求"[1]。"与二战初期极为相似的是，在海湾战争初期，情报界生产了大量重复甚至自相矛盾的情报，无法对正派往战场和已奔赴战场的作战部队进行有效情报支援。"[2] 中央司令部情报部门也不具备足够的战区情报支援能力。"中央司令部情报部体制编制不适应战争需要，没有能力向类似沙漠风暴这种作战规模和作战层级的战争派遣情报支援力量，或为其提供执行作战任务所需的情报资源、设备、人员、体制，也未经过相关训练。"海湾战争初期，中央司令部情报部"只有43人，情报资源匮乏"，战区情报工作"主要依靠下属军种组成司令部以及下级联合司令部情报机构"。"中央司令部没有一个如同太平洋战区联合情报中心的统一的情报生产中心，其任务区也没有一个统管情报的机构。"[3]

鉴于"参联会和中央司令部需整合国防情报界30多家情报生产单位，以满足海湾战争作战需求"[4]，美军对国家和战区级情报体制进行战时调整。以二战时太平洋战区联合情报中心为原型，在国家和战区层级建立了国防部联合情报中心和中央司令部联合情报中心，统一针对作战协调国家和战区层级情报力量。

（一）国防部联合情报中心

1990年9月，联合参谋部情报部部长麦克·麦康内尔（Mike McConnell）

---

[1] U.S. Department of Defense, *Final Report to Congress: Conduct of the Persian Gulf War*, Washington, D.C.: GPO, 1992, p.388.
[2] Ibid.
[3] Robert D. Estvanik, "Intelligence and the Commander: Desert Shield/Storm Case Study", Newport, R.I.: Naval War College, 22 June 1992, pp.17-19. CENTCOM CCJ2 (Central Command/J-2) Briefing, "Organizations and Functions in Desert Shield/Desert Storm", Unpublished Transcript, CENTCOM, 1991, p. 4.
[4] U.S. Department of Defense, *Final Report to Congress: Conduct of the Persian Gulf War*, Washington, D.C.: GPO, 1992, p. 335.

将军指示建立国防部联合情报中心（Department of Defense Joint Intelligence Center, DoD-JIC）。[1] 国防部联合情报中心整合支援作战的国家级情报力量，[2] 统一为国家级决策者和战场指挥官提供经过汇总的国家级情报。[3] 国防部联合情报中心有情报人员277人，[4] 高峰时达到299人，[5] 都来自国防情报局、国家安全局以及陆海空军种情报机构。

国防部联合情报中心下设情报组[6]（如图2.1所示），代表国防部就相关领域协调专业力量提供统一的全源情报。[7] 征候和预警组（I&W Cell）全天运转，负责伊军为主的动态预警情报；飞毛腿导弹组（Scud Cell）负责伊拉克飞毛腿导弹部署等相关情报；指挥控制和通信组（C^3 Cell）负责伊拉克指挥控制和通信的目标情报。除了三个主要情报组外，中心还可按需增设特别生产组。[8] 此外，中心设有中央情报局、国家安全局以及军种情报机构代表分别负责协调相应国家情报机构支援作战[9]。海湾战争期间，国防部联合情报中心"处理了5200余份信息请求（Request for

---

[1] U.S. Department of Defense, *Final Report to Congress: Conduct of the Persian Gulf War*, Washington, D.C.: GPO, 1992, p. 389.

[2] Defense Intelligence Agency, *A Brief History: 35 Years Committed to Excellence in Defense of the Nation*, DIA Historical Research Support Branch, Washington, D.C.: GPO, 1995, p.19.

[3] James R. Clapper, "Challenging Joint Military Intelligence", Joint Force Quarterly, Spring 1994, p.96.

[4] Brian Shellum, *A Chronology of Defense Intelligence in the Gulf War: A Research Aid For Analysts*, DIA History Office, 1997, p.37.

[5] Ibid., p.19.

[6] Ibid., p.31.

[7] U.S. Department of Defense, *Final Report to Congress: Conduct of the Persian Gulf War*, Washington, D.C.: GPO, 1992, p.390.

[8] Brian Shellum, *A Chronology of Defense Intelligence in the Gulf War: A Research Aid For Analysts*, DIA History Office, 1997, p.19.

[9] John J. Bird, *Analysis of Intelligence Support to The 1991 Persian Gulf War: Enduring Lessons*, Carlisle, P.A, Army War College, 3 May 2004, p.11.

Information, RFI），向科威特战区分发了重量约为215吨硬拷贝的作战相关情报和目标资料"[1]。

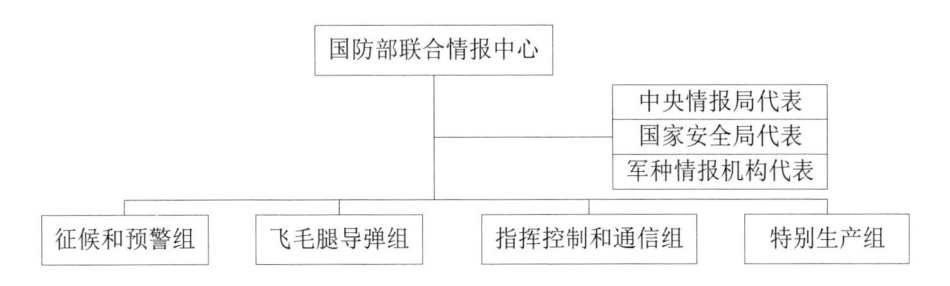

图2.1 海湾战争时的国防部联合情报中心[2]

（二）中央司令部联合情报中心

1990年11月，中央司令部建立联合情报中心，作为"战场情报需求的汇集地以及战区内情报资产的管理者"，负责统一协调战区情报力量实施情报支援，向战场指挥官提供应需定制的情报。中心作为"战区内高层情报机构"，负责"与下属军种组成部队以及下级联合司令部情报主官联络"，协调军种组成部队和下级联合司令部情报机构分担战区内搜集和分析等情报支援工作。"负责管理情报搜集资产的战场和军种搜集管理人（Collection Managers）每天都在中央司令部碰面"，汇总并确定战区内情报资产无法满足的情报需求，进行优先性排序并据此发送给国防部联合情报中心，由其协调国家情报机构进行回复。通过这种方式，中央司令部联合情报中心能够有效利用并不充裕的战区情报资产，减少重复性情报支援，并保证下属军种组成部队和下级联合司令部情报需求能够由国家情报

---

[1] Defense Intelligence Agency, *Intelligence Support to Warfighters: Response to a Changing Environment, Phase 1: Assessment of Joint Intelligence Center Functions*, Washington, D.C., 1992, p.6.

[2] Brian Shellum, *A Chronology of Defense Intelligence in the Gulf War: A Research Aid For Analysts*, DIA History Office, 1997, p.37.

力量满足。[1] 中央司令部联合情报中心下设"联合图像生产中心（Joint Imagery Production Complex, JIPC）、战损评估中心（Combat Assessment Center, CAC）以及联合侦察中心（Joint Reconnaissance Center, JRC）等"与作战直接相关的情报职能单位，"执行和平时期不存在或者执行率极低的战时情报职能"（如图2.2所示）。[2] 此外，中心配有国家军事情报支援小组（National Military Intelligence Support Team, NMIST），与国防情报局联络，获取国家情报支援。

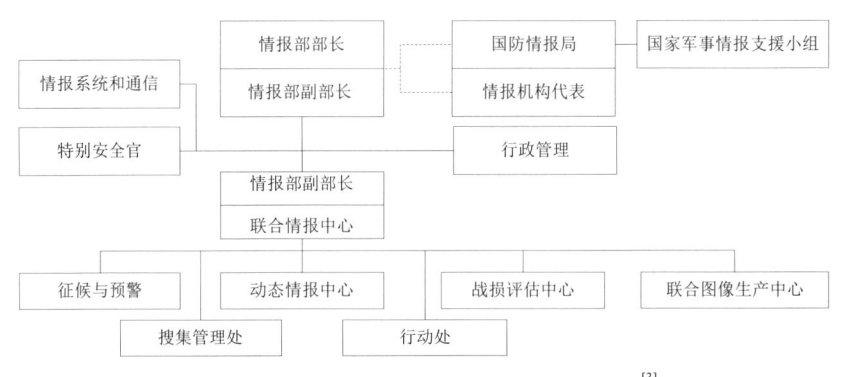

图2.2 海湾战争时中央司令部联合情报中心[3]

国家军事情报支援小组编有国防情报局情报专家，配有自带卫星通信设备，能够向国防情报局发送信息请求并直接向战场分发情报产品，加强战区情报需求的处理和国家级情报产品的分发。在沙漠盾牌和沙漠风暴行动中，"国防情报局共派遣11支国家军事情报支援小组"[4]。除了一支派驻中央司令部总部联合情报中心外，"其余分别派往中央司令部空军部队、

---

[1] U.S. Department of Defense, *Final Report to Congress: Conduct of the Persian Gulf War*, Washington, D.C.: GPO, 1992.

[2] Robert D. Estvanik, "Intelligence and the Commander: Desert Shield/Storm Case Study", Newport, R.I.: Naval War College, 22 June 1992, p.19.

[3] Ibid., p.21.

[4] U.S. Department of Defense, *Final Report to Congress: Conduct of the Persian Gulf War*, Washington, D.C.: GPO, 1992, p.388.

第十三空降师、中央司令部陆战队司令部以及中央司令部海军司令部等下属军种组成司令部以及下级联合部队司令部"[5]。各国家军事情报支援小组间的"通信系统为中央司令部、军种组成部队和下级联合司令部情报人员以及国家情报界进行协调联络建立了专属情报通信"[6]，成为"战区内以及战区到国家的整个情报体制协调联络的重要渠道"[7]。

二、海湾战争后常设化的机构体系

海湾战争后，美军充分肯定了国防部和中央司令部联合情报中心的情报支援效果，认为"海湾战争整体情报工作是成功的"[8]。但国防部和中央司令部联合情报中心也存在一定问题。第一，作为战时临建机构，存在弊端。以国防部联合情报中心为例。一方面"中心要将不同背景和工作经历的情报人员和谐地团结在一起，却没有机会像团队般训练磨合"[9]。另一方面"因为中心本质上就是临时组建的，所以许多机构都没有派最优秀最聪明的情报人员来中心……有些人甚至连战斗序列相关数据维护以及文字处理等基本技能都不具备。因此，中心全员运转为国家指挥当局、战场部队和联军等多方用户提供支援时特别容易发生任务过载"[10]。第二，对战术级部队的情报支援不足。"战术指挥官认为师以下情报支援存在不足。"一方

---

[5] Brian Shellum, *Defense Intelligence Crisis Response Procedure and the Gulf War*, DIA History Office, 1996, p.11.

[6] U.S. Department of Defense, *Final Report to Congress: Conduct of the Persian Gulf War*, Washington, D.C.: GPO, 1992, p.388.

[7] Ibid.

[8] U.S. Congress, Senate, Committee on Armed Services, *Operation DESERT SHIELD/ DESERT STORM, Hearings*, Washington, D.C.: U.S. GPO, 1991, p.320.

[9] John J. Bird, *Analysis of Intelligence Support to The 1991 Persian Gulf War: Enduring Lessons*, Carlisle, P.A. Army War College, 3 May 2004, p.11.

[10] Ibid.

面缺乏战术图像情报系统，接收国家和战区情报存在困难；另一方面建制内情报资产不足，难以开展战术级情报活动。[1]

1991年，美军发布国防部长备忘录《加强国防情报》，将"联合情报中心"确立为"向各层级联合作战提供情报支援的主要情报组织"[2]。随后针对联合情报中心临建的弊端及其对战术级部队支援的不足，建立了国家和战区级常设联合情报中心，并规定可按需在作战司令部下级联合部队建立战术级临时机构，形成了联合情报中心机构体系（如图2.3所示）。

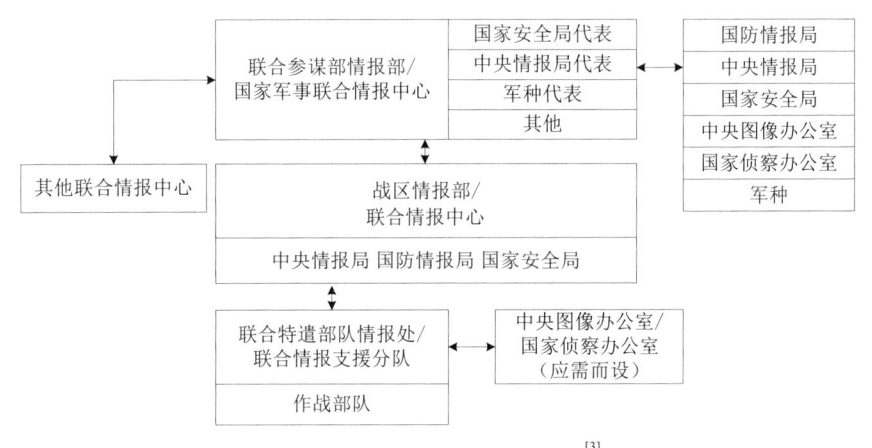

图2.3 联合情报中心机构体系[3]

（一）国家军事联合情报中心

1992年3月，美军在国防部联合情报中心的基础上，建立了国家军事联合情报中心。该中心是"由多军种、多机构人员组成的情报交换场所

---

[1] U.S. Department of Defense, *Final Report to Congress: Conduct of the Persian Gulf War*, Washington, D.C.: GPO, 1992, pp.401-402.

[2] U.S. Secretary of Defense Memorandum, "Strengthening Defense Intelligence", 15 March 1991, p.VII-9. U.S. Joint Chiefs of Staff, Joint Publication 2-0, *Joint Doctrine for Intelligence Support to Operations*, Washington, D.C.: GPO, 5 May 1995, p.VII-7.

[3] U.S. Joint Chiefs of Staff, Joint Publication 2-0, *Joint Doctrine for Intelligence Support to Operations*, Washington, D.C.: GPO, 5 May 1995. p.VII-4.

和任务中心"[1]，是"向国家级情报力量进行任务分配的焦点"[2]。国家军事联合情报中心在规模上，比国防部联合情报中心有所扩大。中心下设情报业务组，分别负责"全球情报与预警、动态情报、局势概要、预测、特别评估、国家级目标支援、联合技术情报支援以及国家级数据基础库建设"[3]等，是统筹国家级情报力量"向作战指挥官提供征候与预警情报、目标情报和威胁评估等相关国家级情报产品的'一站式购物中心'"[4]。国家军事联合情报中心在国防部联合情报中心的基础上，增设了来自国家安全局、中央情报局等更多国家情报机构的全职代表，[5]并可以"在大规模危机中根据危机性质容纳来自国务院、联邦调查局等其他国家级机构和部门的（临时）情报支援力量"[6]，在短时间内协调情报界成员广泛参与，增强中心情报能力。[7]此外，国家军事联合情报中心"编有来自相关机构的负责不同职能（例如应对恐怖主义或毒品走私）和不同区域（例如中东或非洲）的情报专家"[8]，为中心提供专业情报能力支援。

（二）作战司令部联合情报中心

1991年7月，太平洋司令部联合情报中心（Joint Intelligence Center/

---

[1] James R. Clapper, "Challenging Joint Military Intelligence", *Joint Force Quarterly*, Spring 1994, p.95.

[2] U.S. Joint Chiefs of Staff, Joint Publication 2-0, *Joint Doctrine for Intelligence Support to Operations*, Washington, D.C.: GPO, 5 May 1995, p.VII-10.

[3] Ibid.

[4] Steven Hecker, "National-level Intelligence and the Operational Commander: Improving Support to the Theater", Newport, R.I.: Naval War College, 20 May 1994, pp.20-21.

[5] 海湾战争中的国防部联合情报中心内没有来自中央情报局的代表。

[6] Steven Hecker, "National-level Intelligence and the Operational Commander: Improving Support to the Theater", Newport, R.I.: Naval War College, 20 May 1994, p.21.

[7] 比如国家军事联合情报中心在需要增强地图产品能力时，会设立国防测绘局（Defense Mapping Agency, DMA）代表。

[8] James R. Clapper, "Challenging Joint Military Intelligence", *Joint Force Quarterly*, Spring 1994, p.96.

Pacific Command）建立，"成为继海湾战争时建立的中央司令部联合情报中心之后，第一个正式建立的初具规模的战区级联合情报中心"[1]。随后，美军以太平洋司令部联合情报中心为参照，[2]在各地区性和职能性作战司令部均建立了联合情报中心。各作战司令部联合情报中心一般都直接称为"联合情报中心"，但不乏特殊情况[3]：欧洲司令部的称作"联合分析中心"（Joint Analysis Center, JAC）；北方司令部的称作"联军情报与融合中心"（Combined Intelligence and Fusion Center）；太平洋司令部下属驻韩美军司令部的称作"联军情报行动中心"[4]（Combined Intelligence Operations Center）。

美军建立作战司令部联合情报中心，"将战场情报资产合并到主要作战司令部的（情报）中心内"[5]，旨在减少重复性情报工作并缩减作战司令部和军种情报机构规模，[6]"在提高情报支援质量的同时减少提供此种支援所需的资源"[7]。各作战司令部联合情报中心统筹协调战区和职能范围内的情报资产，负责作战司令部地理区域和职能领域相关情报支援，[8]

---

[1] James R. Clapper, "Challenging Joint Military Intelligence", *Joint Force Quarterly*, Spring 1994, p.96.

[2] U.S. Office of the Inspector General, *Joint intelligence Centers' Support for Operating Forces,* Department of Defense Audit Report, No. 95-163, March 31, 1995, p.3.

[3] U.S. Joint Chiefs of Staff, Joint Publication 2-01, *Joint and National Intelligence Support to Military Operations*, Washington, D.C.: GPO, 7 October 2004, p.II-3.

[4] 与伊拉克战争后在国家级和战区级出现的"联合情报行动中心"不同，只是机构名称中有"行动"（operations）一词而已。

[5] James R. Clapper, "Challenging Joint Military Intelligence", *Joint Force Quarterly*, Spring 1994, p.96.

[6] U.S. Office of the Inspector General, *Joint intelligence Centers' Support for Operating Forces, Department of Defense Audit Report*, No. 95-163, March 31, 1995, p.3.

[7] U.S. Joint Chiefs of Staff, *Chairman of the Joint Chiefs of Staff Report on the Roles, Missions, and Functions of the Armed Forces of the United States*, Washington, D.C.: GPO, 10 February 1993, p.II-14.

[8] U.S. Joint Chiefs of Staff, Joint Publication 2-0, *Joint Doctrine for Intelligence Support to Operations*, Washington, D.C.: GPO, 5 May 1995, p.VII-9.

是"作战司令部司令和作战部队获取情报支援的主要渠道"[1]。以太平洋司令部联合情报中心和特种作战司令部联合情报中心为例。美军官方文件对这两家机构的职能进行了如下规定：太平洋司令部联合情报中心负责"向'太平洋司令部总司令、太平洋司令部下属组成司令部和下级联合司令部及其作战部队，以及太平洋司令部作为支援司令部负责支援的任何司令部及其作战部队'提供及时的全源情报分析、生产和分发。在平时、危机和战时按要求向国防部机构和国家指挥当局提供情报，并按照国防情报局《情报生产分配计划》进行情报产品生产"[2]。特种作战司令部联合情报中心负责"向'特种作战司令部总司令部、特种作战司令部下属组成司令部和下级部队、战场特种作战司令部以及受援司令部'提供'与特种作战、心理战和民事活动相关的'及时的全源情报分析、生产和分发"[3]。

作战司令部联合情报中心的组建以"典型的联合情报中心"（如图2.4所示）为标准模式，由各作战司令部按职能所需各自决定其组织结构。[4]

---

[1] Defense Intelligence Agency, *Intelligence Support to Warfighters: Response to a Changing Environment, Phase 1: Assessment of Joint Intelligence Center Functions,* Washington, D.C., 1992, p.iii.

[2] U.S. Pacific Command, *Joint Intelligence Center Pacific (JICPAC) Organization and Functions Manual,* Hawaii:, 1993, p.1.

[3] U.S. Special Operation Command, *Joint Intelligence Center (JIC) Organization Chart and Mission Statements,*1994, p.2.

[4] U.S. Joint Chiefs of Staff, Joint Publication 2-0, *Joint Doctrine for Intelligence Support to Operations,* Washington, D.C.: GPO, 5 May 1995, p.VII-9.

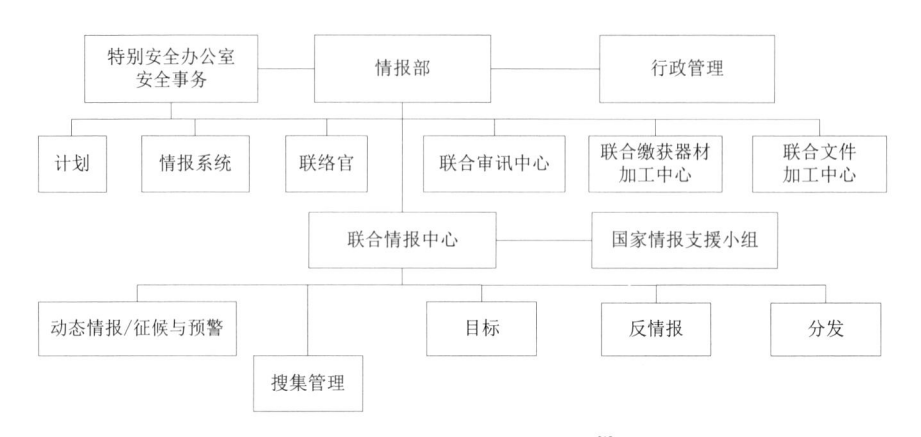

```
┌──────────────┐   ┌──────┐   ┌──────────┐
│特别安全办公室│───│情报部│───│ 行政管理 │
│  安全事务    │   └──────┘   └──────────┘
└──────────────┘      │
   ┌────┬──────┬──────┼──────────┬──────────────┬──────────────┐
 ┌──┴─┐┌─┴──┐┌─┴──┐┌──┴─────┐┌───┴────────┐┌────┴────┐
 │计划││情报││联络││联合审讯││联合缴获器材││联合文件 │
 │    ││系统││官  ││  中心  ││  加工中心  ││ 加工中心│
 └────┘└────┘└────┘└────────┘└────────────┘└─────────┘
                      │
              ┌───────┴────────┐
         ┌────┴─────┐    ┌─────┴────────┐
         │联合情报中心│    │国家情报支援小组│
         └────┬─────┘    └──────────────┘
   ┌──────────┼──────────┬──────────┐
┌──┴─────┐ ┌─┴──┐  ┌────┴──┐  ┌───┴──┐
│动态情报││目标│  │反情报 │  │ 分发 │
│征候与预警│└────┘  └───────┘  └──────┘
└────────┘
    │
┌───┴────┐
│搜集管理│
└────────┘
```

图2.4 典型的联合情报中心[1]

以太平洋司令部联合情报中心和特种作战司令部联合情报中心为例。太平洋司令部联合情报中心下设资源部和行动部两大部门（如图2.5所示）。[2] 资源部下设数据系统与通信部以及管理服务部，分别负责太平洋司令部情报支援相关的技术支持和管理保障等事务；行动部下设北亚部、南亚部、跨地区部、作战应用部和行动情报部，分别负责太平洋司令部辖区内的区域性情报工作以及目标等职能性情报工作。特种作战司令部联合情报中心下设作战处、分析处、图像目标处、情报支援处和情报系统行动处（如图2.6所示），分别负责与特种作战相关的24小时动态情报和图像目标等情报工作。

作战司令部联合情报中心人员编制与其任务和职能紧密相关，并应临时任务调整，灵活变化。比如运输司令部联合情报中心在1992年编有24人，1996年扩编至100人；兵力司令部联合情报中心1992年有94名工

---

[1] U.S. Joint Chiefs of Staff, *Joint Publication 2-0, Joint Doctrine for Intelligence Support to Operations*, Washington, D.C.: GPO, 5 May 1995, p.VII-9.

[2] U.S. Pacific Command, *Joint Intelligence Center Pacific (JICPAC) Organization and Functions Manual*, Hawaii:, 1993, p.VIII.

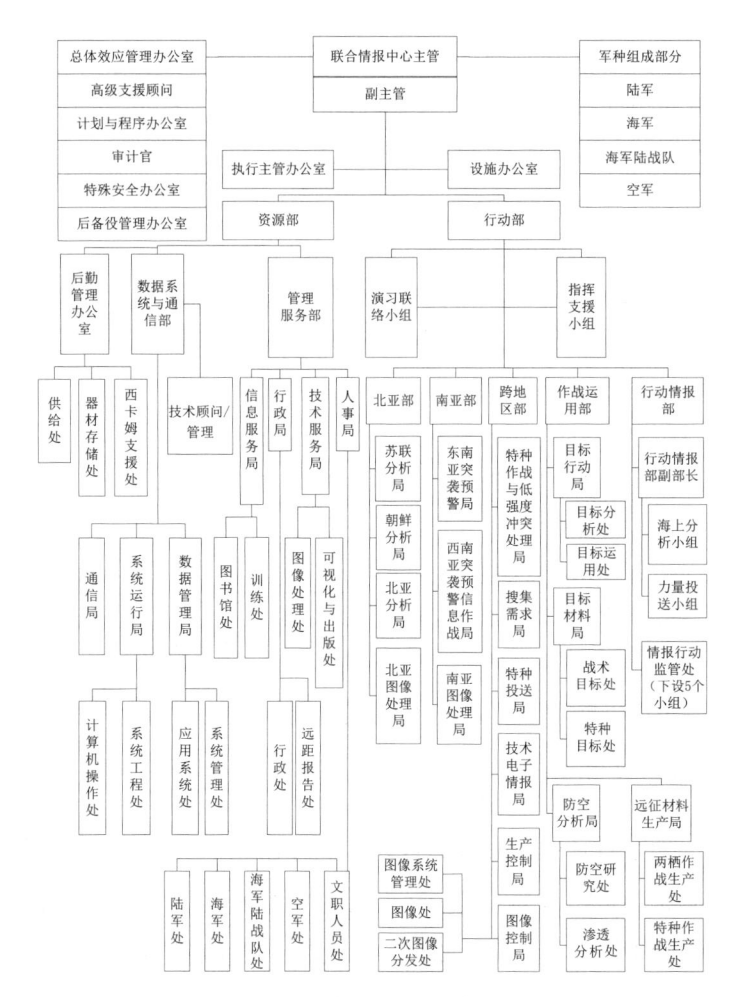

第二章　联合情报行动中心的初步发展 | 037

图2.5　太平洋司令部联合情报中心

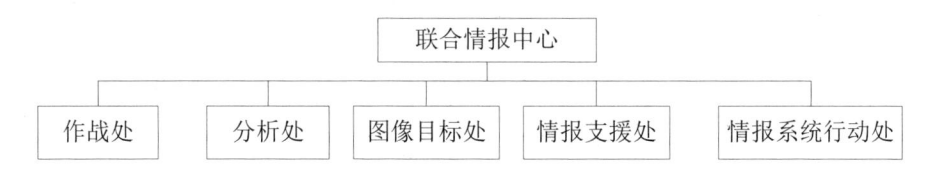

图2.6　特种作战司令部联合情报中心[1]

---

[1] U.S. Special Operation Command, *Joint Intelligence Center (JIC) Organization Chart and Mission Statements*, 1994, p.1.

作人员，在1994年利用其后备力量扩编为120人，以满足情报职责所需。联合情报中心文职和军职人员比例根据相应作战司令部需求，按照国防部规定的22.5%比例编配。设立文职人员保证了情报工作的连续性，因为军职人员每2～3年就会进行岗位轮换。[1]

表2.1　1994年4月各作战司令部联合情报中心的军职与文职人员编制比例[2]

各作战司令部联合情报中心	军职（百分比）	文职（百分比）
美国太平洋司令部联合情报中心	77	23
美国中央司令部联合情报中心	93	7
美国欧洲司令部联合情报中心	93	7
美国特种作战司令部联合情报中心	85	15
美国南方司令部联合情报中心	88	12
美国空间司令部联合情报中心	76	24
美国战略司令部联合情报中心	93	7
美国运输司令部联合情报中心	55	45

（三）联合情报支援分队

美军为加强对基层作战部队的支援，规定可按需在作战司令部下级联合部队特别是联合特遣部队组建联合情报支援分队"作为战术级联合情报中心，与国家情报支援小组共同负责战术级情报支援任务"[3]。

联合情报支援分队是"按照联合部队具体情报需求，特别组建的、战场联合情报中心的子集"[4]，负责统一协调联合作战地域（Joint Operations

---

[1] U.S. Special Operation Command, *Joint Intelligence Center (JIC) Organization Chart and Mission Statements*, 1994, p.25.

[2] Ibid., p.5.

[3] Ibid., p.6.

[4] U.S. Joint Chiefs of Staff, Joint Publication 2-0, *Joint Doctrine for Intelligence Support to Operations*, Washington, D.C.: GPO, 5 May 1995, p.VII-7.

Area, JOA）内的情报力量，是"联合作战地域内情报活动的焦点"[1]。联合情报支援分队对作战司令部下属情报机构提供的敌方情报加以汇总融合，"向联合特遣部队指挥官、联合特遣部队参谋人员以及其组成部队司令部提供涉及海陆空天等作战领域的敌方情报"。联合情报支援分队组建规模和组织结构由相应层级联合部队指挥官根据具体增援需求而定（如图2.7所示）。联合部队指挥官将所需联合情报支援分队相关人员和设备要求呈送作战司令部，由作战司令部联合情报中心、战场情报组织、其他司令部和国家情报组织提供相应情报资源进行组建。

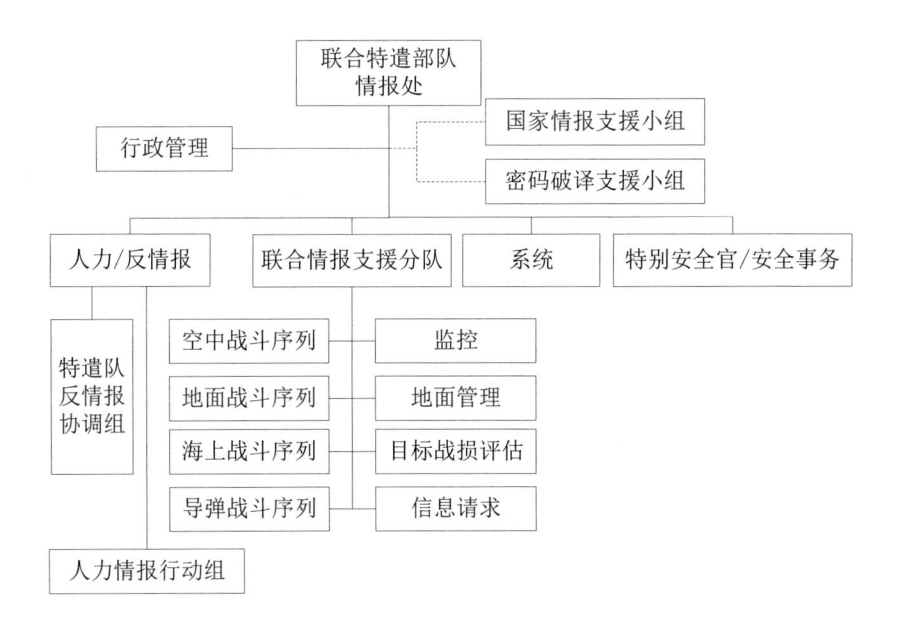

图2.7　典型的联合情报支援分队[2]

---

[1]　U.S. Joint Chiefs of Staff, Joint Publication 2-0, *Joint Doctrine for Intelligence Support to Operations*, Washington, D.C.: GPO, 5 May 1995, p.xi.

[2]　U.S. Joint Chiefs of Staff, Joint Publication 2-01, *Joint and National Intelligence Support to Military Operations*, Washington, D.C.: GPO, 7 October 1996, p. III-5.

国家情报支援小组由国家情报界根据联合部队指挥官任务需要而组建和派遣，负责配合联合情报支援分队共同完成联合部队情报支援任务。国家情报支援小组以海湾战争中国家军事情报支援小组为原型，[3]吸纳了更多国家情报机构代表，包括国防情报局、中央情报局、国家地理空间情报局、国家安全局及其他情报机构的情报与通信专家。其组建理念旨在"将（海湾战争中）各国家级情报机构单独向作战司令部部署的情报支援力量合并起来""以新的国家情报支援小组的形式将各种国家级情报支援力量组织在一起"[4]。国家情报支援小组能够实现"从联合特遣部队的作战战场传出并回抵其作战战场的动态情报流动"，便于"联合特遣部队和华盛顿之间进行及时的全源情报交流"。国家情报支援小组为联合部队提供了获取国家级情报力量增援的有效途径，增强了联合情报支援分队的情报力量，提升了联合部队的情报能力。在未组建联合情报支援分队的情况下，国家情报支援小组也可应联合部队指挥官需要，"形成相当于联合情报支援分队的核心情报能力，起到小型联合情报支援分队的作用"[5]，或直接在国家情报支援小组基础上将其扩建为联合情报支援分队。

---

[3] U.S. Joint Chiefs of Staff, Joint Publication 2-01, *Joint and National Intelligence Support to Military Operations*, Washington, D.C.: GPO, 7 October 1996, p. III-5.

[4] U.S. Joint Chiefs of Staff, Joint Publication 2-01, *Joint and National Intelligence Support to Military Operations*, Washington, D.C.: GPO, 7 October 2004, p.B-24.

[5] U.S. Defense Intelligence Agency, "Concept of Operations for the National Intelligence Support Team", Washington, D.C.: GPO, 22 March 1995, p.3. James M. Lose, "National Intelligence Support Teams: Fultilling a Crucial Rde".

第三节　情报支援体系与作战指挥体系整体联合

信息化时代，联合作战要求各军种以情报为基础相互融合、整体联动，对情报与作战配合程度的要求也较之于机械化战争时代有了质的变化。随着情报支援机构初具规模并成体系化发展，美军对情报内涵的理解更为深入，不只是"保障作战的情报信息"，还是"支援作战的力量体系"；对情报和作战的协调重点也从仅看重情报与作战需求协同一致，发展为强调情报支援体系与作战指挥体系整体联合。因此，美军联合情报中心机构体系的协调方式从根据作战需求集中生产情报信息，发展为以任务为中心、全面统筹情报支援体系与作战指挥体系整体联合。具体而言，联合情报中心机构体系通过"以任务为中心的闭合环型情报周期"和"全面协调的整体统筹"，推动情报与作战整体联合。

一、闭合环型情报周期

美军情报周期呈闭合环状，包含"计划与指导、搜集、处理与利用、分析与生产、分发与整合、评估与反馈"[1]六阶段（如图2.8所示），是对协同作战时期情报保障遵循的传统线型情报工作步骤的升级。

---

[1] U.S. Joint Chiefs of Staff, Joint Publication 2-0, *Joint Doctrine for Intelligence Support to Operations*, Washington, D.C.: GPO, 5 May 1995, p. VII-7.

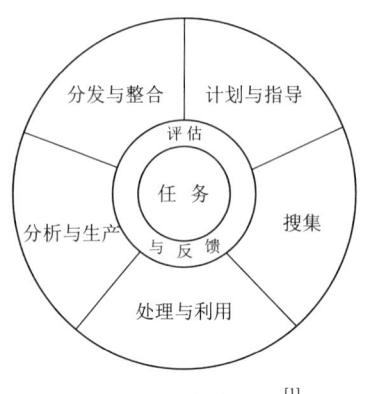

图2.8 美军情报周期[1]

（一）采用"闭合环型"模式，强调各项情报工作以"任务"为中心循环相继

海湾战争时期，美军重视联合部队指挥官的作战情报需求，大力发展作战情报支援，强调情报服务于作战。美军将传统的线型情报工作步骤升级为闭合环型情报周期。各项情报工作由过去情报工作步骤中的"环节"变为情报周期中以任务为中心的"阶段"（phase）。情报周期将"任务"置于各阶段情报工作流转的核心，强调各项情报工作以任务为中心，周而复始，循环相继。这明确了联合情报中心以任务为中心协调整个情报支援体系有序实施各项情报工作，并在此过程中围绕任务与作战力量沟通合作，协调其进入情报周期，参与评估、反馈等情报工作。联合情报中心通过闭合环型情报周期，协调情报支援体系有序协作，并与作战指挥体系全面配合，"推动了情报界、决策层和作战单元间的紧密联合"[2]。

海湾战争中，美军国防部联合情报中心和中央司令部联合情报中心

---

[1] U.S. Joint Chiefs of Staff, Joint Publication 2-0, *Joint Doctrine for Intelligence Support to Operations*, Washington, D.C.: GPO, 9 March 2000, p.II-1.

[2] 张晓军等：《美国军事情报理论研究》，军事科学出版社2007年版，第70页。

"以任务为中心,整合国家和战区情报支援力量"[1],并与国家决策层和战区作战部队有效配合。在国防部联合情报中心统筹下,"所有国家和军种情报机构都向海湾战场派遣了情报活动专家、不同领域专家以及分析人员,直接支援或增援中央司令部和(军种)组成部队情报人员",推动了国家和战区级情报力量紧密协作。中央司令部联合情报中心内设不同业务组,根据任务协调战场内情报支援力量。其"侦察中心根据战区和战术需求向战区内情报资产有效分配任务",以任务为中心协调作战力量参与情报搜集,与情报力量有效配合。这"使侦察和情报平台管理者、搜集管理人以及情报分析者能够直接有效沟通",推动了情报力量与作战力量在搜集活动中,围绕搜集任务的整体联合。

海湾战争后建立的联合情报中心机构体系,能够围绕任务协调各项情报活动,"在管理和控制情报活动中发挥主要作用"[2]。各级联合情报中心与作战体系相应层级指挥机构紧密配合,"围绕作战任务,汇总所有来源搜集到的信息,经过分析,分发给相应指挥机构和联合作战部队"[3]。这使决策者和指挥官等情报用户能够有效接触到支援联合作战的整个情报支援体系,[4]推动情报和作战体系融合。以中央司令部联合情报中心为例。美军"将作战司令部下级联合司令部和组成部队的情报处理、分析和生产活动集中合并到联合情报中心,以增强情报工作的联合性",并与作战司令部下级单位情报用户紧密沟通配合,使其充分参与情报工作,加强战区内

---

[1] U.S. Department of Defense, *Final Report to Congress: Conduct of the Persian Gulf War*, Washington, D.C.: GPO, 1992, p.391.
[2] U.S. Joint Chiefs of Staff, Joint Publication 2-0, *Doctrine for Intelligence Support to Joint Operations*, Washington, D.C.: GPO, 5 March 2000, p.IV-4.
[3] U.S. Armed Forces Staff College, Staff Officers' Manual for Joint Operations, 1948–49, Washington, D.C.: National Archives, 1950. James D. Marchio, "The Evolution and Relevance of Joint Intelligence Centers", *Studies in Intelligence*, Volume 49, Number 1, 2006.
[4] U.S. Joint Chiefs of Staff, Joint Publication 2-0, *Joint Doctrine for Intelligence Support to Operations*, Washington, D.C.: GPO, 5 May 1995, p.VII-9.

情报与作战联合。中央司令部联合情报中心信息请求管理人每天都与军种司令部相应负责人联系，掌握其情报需求并确认所有规定时限内的生产任务，确保各项情报活动围绕既定任务有序进行，一旦出现重复、偏离就能立即发现并协调解决。中央司令部联合情报中心90%的生产任务都是围绕情报用户既定任务按期进行的，包括每日、每周和每月定期的报告和综述。"下级联合司令部对联合情报中心提供的情报支援总体上是满意的，也相应减少了其情报人员编制。"[1]

（二）重视分析和评估，科学细化情报工作内容

信息化时代，美军情报搜集能力增强，信息获取量明显增多。美军将注意力转向如何充分挖掘利用获取的信息，不再将情报等同于直接搜集处理的信息，开始重视对所获原始信息进行筛选甄别，将分析单列为情报活动之一。此外，美军信息化时代联合作战要求情报与作战加强联合，强调以任务为中心的评估和反馈，推动情报部门与作战部门密切配合，提升情报支援效果。

海湾战争中，美军国防部联合情况中心和中央司令部联合情报中心都十分重视情报的分析和评估工作。国防部联合情报中心汇集来自国防情报局、国家安全局以及军种情报机构的分析人员，统一提供经过分析的国防部情报观点，并为战场情报评估提供所需信息。中央司令部联合情报中心一方面"协调各军种部队根据其作战地域和专业职能范围，共同承担分析任务"，另一方面专门组建"平时从未设立的"负责战时任务评估的战损评估中心。该评估中心接收战场情报机构和作战部队的反馈，负责对任务目标毁伤情况进行评估并调整情报工作满足下一轮目标选择

---

[1] U.S. Office of the Inspector General, *Joint intelligence Centers' Support for Operating Forces, Department of Defense Audit Report*, No. 95-163, March 31, 1995, p.12.

的情报需要。[1]

海湾战争后建立的联合情报中心机构体系加强了情报分析和评估工作。各级联合情报中心构成的情报枢纽将所有层级情报分析人员聚集在一起，提供对优先目标的详细评估。[2] 这样做的好处是任何层级都能够监控或获悉全球各作战司令部领域内所有情况，并及时获取决策指挥所需的具体情报分析评估。国家军事联合情报中心协调国家级情报机构参与作战目标定位和国家级目标清单制定，并应要求对战场进行战损评估，[3] 汇总所有国家情报机构和军种情报机构的全源情报信息，[4] 向联合部队提供国家级战损评估支援。作战司令部联合情报中心将下级联合部队指挥官和军种组成部队人员合并为几个小型高效团队，提供不同主题的情报评估支援。[5] 联合情报支援分队接受国家情报支援小组提供的各国家情报机构分析专家提供的分析增援。此外，还下设目标组，专门负责作战地域内的战损评估，加强与作战部队的配合。

二、全面协调的整体联动

美军联合情报中心机构体系对应国家、战区和战术级指挥机构需要设立各级中心，全面协调各层级情报力量进行情报支援，推动情报支援体系

---

[1] U.S. Department of Defense, *Final Report to Congress: Conduct of the Persian Gulf War*, Washington, D.C.: GPO, 1992, p.391.

[2] James R. Clapper, "Reorganization of DIA and Defense Intelligence Activities", Defense Intelligence Agency, 1994, p.13.

[3] U.S. Joint Chiefs of Staff, Joint Publication 2-0, *Joint Doctrine for Intelligence Support to Operations*, Washington, D.C.: GPO, 5 May 1995, p.VII-10.

[4] Brian Shellum, *Defense Intelligence Crisis Response Procedure and the Gulf War*, DIA History Office, 1996, p.10.

[5] U.S. Office of the Inspector General, *Joint intelligence Centers' Support for Operating Forces, Department of Defense Audit Report*, No. 95-163, March 31, 1995, p.12.

与作战指挥体系整体联动。其方式不再像二战和越战时仅立足于建制内资产实施情报搜集和生产，而是协调建制外情报力量特别是国家情报力量进行搜集和生产等情报活动。这种方式有效整合了军种和国家情报机构甚至联军情报机构等多方情报力量，并推动了各作战层级间的信息共享和协作，使情报全面融入作战指挥体系。

（一）海湾战争中国防部和中央司令部的联合情报中心

海湾战争中，美军在国防部、中央司令部"设立了国家和战区级联合情报中心"[1]，分别整合国家和战区情报支援力量。国防部联合情报中心"首次将来自国防情报局、国家安全局以及军种情报机构的分析人员集中在同一个地方，在同一指挥链下"[2]，并通过各机构代表协调获取国家层级非军事和军事情报机构支援。以国防部联合情报中心地面部队支援组为例。地面部队支援组由陆军情报局分析人员构成，能够远程联络陆军情报局，获取飞毛腿导弹、洲际弹道导弹和化学武器等相关情报。[3] 然而国防部联合情报中心受限于战时临时组建，协调工作主要依靠各机构人员代表依据临时制定的工作章程，缺乏强制力。[4] 所以国家级军种情报支援没有完全归口到国防部联合情报中心，没有由其输送给中央司令部联合情报中心进行统一分发。陆军情报和战场分析中心、海军作战情报中心等国家级军种情报机构仍单独向战场军种部队提供情报支援（如图2.9所示），致使战场作战部队从国家级军种情报机构和战区联合情报行动中心收到不

---

[1] Robert D. Estvanik, "Intelligence and the Commander: Desert Shield/Storm Case Study", Newport, R.I.: Naval War College, 22 June 1992, p.21.

[2] U.S. Department of Defense, *Final Report to Congress: Conduct of the Persian Gulf War*, Washington, D.C.: GPO, 1992, p.390.

[3] Randy Brooks, "Split Based Intelligence Operations During Desert Storm: a Glimpse of the Future Digital Army", Third International Symposium: National Security & National Competitiveness: Open Source Solutions Proceedings, 1994 Volume I. p.14.

[4] 海湾战争中对军种情报中心的协调更多依靠国防情报局。

同的情报信息。以施瓦茨科普夫在总结海湾战争情报支援工作时批评最多的战损评估为例。"国家情报界和中央司令部提供的战损评估，在美军对伊拉克目标毁伤情况分析上，出现了分歧。""究其原因，主要是国家和战区情报机构合作不够。"

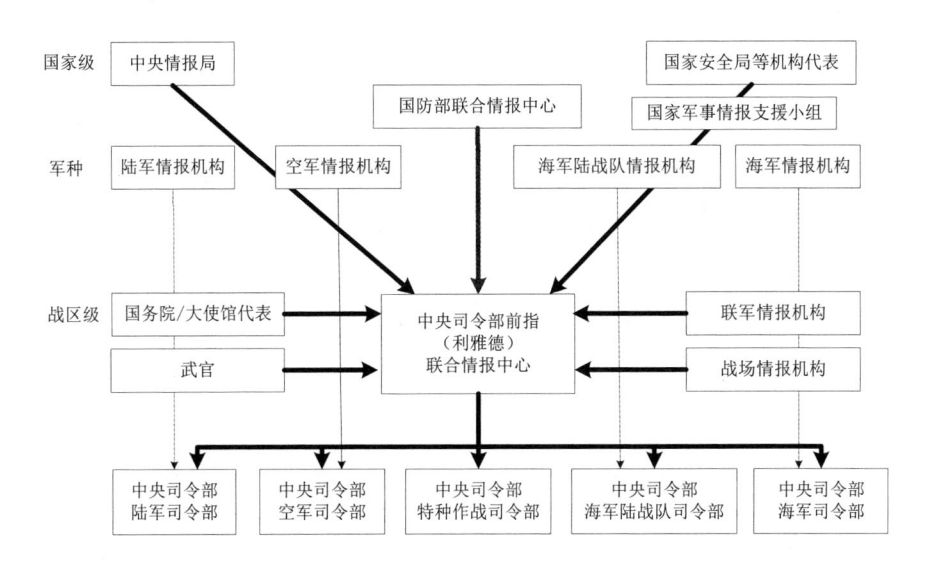

图2.9　国防部和中央司令部的联合情报中心与战区内情报机构关系图[1]

中央司令部联合情报中心统一协调战区内情报力量，包括下属军种，组成部队情报机构、下级联合部队情报机构甚至联军和盟国的情报机构。以联合侦察中心为例。联合侦察中心统一管理战区内军种部队侦察和情报搜集资产，根据其搜集能力和范围，向其分配任务，必要时协调获取联军和盟国搜集支援，统筹整个战区的情报搜集活动。下属军种组成部队按其侦察能力分担搜集任务。英国皇家空军派照相侦察机执行情报搜集任务，其他联盟国家也分别提供了各自国家境内情报系统搜集

---

[1] Robert D. Estvanik, "Intelligence and the Commander: Desert Shield/Storm Case Study", Newport, R.I.: Naval War College, 22 June 1992, p.21.

到的情报。

国防部和中央司令部的联合情报中心协调海湾战争中所有情报支援力量,一定程度上整合了国家和战区级情报机构,并通过加强与相应层级作战部门协作,推动了情报与作战体系的整体融合。正如美军在海湾战争总结报告中所言:"国防部联合情报中心与国家军事指挥中心同处一地而设立,本身就推动了危机期间国家级作战和情报的融合。"[1]此外,中央司令部联合情报中心也推动了战区级情报与作战融合。比如,中央司令部联合情报中心设立了"原本应隶属作战处的联合侦察中心",统一协调情报和作战部门的侦搜力量。联合侦察中心为"侦察和情报平台管理者、情报搜集管理者以及情报分析人员进行直接有效的沟通"[2]提供了平台,推动了战区情报和作战力量在情报搜集领域的融合。

(二)海湾战争后联合情报中心机构体系

海湾战争后,美军汲取战争经验,建立了对应各作战层级的联合情报中心机构体系。各级中心整合相应层级情报力量,共同协作将所有支援联合作战的情报力量凝聚为有机整体。"情报在从国家级流向战场军种部队时,先在国家军事联合情报中心汇集,流经作战司令部联合情报中心,最后流向由各军种混编的联合特遣部队",形成了由国家级直达作战部队的"统一的情报流"(如图2.10右侧所示)。这彻底改变了过去冗余重复的情报传送路径(如图2.10左侧所示):国家情报机构向作战司令部发送情报,由其向下级联合部队分发,同时军种情报机构绕过作战司令部直接向各自军种部队发送情报。

---

[1] Brian Shellum, *Defense Intelligence Crisis Response Procedure and the Gulf War*, DIA History Office, 1996, p.7

[2] U.S. Department of Defense, *Final Report to Congress: Conduct of the Persian Gulf War*, Washington, D.C.: GPO, 1992, p.391.

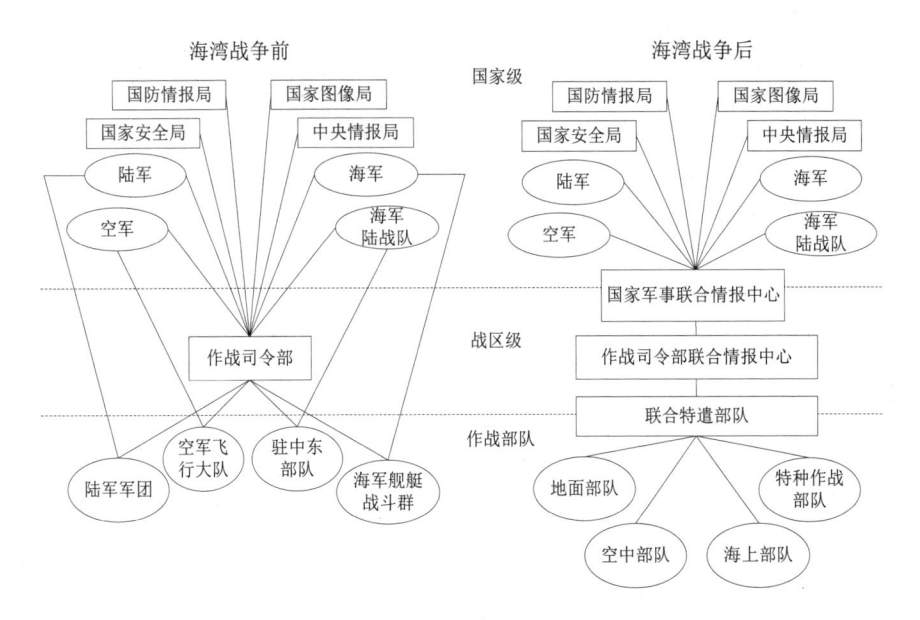

图2.10 联合情报中心与其他情报机构关系图[1]

国家军事联合情报中心是"由多军种、多机构人员构成的国家级情报枢纽"[2]。中心将国防情报局、国家安全局和中央情报局以及军种情报机构等全职代表组织在一起，统一对需国家情报力量满足的情报需求进行管理并进行任务分配，[3]"促进沟通协作，缓解了过去国家情报机构间的竞争，能够将国家情报力量凝聚在一起"，是"联合部队获取国家情报的焦点"。联合部队特别是联合特遣部队"情报需求无法被隶属或配属的战区级和战术级情报资源满足时，该情报需求就发送至

---

[1] James R. Clapper, "Reorganization of DIA and Defense Intelligence Activities", Defense Intelligence Agency, 1994, p.15.
[2] James R. Clapper, "Challenging Joint Military Intelligence", *Joint Force Quarterly*, Spring 1994, p.95.
[3] U.S. Joint Chiefs of Staff, Joint Publication 2-0, *Joint Doctrine for Intelligence Support to Operations*, Washington, D.C.: GPO, 5 May 1995, p.VII-10.

国家军事联合情报中心"。国家军事联合情报中心"将接收到的情报需求进行分类筛选，对通过现有情报资源马上可以满足的情报需求立即进行回复，将需详细分析研究才能回复的情报需求转给军种等其他情报机构"。所有对情报需求的回复都要由国家军事联合情报中心统一发送到战场。[1]

作战司令部联合情报中心的组建初衷是整合下级联合司令部和下属组成部队情报力量，旨在"将情报权力和资源从各军种收回，集中赋予高度统一的各战区情报机构——联合情报中心"[2]，为战场作战部队提供获取情报支援的总端口。以中央司令部情报中心的海事情报业务为例。中央司令部联合情报中心统管战区内海事情报业务，一方面在中心内设 10 名专职人员负责海洋水文侦测等海事情报，另一方面向下属海军司令部和海军组成部队分配专项海事相关情报任务。就军种作战部队从联合情报中心获取情报而言。中央司令部联合情报中心在 1994 年试运行时，"能回复中央司令部空军 74% 图像相关信息请求和 50% 政治分析相关信息请求"，军种作战部队仍可直接从相应军种情报机构获取部分情报支援。[3]1997 年联合情报中心全运行后，军种情报机构仍担负情报任务，但向作战部队提供相关情报支援的渠道主要是通过联合情报中心。

联合情报支援分队应作战部队指挥官需要，由国家和战区级情报机构提供情报力量组建。目的是加强对战场作战部队的情报支援，协调联合作

---

[1] John D. Stauffer, "National Intelligence Goes Operational: An Evolution Underway", Newport, R.I.: Naval War College, 13 February 1995.

[2] Garry W. Dilday, "Joint Intelligence Centers: Improving Support to Warfighters Below the JTF Level", Washington, D.C.: Joint Military Intelligence College, 1996; Christian P. Westermann, "Defense Reorganization: Evolution and Reformation of Defense Intelligence", Washington, D.C.: Joint Military Intelligence College, 1991.

[3] U.S. Office of the Inspector General: *Joint intelligence Centers' Support for Operating Forces, Department of Defense Audit Report*, No. 95-163, March 31, 1995, pp.12-14.

战地域内情报力量进行情报活动，统一向联合特遣部队提供情报。"值得注意的是，联合特遣部队下属组成部队不再由陆军、海军、空军和海军陆战队各军种独立构成，而由地面、空中、海上和特种作战部队构成。"获取情报的途径也"不再单独依靠各自的军种情报机构，而是统一通过联合情报支援分队集中获取"[1]。

海湾战争后的联合情报中心机构体系，对应国家、战区和战术层级，覆盖美军作战司令部所辖战区和职能领域，将情报全面融入作战。联合情报中心机构体系"将所有军种、战斗支援机构、战斗部队的主要情报支援能力融合为'一站式购物中心'"，并根据作战需求与作战体系各级指挥机构紧密配合，灵活协调获取各级情报力量的支援能力。单个联合情报中心"不能完全满足所有信息请求"。各级中心"通过建立正式的相互链接关系，对信息需求进行管理，优化各层级情报机构间情报功能的互补，实现关键情报及时向上、向下或者横向传递"，并"协调所在层级之外（本层级之上或之下）的其他情报机构的情报支援力量"。这不仅能够使本层级作战指挥官充分得到情报体系不同层级情报力量的支援，也通过向其他作战层级提供情报支援，使所有作战层级指挥官获益，[2] 推动情报体系与作战体系整体融合。

---

[1] James R. Clapper, "Reorganization of DIA and Defense Intelligence Activities", Defense Intelligence Agency, 1994, p.16.
[2] James D. Marchio, "The Evolution and Relevance of Joint Intelligence Centers", *Studies in Intelligence*, Volume 49, Number 1, 2006.

第三章
联合情报行动中心的深入推进

2003年的伊拉克战争是"一场高度信息化的战争"[1],标志着信息化战争形态的深层演变,开启了美军一体化联合作战的新阶段。美军一体化联合作战需要情报与作战高度配合。情报作为与作战同等重要的作战行动之一,需要与各阶段作战行动同步配合一体。美军基于情报与作战同步配合的需要,深度推进联合情报中心机构体系建设,在其基础上建立了联合情报行动中心机构体系。该机构体系以"情报行动化"为目标,统筹情报行动与作战计划和实施同步一体。

---

[1] 王保存:《面向信息化战争的军事理论创新》,解放军出版社2005年版,第349页。

第一节　一体化联合作战中情报与作战的一体

信息化条件下,各作战力量在短时间内效能倍增的一体化联合,要求情报与作战高度配合,达到与作战行动同步一体。美军建立的 C⁴ISR 系统为情报与作战同步配合提供了技术支持,也在观念上认识到情报是与作战同等重要并能同步实施的作战行动之一。情报与作战配合处于聚焦效能倍增的同步一体阶段,要求情报作为一种行动与作战计划和实施同步配合。

一、信息化条件下的一体化联合作战

伊拉克战争中,美军实现了信息化时代继海湾战争后作战方式的深度变革,进入信息化条件下的一体化联合作战阶段。指挥伊拉克战争的中央司令部司令弗兰克斯上将称"'伊拉克自由行动'是美国历史上联合和联军程度最高的作战"[1]。美军各作战空间各军种作战要素在信息化条件下实现了高度融合的一体化联合。陆海空天特所有作战力量形成了一个有机运转的整体,[2]在短时间内充分释放作战效能。各作战力量间联合程度有了质的飞跃,[3]达到了信息化条件下特有的体系集成、效能倍增的"一体"。伊拉克战争是对海湾战争后美军新军事变革的效果检验。美国国防部在海湾战争后,正式提出"新军事革命",并率先付诸实践,主导了影响世界的新军事革命。这期间,美军推进信息化建设、推动作战力量体系集成并进

---

[1]〔美〕美国联合部队司令部等:《伊拉克战争——来自参战国军方的报告》,军事科学出版社 2005 年版,第 26 页。
[2] 王保存:《世界新军事变革新论》,解放军出版社 2003 年版,第 306 页。
[3] 王及平主编:《一体化联合作战研究》,军事科学出版社 2005 年版,第 29 页。

行组织体制调整改革，最终在伊拉克战争中实现了作战的一体化联合。

（一）在技术装备方面，网络等信息技术推动了美军指挥控制系统和武器装备整合集成，为美军基于网络的"一体"提供了条件

一方面，美军推进指挥控制系统网络化一体化建设，在原有 C^3I 系统基础上增加了"计算机"要素，于1992年推出了 C^4I 系统。1997年追加了"监视"和"侦察"两个要素，开发了 C^4ISR 指挥控制、通信和情报监视侦察一体化系统。[1] 该系统是美军新一代全球指挥控制系统，能够通过网络技术集成到美军全球信息栅格（GIG），链接各作战空间诸军种作战力量，是美军一体化联合的指挥中枢。[2]

另一方面，美军推动武器系统智能化、网络化建设升级，发展远程精确打击能力，加强各作战空间武器系统、作战平台的网络化通联能力。武器系统通过分布式网络与其他系统和平台链接，基本形成了覆盖全球、进行远程精确打击的作战网络。伊拉克战争中，美军依靠网络化 C^4ISR 系统，通过纵横相连的战场网构建了多维一体的作战空间，将陆海空天电网等多维空间作战力量连接起来，形成了初步一体化的作战体系。此外，美军大量使用信息化武器，武器系统精确制导命中率以及实时打击能力显著提升，实现了发现即摧毁的同步一体。

（二）在作战战法方面，各军种跨全维战场整体效能倍增的思想，为"一体"提供了指导[3]

海湾战争后，以网络为主的信息技术发展迅猛，战场空间进一步拓

---

[1] 美军于2001年提出在 C^4ISR 系统上追加"打击"要素，计划于2030年建成 C^4KISR 系统。阿富汗战争和伊拉克战争期间，美军使用的仍是 C^4ISR 系统。
[2] 王保存：《世界新军事变革新论》，解放军出版社2003年版，第156页。
[3] 王及平主编：《一体化联合作战研究》，军事科学出版社2005年版，第27页。

展，从横向和纵向辐射多维作战空间。美军推动多维作战空间的各军种向体系集成、效能倍增的一体化联合发展。1993年版《作战纲要》提出空地海天全维战场空间"一体化"思想，继而在1996年《2010联合构想》中提出各军种作战力量在全维空间通过一体化的"系统集成"，释放非对称效能。2000年，美军在《2020联合构想》中正式提出"一体化联合作战"，随后将其确定为美军信息化条件下的基本作战形式。[1]与此同时，美军提出将"网络中心战"作为信息化时代一体化联合作战的基本战法。"网络中心战"主张通过网络化指挥控制系统将全维作战空间分散配置的各军种作战要素集成一体化作战体系，充分发挥整体作战效能。[2]此外，美军还提出快速决定性作战和基于效果作战等思想，进一步丰富了"一体"的实现方式，强调聚焦效能的精确快速作战。伊拉克战争中，美军初步检验了网络中心战，"以内聚式联合的方式运用各军种和特种作战部队在作战空间的所有能力"[3]，充分发挥了大于个体之和的整体作战威力，[4]只用了海湾战争时约一半兵力和物资，就达成了更大目标。整个伊拉克战争中，没有出现空中作战和地面作战这种界限分明的作战空间甚至阶段划分。美军应用快速决定性作战，"在对伊实施大规模空袭同时展开地面进攻，空中精确打击与地面闪电突击同步实施，以快制胜"[5]，通过跨空间、时间的高效一体化作战，实现了作战效能的倍增。

---

[1] 关永豪等主编：《美军一体化联合作战理论研究》，解放军出版社2006年版，第5页。
[2] 肖裕声：《21世纪初大国军事理论发展新动向》，军事科学出版社2008年版，第28页。
[3] 〔美〕美国联合部队司令部等：《伊拉克战争——来自参战国军方的报告》，军事科学出版社2005年版，第26页。
[4] 王保存：《世界新军事变革新论》，解放军出版社2003年版，第359页。
[5] 军事科学院世界军事研究部编：《世界军事革命史》，军事科学出版社2012年版，第1500页。

（三）在组织体制方面，美军作战指挥体制扁平化、网络化以及作战部队小型化、模块化，为"一体"创造了条件

美军总结海湾战争经验，认为"自上而下高度集中的指挥体制已过时"[1]。加之海湾战争后网络信息技术兴起，"要充分利用网络信息技术及其提供的能力，就要对军队组织结构进行全面转型"[2]。美军认为"军队层级式指挥与控制结构对信息可能带来的效率构成了障碍"，应"创建一种'网络化'组织结构，使信息和命令在其中既纵向又能横向流动，而且下属人员甚至武器系统在其中都具有能力自主行动"[3]。一方面，美军逐步将横窄纵长的垂直树状指挥体制变为横宽纵短的扁平网状指挥体制。扁平网状指挥体制能够推动信息快速流动和共享，对分布全维战场的作战部队进行实时同步高效的指挥控制。另一方面，美军进行作战部队小型化、模块化转型，确立了按任务功能混编的联合特遣部队作为实施一体化联合作战的主要作战力量，[4]并推动各军种作战部队建设向一体多能化发展。伊拉克战争中，设在卡塔尔的美军中央司令部利用联合作战指挥中心，直接统一指挥陆海空天以及特种作战部队，通过迅速传递的实时信息及时有效控制整个作战进程。[5]

伊拉克战争体现了美军信息化时代作战方式的深度变革。美军联合作

---

[1] 王保存：《世界新军事变革新论》，解放军出版社2003年版，第225页。
[2] 《占优势的作战空间认知》，解放军出版社1995年版，第23页。
[3] 〔美〕弗雷德里克·W.卡根：《寻找目标——美国军事政策的转型》，王春生等译，军事科学出版社2010年版，第143页。
[4] 美军认为一体化联合作战要求作战部队从组建开始就是联合的，以便将重点放在发展一体化联合作战能力上，而非解决不同组成部队间的互通性问题。这就要求联合的层级从联合作战司令部延伸至联合特遣部队司令部。参见王保存：《面向信息化战争的军事理论创新》，解放军出版社2005年版，第140页。
[5] 军事科学院世界军事研究部编：《世界军事革命史》，军事科学出版社2012年版，第1504页。

战发展进入一体化联合的高级阶段。[1] 联合是一体的手段，一体是联合的目的。一体化联合较之于信息化战争初级阶段的"联合"而言，在继承整体作战思想基础上，强调整体作战效能的跃升，是以效能倍增为目的的集成一体。这种集成一体是以"内聚式"为特征的深度联合。各军种作战要素不是简单叠加，而是聚焦任务的解构重组，并在全维作战空间以网络为中心同步配合，短时间内最大程度释放整体作战效能。

二、情报与作战的一体

信息化条件下的一体化联合作战要求各作战力量跨全维战场同步配合，在短时间内最大程度释放整体作战效能。情报作为各作战力量同步配合、效能倍增的关键，其与作战深度联合达至"一体"是信息化时代美军作战方式实现根本变革的必然需求。信息化条件下，网络等信息技术将作战空间拓展至陆海空天电网等全维战场，为各作战力量以网络为中心跨全维战场同步联动提供了条件。信息化条件下的战场较之于高技术条件下的战场，愈加复杂多变，作战节奏进一步加快。情报的搜集、处理和分发要能够适应"迅速制敌"的作战节奏。[2] 这要求情报在覆盖全维作战空间基础上，以作战行动为中心同步提供情报支援，达到与作战行动实时同步配合。

得益于海湾战争后情报侦察技术的迅速发展，美军在高分辨率图像为主的传感器和近实时图像传输方面取得技术突破。情报获取和传输的时效性增强。进入21世纪，美军情报侦察能力提升至前所未有的高水平。空中侦察机和空间卫星基本实现对全维战场的全天时覆盖。全维实时搜集、处理和分发使情报具备与作战行动同步的侦察监视能力。伊拉克战争中，

---

[1] 王及平主编：《一体化联合作战研究》，军事科学出版社2005年版，第3页。
[2] 孙建民、汪明敏、杨传英：《情报战战例选析》，国防大学出版社2010年版，第348页。

美军传感器吸纳了光电、信号和图像等侦察手段，侦察平台覆盖陆海空天电网等全维侦察空间，实现了对战场空间的全维实时侦察监视。

伊拉克战争之后，美军不断发展情报监视侦察技术，具备了全维战场实时感知的情报监视侦察能力。加之信息化武器装备大量使用，情报侦察监视在战争中的作用越来越大。[1]正如美国"军事革命之父"比尔·欧文斯在《拨开战争的迷雾》中所言："信息时代军事革命的核心是体系集成，而体系集成的关键就是情报监视侦察。"[2]情报监视侦察本质上是"兼具情报和作战功能的活动"[3]。它使情报能够实时感知全维作战空间，成为与作战同步实施的行动，推动了情报与作战功能耦合、高度配合。美军情报与作战在体系融合基础上，进入全维实时、效能倍增的同步"一体"阶段。

技术上，C^4ISR 指挥控制、通信和情报监视侦察一体化系统为情报与作战同步一体提供了技术支撑。网络等信息技术推动了美军原 C^3I 系统升级。美军将情报分系统（I）升级为"情报、监视和侦察（ISR）"分系统，并与指挥控制系统相连接，构建了以作战为中心的全维情报网络，实现了战场信息搜集、处理和传输的实时化。C^4ISR 系统作为情报与作战一体化联合的指挥中枢，为情报监视侦察以网络为中心与作战指挥控制和行动同步一体提供了技术支撑。伊拉克战争中，美军利用 C^4ISR 系统将搜集到的全时空近实时战场信息快速传递给中央司令部在卡塔尔的联合指挥中心。[4]联合指挥中心"指挥官每隔几分钟就收到一次新的战场信息，对战场形势

---

[1] 匡兴华：《军事技术概论》（下册），国防工业出版社2006年版，第1页。

[2] 〔美〕比尔·欧文斯：《拨开战争的迷雾》，胡利平、李耀宗译，国际文化出版公司、北方妇女儿童出版社2001年版，第114页。

[3] U.S. Joint Chiefs of Staff, Joint Publication 1-02, *Department of Defense Dictionary of Military and Associated Terms*, Washington, D.C.: GPO, August 2017, p.116.

[4] 军事科学院世界军事研究部编：《世界军事革命史》，军事科学出版社2012年版，第1506页。

作出迅速反应"[1]。战场信息实时搜集、处理和传输，缩短了指挥周期，提高了反应速度，推动了情报与作战指挥控制和行动的同步一体。

观念上，美军认识到情报是能够与作战指挥和行动同步实施的侦察监视活动，甚至是可以在电磁和网络空间产生作战效能的作战行动之一，注重情报与作战跨全维战场的同步一体。信息技术构建了覆盖全维实时战场的情报网络。各军种作战要素以网络为中心实施跨全维战场的一体化行动，全程需要情报侦察监视同步提供实时信息。情报作为其他作战要素的"赋能器"以及整体作战效能的"倍增器"，成为全程主导一体化联合作战实施、决定整体作战效能释放的关键行动。加之作战空间拓展至电磁和网络空间，出现了电子战和网络战等以情报为独立作战力量产生作战效能的作战样式。情报地位进一步提升，不仅仅是支援要素，更跃升为主导作战甚至构成战斗力的核心作战要素。[2] 美军愈加重视在全维实时战场与作战全程同步实施不间断的情报行动。2006 年美国国防部《四年防务评估报告》强调，对作战区域进行持续高效的情报监视和侦察能力是有效实施一体化联合作战的关键。[3] 2007 年和 2012 年"情报系列"联合出版物都将"情报与作战计划和实施同步"[4]列为情报工作的重要原则之一。

---

[1] 科技研究所：《伊拉克战争研究与思考》，2003 年，第 88 页。

[2] "不能简单认为信息战、情报只是美军遂行任务的手段，而是把它们看作是未来部队的核心能力。"引自美国国防部《四年防务评估报告》，军事科学出版社 2001 年版，第 37 页。

[3] 孙建民等：《战后情报侦察技术发展史研究》，军事科学出版社 2008 年版，第 218 页。

[4] U.S. Joint Chiefs of Staff, Joint Publication 2-01, *Joint and National Intelligence Support to Military Operations*, Washington, D.C.: GPO, 05 January 2012, p.III-7.

第二节　联合情报行动中心机构体系

"伊拉克战争是信息化时代美军联合作战程度最高的一场战争，联军间以及各军种间配合达到了前所未有的新水平"，不同作战层级间情报与作战也实现了全面配合，充分检验了联合情报中心机构体系的实际效果。在"伊拉克自由行动"中，美国中央司令部、太平洋司令部等的战区级联合情报中心表现出色，美军"没有从伊拉克收到任何有关联合情报中心的消极反馈"[1]。"中央司令部联合情报中心高效整合了国家、军种和联军战场的情报机构，通过向战场指挥官提供全源情报产品和直接支援力量，推动了战区层级情报与作战紧密配合。以太平洋司令部联合情报中心为代表的其他联合情报中心在远程分担情报职责方面也发挥了关键作用。"[2] 美军肯定了联合情报中心机构体系实现情报与作战全面配合的有效作用，同时也指出该机构体系在推动情报与作战实时同步方面仍存在不足之处，认为"反恐行动需要近实时的情报支援"，"而联合情报中心机构体系没能紧跟作战需求实时同步提供情报支援"[3]。

伊拉克战争后，美军推进信息化时代军事转型，正式确立一体化联合作战为信息化条件下的基本作战形式，[4] 对情报以及情报与作战配合

---

[1] U.S. Department of Defense, Office of the Assistant Secretary of Defense (Public Affairs), "News Transcript, Press Availability on Joint Intelligence Operations Centers," Presenter: Deputy Under Secretary of Defense for Intelligence and Warfighter Support Lieutenant General William G. Boykin, USA, 12 April 2006.

[2] James D. Marchio, "The Evolution and Relevance of Joint Intelligence Centers," *Studies in Intelligence*, Volume 49, Number 1, 2006.

[3] William G. Boykin, "Defense Intelligence and Transformation", Seminar on Intelligence, Command, and Control, Guest Presentations, May 2007, p.17.

[4] 关永豪等主编:《美军一体化联合作战理论研究》，解放军出版社2006年版，第5页。

程度提出了更高要求。美军在信息化时代转型计划中称,"充分利用美国情报优势是转型四大支柱之一:日益缩短的决策周期和快速响应时限,要求将情报和作战更加紧密地整合在一起。这种趋势要求国防部创立新的组织体制,使作战和情报两个功能密切关联或融合"[1]。海湾战争后常设化的联合情报中心机构体系已不能满足情报与作战高度配合一体的需要。

为应对恐怖主义等非传统威胁并满足情报和作战一体化配合需要,美军进行了继二战以来又一次大规模情报改革,[2]对国防情报体制进行调整,聚焦作战提升整体情报支援能力。美军在其改革纲领《重塑国防情报》中,将"建立联合情报行动中心以实现更为灵活的情报活动"列为改革的首项要务。文件称:"在国防部、作战司令部和联合特遣部队建立相互依存的情报行动中心,能够完全整合所有国防情报的功能和类别,确保国防部所有信息来源都可被获取,并改进情报与传统行动和计划职能的融合,推动情报融入作战计划和实施,以增强作战行动的速度、力度和作战效力。"[3]

美军联合情报行动中心机构体系在原有联合情报中心机构体系基础上组建,主要由三级机构构成,分别是设在国防部和联合作战司令部的国家级、战区级常设机构,以及按需设在联合特遣部队的临时机构。2017年年初,"美军共设有12家常设联合情报行动中心,分别是国家联合作战和情报中心、9大联合作战司令部联合情报行动中心、驻韩美军司令部联合

---

[1] 〔美〕艾伯茨:《信息时代美军的转型计划:打造21世纪的军队》,李耐和等译,国防工业出版社2011年版,第82页。
[2] U.S. Defense Intelligence Agency, Office of Public Affairs, "Defense Joint Intelligence Operations Center (DJIOC) Frequently Asked Questions", 12 April 2006.
[3] U.S. Office of the Secretary of Defense, Public Affairs Office, "Remodeling Defense Intelligence (RDI) Initiative Fact Sheet", 22 March 2006.

情报行动中心以及战略司令部下属网络空间司令部联合情报行动中心"[1]。随着 2017 年 8 月战略司令部下属网络空间司令部升级以及 2019 年 8 月太空司令部正式成立，与之相应的作战司令部联合情报行动中心也相继进行调整和组建。未来美军国家级和战区级常设联合情报行动中心将增至 13 家。[2]

联合情报行动中心机构体系一方面"继承了原有联合情报中心机构体系推动情报与作战体系全面配合的职能"，能够打破影响国防部各情报机构之间情报兼容的官僚体制障碍，消除情报界和参与作战的情报终端用户之间的障碍；另一方面，以"情报行动化"为指导，[3] 将情报转化为一种作战行动，进而统筹情报行动与作战计划和实施同步配合，使美军能够更快搜集、分析并迅速行动，具备真正有利于作战行动的情报能力。

---

[1] U.S. Joint Chiefs of Staff, Joint Publication 2-01, *Joint and National Intelligence Support to Military Operations*, Washington, D.C.: GPO, 5 July 2017, p.II-7.

[2] 中央司令部和南方司令部等作战司令部联合情报行动中心仍保留了原"联合情报中心"的机构名称，但其组织设置和运行方式已调整为"联合情报行动中心"模式。U.S. Department of Defense Inspector General, *Unclassified Report of Investigation on Allegations Relating to USCENTCOM Intelligence Products*, Washington, D.C.:GPO, 31 January 2017, p.4; U.S. Joint Staff J-7, *Joint Staff Officer Handbook, Staffing and Action Guide*, August 2012, p.191.

[3] U.S. Department of Defense, Office of the Assistant Secretary of Defense (Public Affairs), "News Transcript, Press Availability on Joint Intelligence Operations Centers," Presenter: Deputy Under Secretary of Defense for Intelligence and Warfighter Support Lieutenant General William G. Boykin, USA, 12 April 2006.

第三节　情报行动与作战行动的同步一体

美军一体化联合作战所必需的全维实时的战场感知能力，不仅在空间上要求各作战层级情报与作战全面融合，更在时间上需要各作战阶段情报与作战实时同步。加之情报、监视和侦察系统的发展，伊拉克战争时期美军基本具备了对情报目标进行持续不间断侦察监视的情报能力。美军对情报的理解进一步深化，认为情报不但是带有"知识"属性的情报信息和"组织"属性的情报体系，更应是带有"活动"属性的情报行动，是主导作战空间的关键作战行动之一。对情报与作战关系的理解也随之深入，认为情报于作战而言，除兼具"保障作战的情报信息"和"支援作战的情报体系"特质外，更重要的是"与作战同步的情报行动"。因此，联合情报行动中心机构体系的协调重点是统筹情报与作战计划和实施同步配合，实现情报与作战同步一体。

一、网络拓扑型情报流程

情报流程呈网络拓扑状，由六种动态配合的情报行动组成："计划与指导、搜集、处理与利用、分析与生产、分发与整合以及评估与反馈"[1]（如图3.1所示）。情报流程是美军实施一体化联合作战情报支援的新工作模式，代表了美军对情报工作较为成熟的认识，是对情报周期的继承和改进。

---

[1] U.S. Joint Chiefs of Staff, Joint Publication 1-02, *Department of Defense Dictionary of Military and Associated Terms*, Washington, D.C.: GPO, 15 February 2016, p.115.

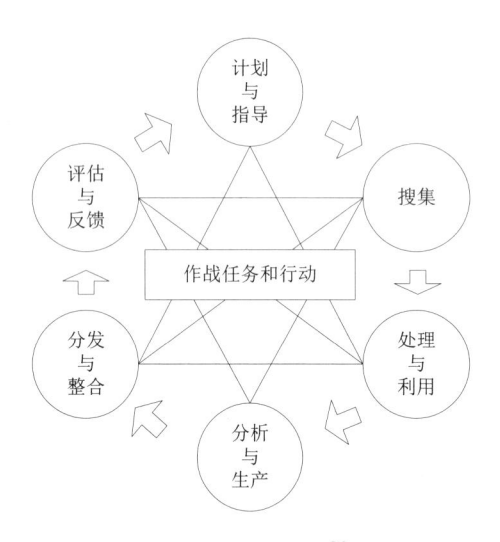

图3.1　美军情报流程[1]

（一）采用网络拓扑型模式，强调情报工作是各类情报行动动态配合的过程

美军情报周期通过情报工作六阶段初步呈现了情报工作是连续循环的过程。情报流程继承了情报周期对情报工作的六分法，将"阶段"（phase）的提法改为"行动"（operation），明确了"情报是一种作战行动"，强调情报工作是动态实施各类情报行动的过程。[2] 美国著名情报学家亚瑟·哈尼克指出，"情报流程并不是由一步接一步的一系列离散阶段组成的，而是由生产者与情报用户之间的稳定互动矩阵及多重反馈回路

---

[1] Jason D. Green, "Integrating Mission Type Orders into Operational Level Intelligence Collection", Joint Advanced Warfighting School, Joint Forces Staff College National Defense University, 27 May 2011, p.18.

[2] "情报流程是将信息转化为情报并交送情报用户的过程。"引自 U.S. Joint Chiefs of Staff, Joint Publication 1-02, *Department of Defense Dictionary of Military and Associated Terms*, Washington, D.C.: GPO, August 2017, p.115.

组成的"[1]。情报流程明确了各项情报行动间的网络拓扑联系,强调了"各类情报行动可以围绕作战任务和行动同步实施且灵活转换"[2]。具体而言,"情报流程中各类情报行动的起始点和结束点间没有严格界限,它们之间不是前后衔接成环形继起,而是几乎同步进行的。而且并非所有情报工作都必须经过完整的情报流程才能完成"[3],可根据作战任务和行动需要灵活转换各类情报行动,实现情报行动与作战实时同步配合。

联合情报行动中心机构体系围绕作战任务和行动,统筹情报与作战同步配合。各中心分别是所在作战层级相应作战区域和职能的情报活动焦点,统筹协调各项情报行动与作战计划、实施和评估同步,将情报从单一参谋职能转化为既含参谋职能同时又兼具作战性质,实现"情报行动化"。

(二)较之于情报周期,情报流程更加强调"分析"的重要性

随着美军 C^4ISR 系统建立,其情报监视侦察能力显著提升。美军持续进行的情报侦察监视活动能够不间断地提供信息,美军愈加重视对原始信息的积累关联和长线分析预测,而非仅提供即时性信息。加之侦察手段全源化发展,信息呈爆破性增长,美军进入大数据时代,"分析"成为有效情报工作的关键。美军《2020 年联合构想》指出,单纯的"信息优势"并不能实现"战场透明"。在具备一定信息搜集和传送能力后,只有对信息进行有效解读与选择,才能有效消除战场上的不确定性。同时,战场上的过量信息还可能造成信息泛滥和污染,形成新的"战场迷雾"。因此要

---

[1] 任国军:《浅析美国关于情报流程的理论认识》,载《解放军外国语学院学报(社会科学版)》2012 年第 2 期。
[2] U.S. Joint Chiefs of Staff, Joint Publication 2-0, *Joint Intelligence*, Washington, D.C.: GPO, 22 June 2007, p.III-9; U.S. Joint Chiefs of Staff, Joint Publication 2-01, *Joint and National Intelligence Support to Military Operations*, Washington, D.C.: GPO, 7 October 2004, p.III-2.
[3] Ibid.

减小和消除战争迷雾,就必须高度重视情报分析,把信息优势转化为认知优势。[1] 此外,分析是情报与作战行动同步实施的关键。情报分析能够为作战行动提供定制产品,作战行动能够为情报分析实时搜集信息。这种互惠相济能够使情报和作战形成同步配合的闭合环路(如图 3.2 所示),实现情报行动与作战实时互动,同步一体。

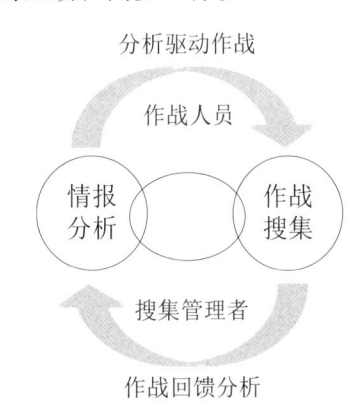

图3.2 情报分析与作战搜集同步配合的闭合环路[2]

联合情报行动中心机构体系将分析作为作战情报支援的"核心活动",强调分析人员与作战人员协作互动。国家联合作战和情报中心设立与预警中心并行的行动小组,使预警中心内的分析人员如同去到战场一般,与担负搜集任务的作战人员直接沟通。作战司令部联合情报行动中心强调"分析人员是作战司令部情报支援工作的中心"[3],其情报分析人员、搜集管理

---

[1] 孙建民等:《战后情报侦察技术发展史研究》,军事科学出版社 2008 年版,第 296 页。

[2] William G.Boykin, "Defense Intelligence and Transformation", Seminar on Intelligence, Command, and Control, Guest Presentations, May 2007, p.19.

[3] U.S. Department of Defense, Office of the Assistant Secretary of Defense (Public Affairs), "News Transcript, Press Availability on Joint Intelligence Operations Centers", Presenter: Deputy Under Secretary of Defense for Intelligence and Warfighter Support Lieutenant General William G. Boykin, USA, 12 April 2006, p.3.

者和作战部门代表同在一地工作,"使分析人员能够尽可能与战场作战搜集实现高频度同步交互"[1]。联合情报行动中心机构体系构建了情报分析和作战搜集同步相济的闭合环路。在这样一个良性循环中,情报分析推动作战行动,作战行动通过搜集回馈情报分析,情报与作战同步一体。

二、实时互动的同步统筹

随着情报侦察技术发展及精确打击能力的提高,战场透明化程度提高,战斗展开阶段即可获得可靠情报。作战主题成为准确找到敌人和不使敌人发现自己。作战指挥控制实质上是通过情报流掌握控制作战行动的过程,[2]而情报工作应是与作战指挥控制实时互动并与作战行动同步实施的过程[3]。美军联合情报行动中心机构体系负责围绕作战同步统筹情报行动,推动情报行动与作战行动实时互动,实现情报行动与各阶段作战行动实时同步。该体系各级机构通过与相应作战层级计划和作战部门实时互动,推动情报职能与作战、计划职能的融合,将情报融入作战计划、实施和评估全程,统筹情报与作战实时同步一体。

国家联合作战和情报中心代表了目前美军情报与作战一体化发展的最高水平,它"不只具备情报职能,是融合了联合参谋部情报部、作战部和计划部部分人员的综合机构"[4],构建了情报、计划和作战协调同步的新平台。该中心的情报部门一方面持续监控全球局势,通过提供征候和预警情

---

[1] William G.Boykin, "Defense Intelligence and Transformation", Seminar on Intelligence, Command, and Control, Guest Presentations, May 2007, p.30.
[2] 孙建民等:《战后情报侦察技术发展史研究》,军事科学出版社2008年版,第218页。
[3] 阎宏瑞:《美军情报与作战一体化发展历程述评》,载《军事历史》2017年第2期。
[4] U.S. Joint Chiefs of Staff, Joint Publication 2-01, *Joint and National Intelligence Support to Military Operations*, Washington, D.C.: GPO, 5 July 2017, p.II-12.

报，推动情报与作战实时一体；另一方面通过与联合参谋部情报部和国防情报局密切配合，整合国家级情报资源，并与联合参谋部作战和计划部门协调互动，推动情报与作战计划、实施和评估全程互动。

战区级联合情报行动中心"设有情报计划组和情报'红队'负责将情报融入作战计划，同时设有全源分析组和危机行动组等部门负责将情报融入作战实施和评估"[1]。各战区级联合情报行动中心为所属司令部情报部门与计划、作战部门提供了沟通协调的平台。中心通过情报计划组（Intelligence Planning Team，IPT）和"情报红队"参与作战计划制订，与计划部门人员全程互动。其全源分析组和危机行动组为作战实施全程实时提供所需情报，并跟踪作战形势变化，及时派遣情报增援力量实施战场情报搜集等行动，推动情报与作战全程互动。

联合情报支援分队应联合特遣部队要求而建，是"战区级联合情报行动中心的子集"[2]，负责根据联合特遣部队作战行动同步统筹联合作战地域内的情报行动。联合情报支援分队针对联合特遣部队作战任务需要，实施随行情报支援。因多在战场基层部署，联合情报支援分队较之于联合情报行动中心机构体系中各级机构而言，与作战联系更为紧密，能够将情报及时送达指挥控制链末端，是情报融入作战全程的关键。

---

[1] U.S. Joint Chiefs of Staff, Joint Publication 2-01, *Joint and National Intelligence Support to Military Operations*, Washington, D.C.: GPO, 5 July 2017, p.II-12.
[2] Ibid., p.II-7.

第四章
联合情报行动中心的机构设置

一体化联合作战中,"敌我双方对抗不再是单一目标、单一空间、单一力量间的较量,而是多维空间、多重目标、多种手段、多种力量构成的体系与体系的对抗"[1]。各作战力量通过体系集成形成最大合力,是一体化联合的本质。情报作为各作战力量体系集成的核心要素,其与作战紧密配合实现体系集成是一体化联合作战的必然要求。联合情报行动中心负责协调情报与作战一体化,"是美军在组织制度层面推动情报与作战体系集成的重要举措"。它是美军对应作战指挥体系而设立的机构体系,由负责不同指挥层级情报与作战协调的各级中心构成。各级中心作为相应层级情报与作战连通的枢纽,相互协作,将情报体系与作战指挥体系整合为一个有机整体。因此,各级中心作为联合情报行动中心整个机构体系实现其整体功能的有机组成,其本身的体系集成是情报与作战体系集成的关键。按照系统科学的观点,整体决定部分,部分构成整体,并

---

[1] 关永豪等主编:《美军一体化联合作战理论研究》,解放军出版社2006年版,第55页。

且构成整体的部分之间并不是相互独立的,而是围绕整体功能的实现相互作用。所以一个得以实现整体功能的机构体系,应包含整体、部分以及部分间关系三方面内容。联合情报行动中心在机构设置上,从整体机构布局,到各级机构组建以及机构关系构建都进行了前所未有的精心设计,改变了情报体系与作战指挥体系缺乏连通的传统组织结构,有效推动了情报与作战的体系集成。

第一节 机构体系布局

信息化时代的一体化联合作战是以情报为基础的体系化作战。不同指挥层级作战力量间的一体化联合均以情报为基础。联合情报行动中心对应各指挥层级、配合各级情报参谋部门,形成了贯通整个作战指挥体系的机构体系。这种体系化的分层布局能够与作战指挥体系高度契合,协助各级情报参谋部门,将情报融入整个作战指挥体系。

一、对应各指挥层级

一体化联合作战,要求作战指挥体系各层级间能够高度配合达至一体。情报是各指挥层级一体化配合的重要保证。为优化情报在整个作战指挥体系中的传递流程,美军进行了减少指挥层级、加大指挥跨度的编制体制调整,将原有的横窄纵长的垂直树状指挥体系调整为横宽纵短的扁平网状指挥体系。目前,美军作战指挥体系主要包含三个层级:国家指挥当局、联合作战司令部和联合特遣部队。为加强对整个作战指挥体

第四章　联合情报行动中心的机构设置

系的情报支援，美军对应作战指挥体系各指挥层级，分别在国家指挥当局、九大联合作战司令部以及部分下属联合司令部设立常设联合情报行动中心，并规定危机和战时在联合特遣部队临时组建联合情报支援分队或战役级联合情报行动中心[1]。各级联合情报行动中心针对各指挥层级决策者和指挥官的情报需求，实时提供定制情报支援，并将国家级决策者与战区联合部队和联合特遣部队进行连通，[2] 使作战指挥体系各层级间同步共享情报信息，构建了对应各指挥层级、贯通整个作战指挥体系的情报架构（如图 4.1 所示）。

```
┌─────────────────────────┐
│      国家指挥当局        │
├─────────────────────────┤
│   国家联合作战和情报中心  │
└─────────────────────────┘
            │
┌─────────────────────────┐
│       作战司令部         │
├─────────────────────────┤
│  作战司令部联合情报行动中心 │
└─────────────────────────┘
            │
┌─────────────────────────┐
│      联合特遣部队        │
├─────────────────────────┤
│   联合特遣部队情报支援分队 │
└─────────────────────────┘
```

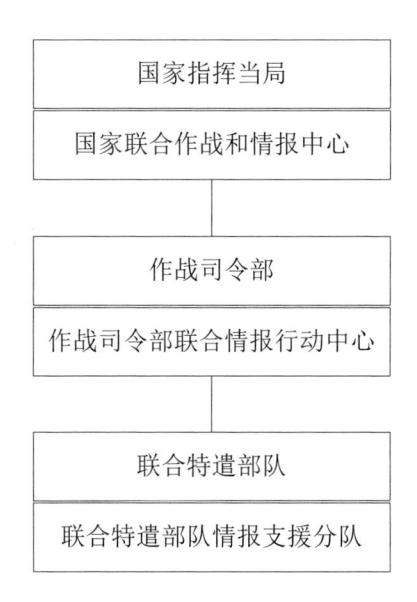

图4.1　美军各指挥层级及其相应联合情报行动中心

---

[1] U.S. Joint Chiefs of Staff, Joint Publication 2-01, *Joint and National Intelligence Support to Military Operations*, Washington, D.C.: GPO, 5 July 2017, p.II-8.
[2] U.S. Joint Chiefs of Staff, Joint Publication 2-0, *Joint Intelligence*, Washington, D.C.: GPO, 22 June 2007, p. III-9.

（一）对应国家指挥当局

美国国家指挥当局通过参联会行使联合作战最高指挥权，是作战指挥体系顶端的国家级决策者。国家级决策者负责危机和战时决策指挥，需要针对美军危机反应、平战转换以及作战指挥控制获取及时、准确而全面的情报。国家级情报与作战整合是为国家决策层提供所需情报信息，提高国家决策层决策指挥效率、提升美军应急反应能力的关键。监控全球局势、实时准确预警并根据危机和战时军事行动向国家决策者提供按需定制的战略情报，是服务国家决策层以及整合国家级情报与作战的重点。

国家联合作战和情报中心[1]是"负责情报与作战一体化的国家级机构"。国家联合作战和情报中心设立预警中心，负责不间断监视全球局势，是国家决策层获取预警情报、掌握危机实况以及作战进程的总控台，是服务国家层级、协调情报与作战的主要情报单位。国家层级情报的搜集、呈现和分发必须能够使总统为首的所有国家级决策者以及联合参谋部作战和计划部门实时掌握全球局势并交互沟通决策。因此，国家联合作战和情报中心与各作战司令部司令、国防部部长办公室以及白宫情况室交流互动，[2]确保国家指挥当局和参联会主席及时掌握作战决策指挥所需信息；同时容纳联合参谋部作战和计划部门部分人员，[3]加强中心内部联合参谋部情报部人员与作战部、计划部代表沟通协作，推动情报与作战深度整合。

---

[1] 国家联合作战和情报中心与国家反恐中心（National Counterterrorism Center, NCTC）等国家级中心类似，都是对特定任务进行整合的国家级中心。国家联合作战和情报中心负责对联合作战情报支援进行整合。

[2] U.S. Joint Chiefs of Staff, Joint Publication 2-0, *Joint Intelligence*, Washington, D.C.: GPO, 22 October 2013, p.II-13.

[3] U.S. Joint Chiefs of Staff, Joint Publication 2-01, *Joint and National Intelligence Support to Military Operations*, Washington, D.C.: GPO, 5 July 2017, p.II-12.

（二）对应作战司令部

美军作战司令部是联合作战指挥体系之中上承参联会、下达作战部队的中间指挥层级，通常负责固定的区域和职能。[1]目前美军共有11个联合作战司令部，其中战略司令部、运输司令部、特种作战司令部、网络空间司令部、太空司令部5个联合职能司令部负责全球范围与其职能相关的职能性任务；印太司令部[2]、中央司令部、欧洲司令部、北方司令部、南方司令部和非洲司令部6个联合战区司令部负责地理责任区内的地区性任务。联合战区司令部被国家指挥当局赋予计划、准备和实施相应战区内军事行动的权力，[3]是美军战区联合作战指挥的主要机构。战区联合作战通常在作战对手能力较强、作战规模较大、单一作战行动难以达成国家战略目标时采用，[4]是美军一体化联合作战的两种基本形式之一。联合职能司令部根据联合战区司令部任务需要，在战区联合作战中负责网络空间、特种作战和战略运输等相关任务。战区联合作战因其作战规模大、参与部队多、持续时间长，具有明显的体系化作战特点。各作战力量全方位协调融合，实现整体力量体系集成和作战行动无缝链接，需要情报和作战高度契合同步，

---

[1] 作战司令部（Combatant Command, COCOM）又称联合作战司令部，是美军作战指挥链条中将参联会和联合部队进行链接的主要指挥机构。美军现有11个作战司令部均是联合司令部（Unified Command），分为战区／地区司令部（Area/Regional Command）和职能司令部（Functional Command）两类，其中印太司令部（印太总部）、中央司令部（中央总部）、欧洲司令部（欧洲总部）、北方司令部（北方总部）、南方司令部（南方总部）和非洲司令部（非洲总部）是联合战区司令部（Unified Regional Command），战略司令部、运输司令部、特种作战司令部、网络空间司令部和太空司令部是联合职能司令部（Unified Functional Command）。U.S. Joint Chiefs of Staff, Joint Publication 1, *Doctrine for the Armed Forces of the United States*, Washington, D.C.: GPO, 12 July 2017, p.IV-5.

[2] 2018年5月，美太平洋司令部更名为印太司令部。

[3] 董鸿宾主编：《美国军事基本情况》，军事科学出版社2013年版，第216页。

[4] 关永豪等主编：《美军一体化联合作战理论研究》，解放军出版社2006年版，第94页。

对情报和作战整合需求迫切。

作战司令部联合情报行动中心是负责情报与作战一体化的战区级机构。"如果情报与作战一体化在国家级由国家联合作战和情报中心负责，那么在作战司令部层级则通过各作战司令部联合情报行动中心实现。"[1]作战司令部联合情报行动中心是战区和职能领域情报工作的焦点，负责"将作战司令部情报能力与传统作战和计划能力进行整合"[2]。各作战司令部联合情报行动中心是"作战司令部司令和参谋人员、下属军种组成司令部以及下级联合作战部队获取情报支援的第一站"，能够针对各作战司令部所辖区域和职能任务"向作战司令部及其联合作战部队提供对其作战行动产生积极影响的及时、准确和完整的情报"，将情报融入作战。

（三）对应联合特遣部队

美军联合特遣部队是联合作战指挥体系的基层作战力量，[3]通常负责执行"目标有限、规模较小、持续时间较短的特定作战行动"[4]。联合特遣部队由作战司令部或下属联合司令部经国家最高指挥当局批准后组建，由其实施的联合行动是美军一体化联合作战的两种基本形式之一。联合特遣部队较之于作战司令部及其下属联合司令部，具有编组部署灵活迅速、行动快速精确的特点，能够在小规模作战地域内直接达成战略目标。"随着非传统、非对称安全威胁凸显，美国越来越多

---

[1] U.S. Defense Intelligence Agency, *Strategic Plan 2007-2012: Leading the Defense Intelligence Enterprise*.

[2] U.S. Joint Chiefs of Staff, Joint Publication 2-01, *Joint Intelligence Support to Military Operations*, Washington, D.C.: GPO, 20 November 2012, p.II-4.

[3] U.S. Joint Chiefs of Staff, Joint Publication 1, *Doctrine for the Armed Forces of the United States*, Washington, D.C.: GPO, 12 July 2017, p.IV-5.

[4] 关永豪等主编：《美军一体化联合作战理论研究》，解放军出版社2006年版，第115页。

地卷入反恐、维和等非传统军事行动中",联合特遣部队成为美军实施小规模快速行动最常用的形式。联合特遣部队"快速精准、高度一体"的作战行动以及"小部队、大联合"[1]的编组特点,需要更为准确、及时的情报支援,[2]对情报和作战配合提出了更高要求。这需要美军在基层更大程度地整合情报与作战,以便向联合特遣部队提供实施军事行动所需的实时同步的情报支援。

联合情报支援分队应联合特遣部队具体的情报支援需求而建,能够进行前沿部署,"把作战亟须的情报信息送到最低作战层级"[3],是美军情报与作战一体化的重要环节。联合情报支援分队是联合特遣部队"情报分析、融合、搜集管理以及分发的焦点",能够统筹情报支援,"将情报行动与作战和计划职能进行整合"。联合情报支援分队具备与作战计划和实施全程同步的"持续分析能力",能够"向联合特遣部队指挥官和参谋人员、各军种和职能组成部队以及下级联合部队提供空中、地面、海上以及太空等作战环境相关信息",为联合特遣部队提供准确高效的情报支援。[4]

---

[1] 李春立等:《美军战术级联合作战专题研究》,军事科学出版社2005年版,第5页。

[2] John P. Coles, "Cultural Intelligence & Joint Intelligence Doctrine", *Joint Operations Review*, 2005, http://www.au.af.mil/au/awc/awcgate/ndu/jfsc_cultural_intelligence.pdf.

[3] James P. West, "Gaining the Knowledge to Win", *Marine Corps Gazette*, Volume 89, Issue 12, December 2005, p.12.

[4] U.S. Joint Chiefs of Staff, Joint Publication 3-33, *Joint Task Force Headquarter*, Washington, D.C.: GPO, 30 July 2012, p.VI-2.

二、配合各级情报参谋部门

```
┌─────────────────────┐
│    联合参谋部情报部      │
├─────────────────────┤
│  国家联合作战和情报中心   │
└─────────────────────┘
           │
┌─────────────────────┐
│    作战司令部情报部      │
├─────────────────────┤
│ 作战司令部联合情报行动中心 │
└─────────────────────┘
           │
┌─────────────────────┐
│   联合特遣部队情报部     │
├─────────────────────┤
│ 联合特遣部队情报支援分队  │
└─────────────────────┘
```

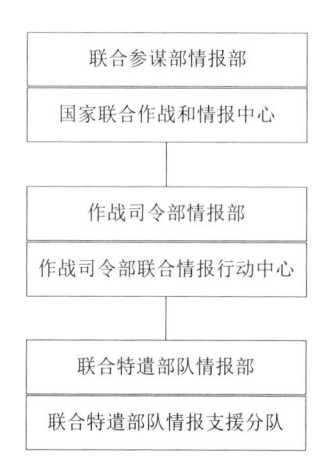

图4.2 美军联合情报行动中心及相应情报参谋部门

各级情报参谋部门指导管理相应层级联合情报行动中心，是联合情报行动中心与作战指挥体系链接的基点（如图4.2所示）。[1]美军对应各指挥层级设立各级联合情报行动中心，配合协助相应情报参谋部门，旨在打破各级情报参谋部门"自上而下逐层分发"的等级体制[2]和不同地域、职能之间"烟囱似的"部门壁垒，为整个作战指挥体系构建能够最大限度进行共享的情报架构，[3]实现信息实时共享。联合情报行动中心能够将所有情报搜集者、生产者与各级情报用户平行链接在一起，形成了一张全球范围的拓扑状信息网络。各级指挥机构和作战部队通过相应联合情报行动中心，充当信息网络上接收情报的"端口"，不再是"指挥链条"上先后继起的

---

[1] Defense Intelligence Agency, *Intelligence Support to Warfighters: Response to a Changing Environment, Phase 1: Assessment of Joint Intelligence Center Functions*, Washington, D.C., 1992.

[2] U.S. Joint Chiefs of Staff, Joint Publication 2-0, *Joint Doctrine for Intelligence Support to Operations*, Washington, D.C.: GPO, 5 May 1995, p.VII-3.

[3] William G. Boykin, "Defense Intelligence and Transformation", Seminar on Intelligence, Command, and Control, Guest Presentations, May 2007, p.17.

"环节",而成为"情报网络"上平行同步的"结点"[1]。整个作战指挥体系通过联合情报行动中心构建的情报网络实现了情报纵向和横向的实时流动。各级决策者和指挥官能够与上下级、左右邻互动共享实时信息,实时同步获取和处理各种战场信息并迅速作出决策判断,实现了作战指挥体系中不同层级和地域指挥要素间信息获取的同步一体。

各级联合情报行动中心协助相应层级情报参谋部门,服务决策者和指挥官实现所确定的作战任务和目标。国家联合作战和情报中心协助联合参谋部情报部,服务国家决策层战略需要;作战司令部联合情报行动中心协助司令部情报部,服务作战司令部战区战略和战役需要;联合情报支援分队协助联合特遣部队情报部,服务联合特遣部队战役和战术需要。一般情况下,在机构组建上,各级联合情报行动中心大都隶属于相应层级情报参谋部门,由其进行管理;在职能运行上,各级联合情报行动中心协助其情报参谋部门履行情报职能,管理协调具体情报工作。[2]

(一) 配合联合参谋部情报部

联合参谋部情报部既是参联会的情报参谋机构,也是国防情报局的下属单位。联合参谋部情报部一方面履行情报参谋职能,"向参联会主席、联合参谋部、国家军事指挥中心以及各作战司令部持续提供目标情报、全球预警和动态情报等相关情报支援"[3];另一方面担负国防情报局赋予的军事情报协调职能,作为"情报界军事行动情报支援事务的主管","负责协调军种、情报领域作战支援机构的情报计划活动以支援各作战司令部总司令",是"军事行动的危机情报支援、国防部征候和预警情报以及作战司

---

[1] 任连生主编:《基于信息系统的体系作战能力概论》,军事科学出版社2011年版,第69页。
[2] 国家级中心较为特殊,具体情况见下文。
[3] U.S. Joint Chiefs of Staff, Joint Publication 2-0, *Joint Intelligence*, Washington, D.C.: GPO, 22 October 2013, p.III-2.

令部情报需求的国家级焦点"[1]。

国家联合作战和情报中心集作战、计划和情报职能于一体,[2] 其中负责情报职能的部分主要是预警中心。预警中心由联合参谋部情报部进行管理,是联合参谋部情报部履行情报职能不可或缺的部门。联合参谋部情报部"向预警中心提供情报人员"[3],负责"运行预警中心"[4],并"对预警中心人员进行管理"[5]。联合参谋部情报部根据预警中心接收的作战司令部情报需求,就当前和未来情报能力支援联合参谋部计划制订,并就支援作战所需情报能力递交财政预算提议,向联合参谋部、国防部部长办公室和国家情报总监办公室争取其代表的作战司令部情报利益。预警中心协助联合参谋部情报部履行情报职能,一方面,"在危机时向国家决策者和联合参谋部计划人员提供直接情报支援"[6],协助履行情报参谋职能;另一方面,协调国家情报机构满足接收到的作战司令部情报需求,协助履行军事情报协调职能。

(二)配合作战司令部情报部

作战司令部情报部"协助作战司令部指挥官制订战略、大规模作战

---

[1] 联合参谋部情报部官方网页:http://www.jcs.mil/Directorates/J2-Joint-Staff-Intelligence.
[2] 国家联合作战和情报中心不仅仅是情报机构,其人员来自联合参谋部情报部(J-2)以及作战部(J-3)和计划部(J-5),是美军情报与作战一体化发展到一定程度,情报、计划和作战职能深度融合的结果。U.S. Joint Chiefs of Staff, Joint Publication 2-01, *Joint and National Intelligence Support to Military Operations*, Washington, D.C.: GPO, 5 July 2017, p.II-12.
[3] U.S. Joint Chiefs of Staff, Joint Publication 2-01, *Joint and National Intelligence Support to Military Operations*, Washington, D.C.: GPO, 5 July 2017, p.III-18.
[4] U.S. Joint Chiefs of Staff, Joint Publication 2-01, *Joint and National Intelligence Support to Military Operations*, Washington, D.C.: GPO, 5 January 2012, p.A-15.
[5] U.S. Joint Chiefs of Staff, Joint Publication 2-0, Joint Intelligence, Washington, D.C.: GPO, 22 October 2013, p.III-2.
[6] U.S. Joint Chiefs of Staff, Joint Publication 2-01, *Joint and National Intelligence Support to Military Operations*, Washington, D.C.: GPO, 5 January 2012, p.A-15.

和战役计划",负责"制定情报需求并指导情报工作,为指挥官实现目标提供统一的情报支援",是作战司令部的情报参谋部门。作战司令部联合情报行动中心作为"作战司令部司令和情报部以及联合作战部队获取情报支援的主要渠道","是作战司令部情报部支援联合作战的主要情报机构"[1]。

1. 机构组建方面

美军"情报系列"联合出版物规定:各作战司令部情报部根据司令部情报需要组建联合情报行动中心,决定中心的组织编制,并应危机和战时所需适时扩编调整。"联合情报行动中心一般都和作战司令部情报部设在一起"[2],隶属情报部,由情报部负责中心运行并进行人员管理。多数情况下,联合情报行动中心是"作战司令部情报部的一部分"。比如,中央司令部联合情报行动中心"是情报部下属单位",机构编号随情报部"CCJ2"编为"CCJ2-J",由情报部负责运行。[3] 南方司令部联合情报行动中心隶属于情报部,由其进行管理,机构编号随情报部"J2"编为"J23"(如图4.3所示)。个别情况下,联合情报行动中心甚至构成了情报部的主体。比如,运输司令部联合情报行动中心就构成了运输司令部情报部的主体(如图4.4和图4.5所示)。对比两图,构成运输司令部情报部主体的四个部门——情报行动处(TCJ2-O)、情报计划和项目处(TCJ2-P)、动态情报处(TCJ2-W)以及反情报和人力情报处(TCJ2-X)均是联合情报行动中心的机构。

---

[1] U.S. Joint Chiefs of Staff, Joint Publication 2-0, *Joint Doctrine for Intelligence Support to Operations*, Washington, D.C.: GPO, 5 May 1995, p.VII-9.

[2] Ibid.

[3] U.S. Department of Defense Inspector General, *Unclassified Report of Investigation on Allegations Relating to USCENTCOM Intelligence Products*, Washington, D.C.: GPO, 31 January 2017, p.4.

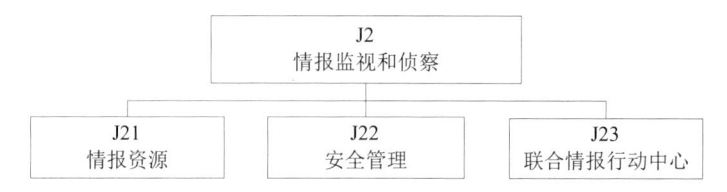

```
          J2
      情报监视和侦察
    ┌──────┼──────┐
   J21    J22    J23
 情报资源 安全管理 联合情报行动中心
```

图4.3 南方司令部情报部与联合情报行动中心[1]

```
         运输司令部情报部
   ┌────────┬────────┬────────┐
 情报行动处 情报计划和项目处 动态情报处 反情报和人力情报处
 (TCJ2-O)  (TCJ2-P)    (TCJ2-W)   (TCJ2-X)
```

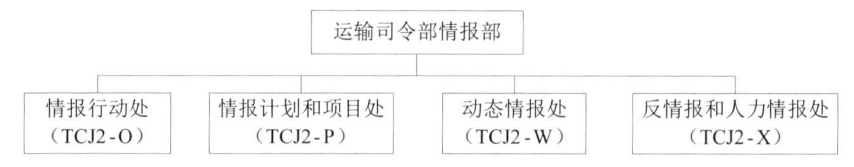

图4.4 运输司令部情报部[2]

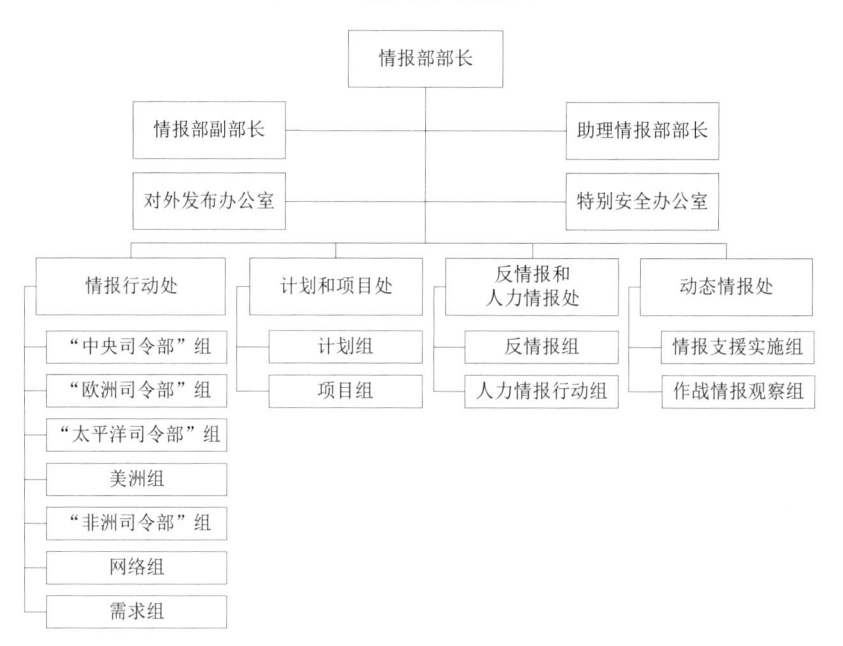

```
                情报部部长
       ┌────────────┴────────────┐
    情报部副部长              助理情报部部长
    对外发布办公室             特别安全办公室

  ┌────────┬──────────┬──────────┬──────────┐
 情报行动处  计划和项目处  反情报和    动态情报处
                       人力情报处
 "中央司令部"组  计划组     反情报组    情报支援实施组
 "欧洲司令部"组  项目组    人力情报行动组 作战情报观察组
 "太平洋司令部"组
 美洲组
 "非洲司令部"组
 网络组
 需求组
```

图4.5 运输司令部情报部与联合情报行动中心的组织结构图[3]

---

[1] U.S. Joint Staff J-7, *Joint Staff Officer Handbook, Staffing and Action Guide*, August 2012, p.191.

[2] 美军运输司令部官方网页：https://www.ustranscom.mil/cmd/organization/tcj2.cfm.

[3] United States Transportation Command, USTRANSCOM Pamphlet 38-1, *Intelligence Directorate (TCJ2)/ Joint Intelligence Operations Center (JIOC-TRANS) Organization and Functions*, 12 May 2011, p.14.

2. 职能运行方面

作战司令部情报部负责"运行联合情报行动中心","管理联合情报行动中心人员","指导联合情报行动中心工作"[1]。有时,情报部部长同时也是联合情报行动中心主任,比如,运输司令部情报部部长同时兼任联合情报行动中心主任。"无论情报部部长是否兼任联合情报行动中心主任,情报部都有权管理和领导所有司令部情报人员和资产,包括联合情报行动中心人员和资产。"[2] "大多数情况下,联合情报行动中心分担作战司令部情报部具体情报职能"[3],共同完成情报任务(如表4.1所示)。

表4.1 作战司令部情报部和联合情报行动中心的职责对比[4]

	作战司令部情报部	作战司令部联合情报行动中心
主要职能	• 制定情报需求并指导情报工作,确保为指挥官实现目标提供统一的情报支援; • 拟定情报监侦资产的指挥和支援关系; • 监督情报产品生产和分发; • 为上至国家联合作战和情报中心,下至下属司令部提供按需适时的统一、协调的全源情报。	• 整合所有国防部情报职能和情报门类,实现所有来源的情报都可在规定时间点、以适当形式被获取,对作战司令部任务和作战产生正面效果。

---

[1] U.S. Joint Chiefs of Staff, Joint Publication 2-01, *Joint and National Intelligence Support to Military Operations*, Washington, D.C.: GPO, 5 July 2017, p.II-2.

[2] Captain James T. Cannon, USN, "Improving Joint Reserve Intelligence Support to the Supported Commands' Joint Intelligence Operations Centers", Joint Forces Staff College, 13 July 2008, p.7.

[3] U.S. Joint Chiefs of Staff, Joint Publication 2-0, *Joint Doctrine for Intelligence Support to Operations*, Washington, D.C.: GPO, 5 May 1995, p.VII-9.

[4] 此表是根据美军"情报系列"联合出版物相关论述综合整理而成。U.S. Joint Chiefs of Staff, Joint Publication 2-01, *Joint and National Intelligence Support to Military Operations*, Washington, D.C.: GPO, 5 July 2017, pp.II-1-5; U.S. Joint Chiefs of Staff, Joint Publication 2-01, *Joint and National Intelligence Support to Military Operations*, Washington, D.C.: GPO, 5 January 2012, pp.II-2-5.

（续表）

	作战司令部情报部	作战司令部联合情报行动中心
具体职能	0. 对联合情报行动中心进行人员管理，协调其他作战司令部联合情报行动中心，同步实施情报支援；传达作战司令部司令的决定、指导和意图，并为其提供情报支援。 1. 计划和协调联合情报体系，以支援作战司令部司令和参谋人员、下属组成司令部指挥官以及联合特遣部队，<u>建立情报系统架构</u>，实现情报生产以及向战术层级及联军、多国部队等的有效分发； 2. <u>制定情报需求</u>，基于任务分析和指挥官计划纲要确定和提出带有优先性排序的情报需求，特别是涉及敌军和作战环境、决定搜集和生产需求的优先性情报需求，以支援指挥官决策； 3. <u>通过分配和整合情报能力进行搜集管理</u>；制订和管理最优搜集计划，使该计划能够充分支援当前实施或正在计划的联合作战并与其保持完全同步； 4. 确定可用情报和信息资源，将其与需求对照，<u>查明潜在分析或搜集资源不足</u>； 5. 根据需要，<u>向国家情报组织请求额外搜集资源以及分析和生产支援</u>； 6. <u>在危机和战时担负特定责任区情报生产职责</u>，建立与国防情报局的链接，为电子数据库生产战斗序列相关情报； 7. <u>协调下级司令部情报工作</u>； 8. <u>协助作战部（J-3）和计划部（J-5）制定任务目标</u>，明确情报评估、知识和信息等的分发范围、质量和数量，为联合任务相关的作战司令部指挥官决策、指导和意图等提供支援； 9. <u>为计划提供目标情报，确保充分利用情报界军方和非军方情报力量、情报联盟、下属情报部门以及伙伴国情报机构，支援目标情报生产</u>；管理"非打击目标清单"。	1. <u>维护一体化情报架构以支援计划、作战和目标工作</u>； 2. 与联合参谋部情报部和国防部情报机构协调，<u>回复优先情报需求</u>、搜集和分析需求，有效支援联合作战计划、实施和评估； 3. 与下属组成部队和其他情报机构进行协调，<u>完善和协调作战司令部情报搜集计划</u>； 4. <u>判定和弥补情报、信息和能力不足</u>； 5. 按照作战司令部情报部指示，与其他情报机构<u>协调，制订情报计划以支援作战司令部计划</u>； 6. <u>提供持续的征候和预警情报评估</u>，保持作战司令部态势感知能力，并根据需要关注威胁预警事件和行动； 7. <u>向下级联合部队提供情报支援和增援</u>； 8. <u>指导作战环境联合情报准备工作</u>，将分析与下属司令部和其他机构生产的所有情报产品进行整合，确保情报准备实施过程中能够对所有作战环境相关领域进行系统分析，并<u>持续生产和更新定制产品以支援计划工作</u>； 9. <u>确保目标情报和战损评估由作战司令部组织体制内相应层级机构进行生产</u>。如果现有情报资产不能生产，则就目标情报生产需求和战损评估需求<u>与相关国防和国家情报机构进行协调</u>。

表 4.1 中，情报部和联合情报行动中心的具体职能按序号可逐一对应，[1] 其中下划线部分对应关系明显。经过对比可以发现，美军"情报系列"联合出版物中规定的作战司令部情报部职能相关情报工作，主要依靠联合情报行动中心负责实施。就主要职能"提供情报支援"而言，情报部负责"指导监督情报工作并确定支援关系"，而联合情报行动中心负责生产和分发等具体情报工作的实施，是"作战司令部情报计划、搜集管理、分析和生产工作的焦点"。以搜集工作和分析生产工作为例。就搜集工作而言，"情报部负责制定搜集需求（Collection Requirement, CR），而联合情报行动中心负责满足搜集需求，代表情报部对搜集进行管理"，同时"情报部负责制订搜集计划，而联合情报行动中心会负责履行该计划并对其实施进行管理"。就分析生产工作而言，联合情报行动中心是"情报部的分析生产中心"。情报部向作战司令部司令提供的情报信息，均"由联合情报行动中心进行具体分析和生产"。[2]

以印太司令部情报部和联合情报行动中心为例（如表 4.2 所示）。印太司令部情报部对联合情报行动中心进行行政管理，而情报行动、任务保障以及战略筹划等具体情报事务均交由联合情报行动中心负责。就情报提供而言，印太司令部联合情报行动中心根据情报部确定的指挥官需求，直接向指挥官提供情报信息，"是印太司令部的直接报告单位"[3]。

---

[1] U.S. Joint Chiefs of Staff, Joint Publication 2-0, Joint Intelligence, Washington, D.C.: GPO, 22 October 2013, pp.II-1, II-2, II-6.
[2] U.S. Joint Chiefs of Staff, Joint Publication 2-01, *Joint and National Intelligence Support to Military Operations*, Washington, D.C.: GPO, 5 July 2017; U.S. Joint Chiefs of Staff, Joint Publication 2-01, *Joint and National Intelligence Support to Military Operations*, Washington, D.C.: GPO, 5 January 2012.
[3] U.S. Joint Staff J-7, Joint Staff Officer Handbook, *Staffing and Action Guide*, Washington, D.C.: GPO, August 2012, p.181 以及美军太平洋司令部官方网站：http://www.pacom.mil/Contact/Directory/J2.aspx.

表4.2　印太司令部情报部与联合情报行动中心的职位设置[1]

职位代号	名称
J-2	情报部部长
J20	情报部副部长
J2EA	情报部行政助理
JIOC/CO	联合情报行动中心/主任
JIOC/SEL	联合情报行动中心/高级军士长
JIOC/DO	**联合情报行动中心/情报行动处**
JIOC/DM	**联合情报行动中心/任务保障处**
JIOC/DS	**联合情报行动中心/战略筹划处**
JIOC/RSC	联合情报行动中心/地区服务中心
JIOC/CIO	联合情报行动中心/高级事务主管
JIOC/SWO	联合情报行动中心/高级值勤军官
JIOC/ECP	联合情报行动中心/准入管控站（马卡拉帕）
JIOC/SSO	联合情报行动中心/特别安全办公室（马卡拉帕）
PACOM Visitors Control Center（VCC）	太平洋司令部准入管控站（史密斯兵营）
PACOM SSO	太平洋司令部特别安全办公室（史密斯兵营）

（三）配合联合特遣部队情报部

联合特遣部队情报部[2]"规模和构成由联合部队指挥官视任务、作战规模和持续时间而定"[3]，其职能与作战司令部情报部类似，只是负责层级不

---

[1] 该表格来自美军印太司令部官方网站：http://www.pacom.mil/Contact/Directory/J2.aspx。

[2] 联合特遣部队情报参谋部门按其规模可以是情报部也可以是情报处。美军"情报系列"联合出版物采用的是联合特遣部队情报部编制图。为便于研究理解，这里用联合特遣部队情报部代指情报参谋部门。U.S. Joint Chiefs of Staff, Joint Publication 3-33, *Joint Task Force Headquarter*, Washington, D.C.: GPO, 30 July 2012, p.VI-2.

[3] U.S. Joint Chiefs of Staff, Joint Publication 2-01, *Joint and National Intelligence Support to Military Operations*, Washington, D.C.: GPO, 5 July 2017, p.II-7.

同。联合特遣部队情报部负责联合作战地域内情报工作，为联合特遣部队达成作战目标提供情报支援。联合情报支援分队由情报部根据作战任务需要和情报资源组建，负责协助情报部，弥补联合特遣部队情报参谋部门力量的不足。

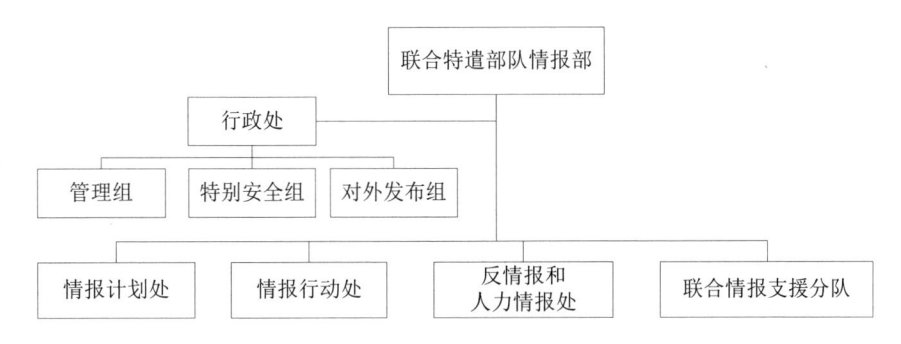

图4.6　联合特遣部队情报部和联合情报支援分队[1]

1. 机构组建方面

情报部按联合特遣部队情报支援需要组建联合情报支援分队，并决定联合情报支援分队的构成和职能。[2] 联合情报支援分队是情报部下属单位（如图4.6所示），"情报部对联合情报支援分队进行行政管理，包括人员、信息和安全等"。联合情报支援分队与情报部设在一起，也可"将联合情报支援分队分置两地，一部分与情报部同在联合作战地域内，另一部分在联合作战地域外，有可能是联合特遣部队总部或者远离总部的偏远地区"。这样"可以缩减支援联合作战地域的人员派遣数量，降低已部署部队的通

---

[1] U.S. Joint Chiefs of Staff, Joint Publication 3-33, *Joint Task Force Headquarter*, Washington, D.C.: GPO, 30 July 2012, p.VI-2.

[2] 美军规定"联合特遣部队的情报组织一般情况下为联合情报支援分队，也可以根据联合特遣部队的规模、任务及持续时间，设立联合情报行动中心"。美军为方便称呼，将联合特遣部队级机构统称为联合情报支援分队。U.S. Joint Chiefs of Staff, Joint Publication 2-0, *Joint Intelligence*, Washington, D.C.: GPO, 22 June 2007, p. III-6.

信需求，减少潜在的部队防护问题"[1]。

2. 职能运行方面

"联合特遣部队情报部将一部分职能划归联合情报支援分队"，由其分担。联合特遣部队情报部"计划和指导联合作战地域内情报工作，管理联合情报支援分队"。联合情报支援分队"在情报部指导下，负责联合作战地域内情报搜集、分析和分发等具体情报工作"，"是情报部全源、多门类情报分析、融合、搜集管理以及分发的焦点"，也是"联合作战地域内情报活动的核心"。联合情报支援分队根据情报部确定的联合特遣部队情报需求，"为联合部队指挥官及其参谋部门、军种和职能组成部队以及下级特遣部队提供敌方陆海空天态势情况"，并与作战司令部联合情报行动中心协调，获取国家和战区级情报支援，就国家和战区指挥官相关情报需求搜集、提供具体信息。[2]

第二节 各级机构组建

联合情报行动中心是与作战指挥体系相契合的情报与作战一体化机构体系。各级中心作为相应层级情报与作战连通的枢纽，分别负责协调不同指挥层级情报与作战一体化配合。为满足不同指挥机构协调需要并相互协作，各级中心以"情报与作战一体化"对应的主功能组为基础，根

---

[1] U.S. Joint Chiefs of Staff, Joint Publication 2-01, *Joint and National Intelligence Support to Military Operations*, Washington, D.C.: GPO, 5 July 2017, p.II-7.

[2] Ibid., p.IV-1; U.S. Joint Chiefs of Staff, Joint Publication 3-33, *Joint Task Force Headquarter*, Washington, D.C.: GPO, 30 July 2012, p.VI-2.

据功能组下属子功能模块设立相应单位。整个机构体系应作战指挥体系平战转换需要，平时设立国家和战区常设机构，在危机和战时进行扩编并增建联合特遣部队级机构，以灵活适应不同情况下情报与作战协调需要。

一、主功能组与子功能模块

建立联合情报行动中心是美军"基于全球反恐战争特别是阿富汗和伊拉克战争中军事情报行动教训，从组织体制层面改善情报行动的改革性举措"。其核心思路是在整合所有情报力量、行动和信息基础上，加强情报与作战计划和行动配合，形成直接与作战对接的"一站式"情报中心，"消除情报界与（参与作战的）情报终端用户之间的障碍"。简而言之，就是在情报内部整合基础上，整合情报与作战，以实现情报与作战一体化。

联合情报行动中心按照该思路进行组建，以"情报与作战一体化"为总目标，将"情报内部整合"和"情报与作战整合"作为两大主功能组，并围绕这两项整合功能的实现，分别设立负责具体职能的子功能模块。"情报内部整合"是指整合各级情报机构、各项情报行动和各种情报产品，实现情报体系内部协调统一。"情报与作战整合"是指整合情报与作战计划和行动，实现情报支援对作战的同步配合。每个功能组按其具体整合内容包含负责不同整合职能的子功能模块。

如图4.7所示，"情报内部整合"功能组一般包含负责情报机构、情报行动和情报产品整合职能相关子功能模块。此类子功能模块包括但不限于：负责情报搜集和情报计划需求等具体情报行动整合的"搜集管理"和"情报需求"，负责具体情报产品门类整合的"目标情报"和"征候与预警情报"，以及负责不同情报机构整合的"国家情报机构代表"和"军种情报机构代表"。"情报与作战整合"功能组一般包括对情报和作战计划以及

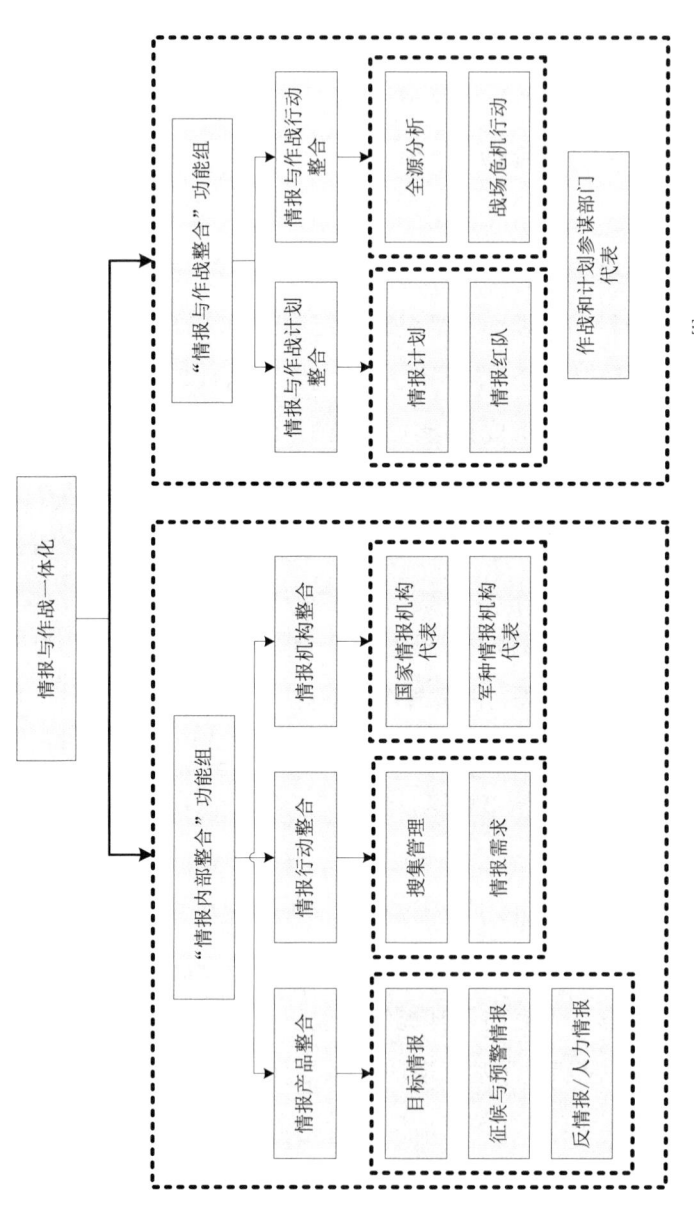

图4.7 "情报与作战一体化"的主功能组与子功能模块[1]

[1] 根据2012、2013和2017版美军"情报系列"联合出版物中"联合情报行动中心组织结构图"总结而来。U.S. Joint Chiefs of Staff, Joint Publication 2-01, *Joint and National Intelligence Support to Military Operations*, Washington, D.C.: GPO, 5 January 2012, p.II-7; U.S. Joint Chiefs of Staff, Joint Publication 2-0, *Joint Intelligence*, Washington, D.C.: GPO, 22 October 2013,p.II-6; U.S. Joint Chiefs of Staff, Joint Publication 2-01, *Joint and National Intelligence Support to Military Operations*, Washington, D.C.: GPO, 5 July 2017, p.4.

作战行动进行整合的相关模块。此类子功能模块包括但不限于：负责情报和作战计划整合的"情报计划"和"情报红队"[1]，负责情报与作战行动整合的"全源分析"[2]和"战场危机行动"，以及负责情报与作战计划和行动统一整合的"作战和计划参谋部门（J-3 and J-5）代表"。

从实际情报工作层面讲，"情报内部整合"和"情报与作战整合"并不是相互割裂的，只是整合的侧重点有所不同。进行"情报内部整合"是为实现"情报与作战整合"奠定基础，而"情报与作战整合"是"情报内部整合"得以实现的进一步要求，因为情报内部整合效果最终是以情报与作战配合程度为衡量标准的。"情报内部整合"和"情报与作战整合"只是基于所侧重的整合功能进行区分。就这两项整合功能组所辖具体子功能模块而言，某子功能模块可能在实际情报工作中实现了"情报内部整合"和"情报与作战整合"的双重效果。比如"全源分析"，是对所获各种搜集来源的信息进行全面分析，使情报分析能够同步配合作战行动实施。既是"情报内部整合"中对情报分析行动进行整合，也是"情报与作战整合"中对情报分析和作战行动进行整合。但此项职能是美军通过"赋予作战行动搜集任务、利用情报分析及时处理所获实时信息并同步支持作战实施"[3]，推动情报与作战行动同步配合的主要方式之一，更为侧重"情报与作战整合"，所以属于"情报与作战整合"的子功能模块。

---

[1] U.S. Joint Staff J-7, Joint Doctrine Note 1-16, *Command Red Team*, Washington, D.C.: GPO, 16 May 2016, p.II-1.
[2] 全源分析是对作战行动所获各种搜集来源的信息进行全面分析，使情报分析能够同步配合作战行动实施。美军认为全源分析能够及时处理作战行动所获信息为其提供实时支援，实现了情报和作战行动的高度整合。Lieutenant Colonel Stephen K. Iwicki, "CSA's Focus Area 16: Actionable Intelligence—Introducing the Concept of 'Actionable Intelligence'," *Military Intelligence Professional Bulletin*, Volume 30, Number 1, January-March 2004, p.61.
[3] William G. Boykin, "Defense Intelligence and Transformation", Seminar on Intelligence, Command, and Control, Guest Presentations, May 2007, p.19.

美军根据各层级不同指挥机构的整合需要，选取所需子功能模块构建各级中心。各级中心均以"情报与作战一体化"为出发点，[1]根据"情报内部整合"和"情报与作战整合"两个主功能组下属子功能模块设立相应单位。这种组建方式使各级中心既能够围绕统一目标共同协作，也应各指挥机构需求有所侧重分工。[2]以"征候与预警情报"模块为例。不同层级需具备"征候与预警情报"整合职能的中心，会根据实际情况设立相应单位，分别担负不同层级整合任务。国家联合作战和情报中心设立"预警中心"，负责接收和分发全球范围内的危机预警情报；作战司令部联合情报行动中心设立"预警组"，负责报告作战司令部战区和职能范围内的危机事件；联合特遣部队的联合情报支援分队设立"监控台"，负责应危机和战时需要持续监控重点地区。

联合情报行动中心这种根据主功能组和子功能模块按需构建的模块化组织结构，能够紧贴不同层级指挥机构所需，实现更为灵活的情报行动。[3]根据"情报内部整合"和"情报与作战整合"功能组进行模块化构建的各级中心，"特别是联合特遣部队的联合情报支援分队，相当于情报力量跨机构合作的情报特遣部队，更似兼具情报与作战职能的特种作战部队"，[4]"能够更紧密地将情报和传统的行动和计划职能整合

---

[1] 作战司令部联合情报行动中心的组织结构要以情报内部整合进而整合情报与作战为出发点进行构建。U.S. Joint Chiefs of Staff, Joint Publication 2-0, *Joint Intelligence*, Washington, D.C.: GPO, 22 October 2013, p.III-7.

[2] Lieutenant Colonel Stephen K. Iwicki, "CSA's Focus Area 16: Actionable Intelligence—Introducing the Concept of 'Actionable Intelligence'," *Military Intelligence Professional Bulletin*, Volume 30, Number 1, January-March 2004, p. 61.

[3] U.S. Office of the Secretary of Defense, Public Affairs Office, "Remodeling Defense Intelligence (RDI) Initiative Fact Sheet," 22 March 2006, http://www.defenselink.mil/home/pdf/RDI-Fact-Sheet.pdf.

[4] James Stavridis, Intelligent Theater, *Joint Forces Quarterly*, Issue 56, 1st Quarterly 2010, p. 105.

在一起"[1]，推动情报和作战一体化。

二、平时常设机构

美军根据国家决策层和作战司令部需要，设立国家联合作战和情报中心以及各作战司令部联合情报行动中心作为联合情报行动中心国家和战区级常设机构。

（一）国家联合作战和情报中心

国家联合作战和情报中心负责国家级情报与作战一体化，是美军情报与作战一体化的国家级协调机构。国家联合作战和情报中心"由情报、作战和计划人员共同构成"，代表了美军情报与作战一体化发展的新水平。国家联合作战和情报中心"设在美国国家军事指挥中心内，是国家军事指挥中心不可或缺的重要组成单位"。它不再是一个只具有情报职能的机构，而是"融合了联合参谋部情报部、作战部和计划部要素"的综合机构，是情报、作战和计划的"小型整合中心"（pocket fusion center）。[2]

国家联合作战和情报中心负责情报职能的部门是预警中心（如图4.8所示），其情报人员"主要由联合参谋部情报部和国防情报局提供"[3]。预警中心持续监控全球局势，以征候和预警情报为主进行情报内部整合，并与国家情报协调中心（National Intelligence Coordination Center, NIC-C）等

---

[1] U.S. Office of the Secretary of Defense, Public Affairs Office, "Joint Intelligence Operations Center (JIOC) Fact Sheet", 22 March 2006, http://www.defenselink.mil/home/pdf/JIOC-Fact-Sheet.pdf.

[2] U.S. Joint Chiefs of Staff, Joint Publication 2-01, *Joint and National Intelligence Support to Military Operations*, Washington, D.C.: GPO, 5 July 2017, p.II-12.

[3] 国家联合作战和情报中心的前身是美军在国防部设立的国防联合情报行动中心。国防联合情报行动中心主要由情报人员构成，负责国家级情报和作战协调。

机构协调，统筹支援联合作战的国家情报机构。国家联合作战和情报中心构建的最终目的是"将情报、作战和计划充分融合，以提升作战行动的速度、能力和作战效力，并使（情报、作战和计划等）所有要素形成具有内聚力的联合任务管理小组共同运作"[1]。

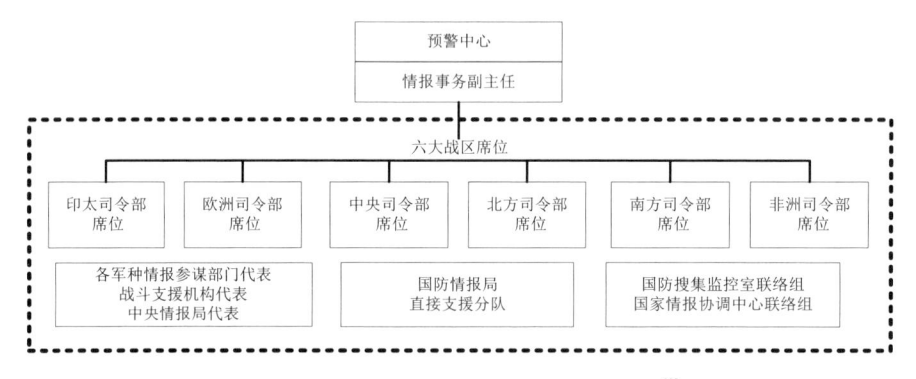

图4.8　国家联合作战和情报中心预警中心[2]

国家联合作战和情报中心作为联合情报行动中心机构体系中唯一的国家级机构，其以预警情报为主的整合任务区别于其他层级的战场情报整合任务，组织结构也较之作战司令部机构和联合特遣部队机构略有差异。但其构建方式仍是以情报与作战一体化为目标，围绕"情报内部整合"和"情报与作战整合"两大主功能组进行构建。

1. "情报内部整合"主功能组

国家联合作战和情报中心是国家级战争预警和危机反应的主要单位，基于"征候和预警情报"子功能模块设立"预警中心"。预警中心

---

[1] U.S. Defense Intelligence Agency, Office of Public Affairs, "Defense Joint Intelligence Operations Center (DJIOC) Frequently Asked Questions," 12 April 2006, http://www.defenselink.mil/home/pdf/DJIOC-FAQ20060412.pdf.
[2] 此图根据美军"情报系列"联合出版物相关描述绘制。U.S. Joint Chiefs of Staff, Joint Publication 2-01, *Joint and National Intelligence Support to Military Operations*, Washington, D.C.: GPO, 5 July 2017, p.II-12.

主要负责监控全球局势，设有针对各战区作战司令部的地区办公室，以征候和预警情报为主进行情报内部整合，能够"在平时、危机和战时向总统、国防部长、参联会、各作战司令部、受遣联合部队、各军种以及其他情报用户，统一提供国防情报态势感知、征候与预警以及危机管理所需情报支援"。此外，国家联合作战和情报中心作为连接国家情报界与联合部队的枢纽，既是联合部队获取国家情报支援的入口，也是联合部队向国家级决策者输送战场情报信息的端口。因此，其情报部分——预警中心除了具备预警情报整合功能，还包含"搜集管理"和"情报需求"等"情报内部整合"子功能模块，是一个兼具国家级情报机构、情报行动和情报产品整合功能的全天候、全源、多门类的情报中心。具体而言，预警中心设有"搜集管理"相关单位，负责与国防情报局国防搜集监控室（DIA Defense Collection Watch）协调，整合国家层级情报搜集工作；设立"情报需求"相关单位，负责与国家情报协调中心联络，针对联合作战部队情报需求，整合获取国家情报机构情报支援；设有军种情报参谋部门代表、战斗支援机构代表和中央情报局代表，负责就特定情报事务整合，与相关情报机构及时沟通协调。国家联合作战和情报中心根据"情报内部整合"各种子功能模块设立相应单位，能够"融合所有情报功能和门类，生成行动更灵活、反应更迅速的国防部情报活动"[1]，有效实现了国家级情报内部整合。

2."情报与作战整合"主功能组

国家联合情报与行动中心作为国家级情报和作战协调机构，设立"全源分析""作战和计划参谋部门代表"等模块的相关单位，进行国家级情报与作战整合。具体而言，中心根据"全源分析"模块，设立了为作战行动同步提供全源分析的国防情报局直接支援分队（Direct Support Element，DSE）。

---

[1] U.S. Defense Intelligence Agency, Office of Public Affairs, "Defense Joint Intelligence Operations Center (DJIOC) Frequently Asked Questions", 12 April 2006.

国防情报局直接支援分队作为"国防情报局分析处的危机管理办公室",是"联合作战部队在危机期间以及持续军事行动中同步获取国家情报分析支援的统一联络点"。该分队能够"适应全球局势和作战节奏,一周7天、一天24小时进行全天候运转",整合处理实时获得的全源信息,为作战行动同步提供情报分析。此外,针对"作战和计划参谋部门代表"模块,国家联合作战和情报中心"融合了联合参谋部情报部、作战部和计划部要素"[1],由来自情报部、作战部和计划部的人员共同构成,为情报与作战和计划人员全程协调互动提供了平台,"能够配合作战计划和实施进行更灵活、反应更迅速的情报行动,最终实现情报、作战和计划的完全整合"[2]。

(二)作战司令部联合情报行动中心

作战司令部联合情报行动中心"推动司令部所辖战区范围和职能领域情报与作战一体化",是"美军情报与作战一体化的战区级协调机构"。美军现有作战司令部联合情报行动中心共11个,包括10个作战司令部联合情报行动中心[3]以及印太司令部下属驻韩美军司令部联合情报行动中心。作战司令部联合情报行动中心"采用与跨机构联合特遣队相似的'以任务为导向'的方式构建",其人员主要"由作战司令部负责相关情报任务原有人员、其他司令部和军种选派的军人和文职人员以及直接支援司令部的

---

[1] U.S. Joint Chiefs of Staff, Joint Publication 2-01, *Joint and National Intelligence Support to Military Operations*, Washington, D.C.: GPO, 5 July 2017, p.II-13.

[2] U.S. Defense Intelligence Agency, Office of Public Affairs, "Defense Joint Intelligence Operations Center (DJIOC) Frequently Asked Questions", 12 April 2006, http://www.defenselink.mil/home/pdf/DJIOC-FAQ20060412.pdf.

[3] 2019年8月成立的太空司令部尚未完成联合情报行动中心组建。此外,网络空间司令部在2017年8月升级为联合作战司令部前,曾为战略司令部下属司令部,并设有网络空间司令部联合情报行动中心。参见美军太空司令部官方网站。http://www.cybercom.mil/Components.aspx 以及 U.S. Joint Chiefs of Staff, Joint Publication 2-01, *Joint and National Intelligence Support to Military Operations*, Washington, D.C.: GPO, 5 July 2017, p.II-7.

国防部机构人员构成"。各作战司令部联合情报行动中心"没有典型的组织结构（no typical organizational structure）"，均"按照作战司令部司令的要求，由相应作战司令部情报部以满足作战司令部情报需求的最佳方式组建"。各作战司令部联合情报行动中心"根据所辖战区范围和职能领域不同需求组建，组织结构不尽相同"，但均以"情报与作战一体化"为出发点，围绕"情报内部整合"和"情报与作战整合"两大主功能组进行组建。[1] 美军"情报系列"联合出版物规定了作战司令部联合情报行动中心的"理想组建模式"（如图4.9所示）。

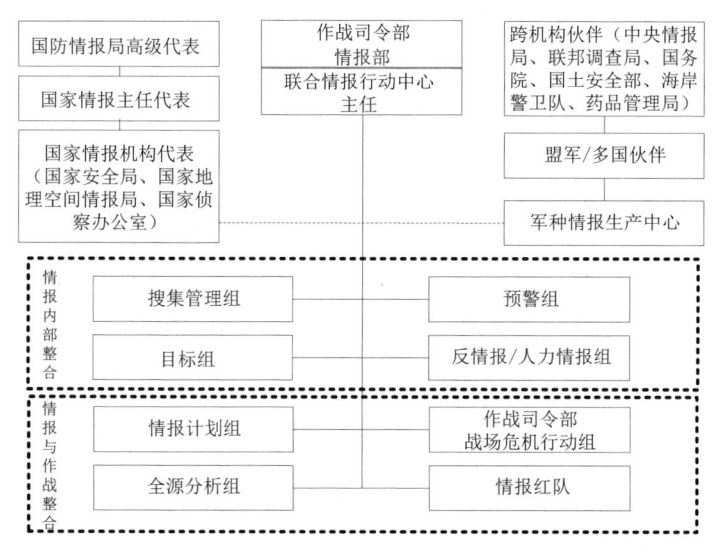

图4.9 作战司令部联合情报行动中心"理想组建模式"[2]

---

[1] U.S. Joint Chiefs of Staff, Joint Publication 2-01, *Joint and National Intelligence Support to Military Operations*, Washington, D.C.: GPO, 5 July 2017, p.II-5.

[2] 改编自 U.S. Joint Chiefs of Staff, Joint Publication 2-01, *Joint and National Intelligence Support to Military Operations*, Washington, D.C.: GPO, 5 July 2017, p.II-4. 2017年版JP2-01对作战司令部联合情报行动中心"理想组建模式"进行了调整，没有延续2012年版JP2-01在图中将"情报红队"单独列出，而是将"情报红队"作为情报计划职能的一部分，归入"情报计划组"。本书为了逐个解析单个职能，仍将"情报红队"保留。U.S. Joint Staff J-7, Joint Doctrine Note 1-16, *Command Red Team*, Washington, D.C.: GPO, 16 May 2016, p.I-2.

1."情报内部整合"主功能组

作战司令部联合情报行动中心负责战区级情报内部整合，是"作战司令部情报计划、搜集管理、分析和生产等各项情报工作的焦点"。作战司令部联合情报行动中心根据"搜集管理"、"目标情报"、"征候与预警情报"和"反情报/人力情报"子功能模块，分别设立"搜集管理组""目标组""预警组"以及"反情报/人力情报组"，分工合作，对战区层级情报产品、情报行动和情报机构进行整合。以搜集管理组为例，它代表作战司令部情报部（J-2）行使最高搜集管理权，负责对作战司令部搜集资产和战区内国家情报资源统一实施搜集管理。搜集管理组全面掌握作战司令部可获取的所有战场搜集资源，与分析人员紧密沟通，明确信息缺口，并"协助作战司令部总司令和参谋人员判定情报搜集缺口和不足，制订搜集计划，统筹情报搜集活动"，确保战场情报搜集能够准确高效地满足情报需要。此外，作战司令部联合情报行动中心"需要与作战司令部、下属联合部队司令部和军种组成部队情报参谋部门以及司令部外国防部和国家情报机构进行协调，协调各级力量共同完成情报支援任务"。因此，中心内设国防情报局高级代表、国家情报主任代表以及国家情报机构代表等，"与所有可能的情报提供方建立情报联络关系，包括各军种情报生产中心、军种和职能组成部队情报机构等军方情报支援力量、国土安全部等跨机构伙伴以及盟军/多国伙伴"。中心通过"各方代表协调参与情报支援的各种情报力量、分派任务、汇整各层级所有来源情报，以满足司令部情报需求"。以国家情报机构代表为例。国家安全局、国家地理空间情报局和国家侦察办公室等机构分别向作战司令部联合情报行动中心派驻机构代表。各机构代表"帮助作战司令部司令熟悉代表所属国家机构当前职责、能力和行动，就如何最好利用其所代表机构的能力提供建议并提供与充当联络渠道，为作战司令部提供全天候支援"[1]。作

---

[1] U.S. Joint Chiefs of Staff, *Joint Publication 2-01, Joint and National Intelligence Support to Military Operations*, Washington, D.C.: GPO, 5 July 2017.

战司令部联合情报行动中心通过机构代表，能够向所需机构发送情报需求，[1] 及时协调获取专业情报支援。

2."情报与作战整合"主功能组

作战司令部联合情报行动中心"将作战、计划和全源情报能力链接在一起，以支援作战司令部任务"[2]，是战区级情报和作战同步一体的关键枢纽。作战司令部联合情报行动中心根据情报与作战计划和行动整合相关子模块（如图 4.9 所示），分别设立负责将情报融入作战计划的"情报计划组"和"情报红队"；以及将情报融入作战行动的"全源分析组"和"作战司令部战场危机行动组"。以情报红队为例。情报红队负责审查所有敌方军力评估和作战计划想定，采用复杂的多视角方式，为评估敌方或潜在敌方的观点、意图、战斗序列和反应提供多种分析支援，并为作战计划制订多个情报支援方案。[3] 战区级联合情报行动中心"利用'情报红队'从敌方立场分析作战司令部指挥官面临的最重要的情报和作战问题"[4]，使情报支援更贴近联合部队指挥官实际作战需要。此外，作战司令部联合情报行动中心作为"作战司令部情报部、作战部和计划部人员交流的平台"，根据"作战和计划参谋部门代表"模块，设立相应代表，并"使用与联合跨机构特遣队相似的'以任务为导向'的方法"[5] 设立情报、作战和计划人员共同组成的各种情报事务联合委员会。

---

[1]　U.S. Joint Chiefs of Staff, Joint Publication 3-33, *Joint Task Force Headquarter*, Washington, D.C.: GPO, 30 July 2012, p.VI -12.

[2]　U.S. Joint Chiefs of Staff, Joint Publication 2-01, *Joint and National Intelligence Support to Military Operations*, Washington, D.C.: GPO, 5 July 2017, p.II-3.

[3]　U.S. Joint Staff J-7, Joint Doctrine Note 1-16, *Command Red Team*, Washington, D.C.: GPO, 16 May 2016, pp.II-1-2.

[4]　U.S. Joint Chiefs of Staff, Joint Publication 2-0, *Joint Intelligence*, Washington, D.C.: GPO, 22 June 2007, pp.III-7-8.

[5]　U.S. Joint Chiefs of Staff, Joint Publication 2-01, *Joint and National Intelligence Support to Military Operations*, Washington, D.C.: GPO, 5 July 2017, p.II-6.

三、危机战时扩编和临建机构

联合情报行动中心机构体系作为情报事务危机反应的主要机构，平时保持国家级和战区级常设机构，危机和战时及时应需扩编和调整进行平战转换。国家联合作战和情报中心以及作战司令部联合情报行动中心根据危机和作战需要进行扩编，同时根据联合特遣部队任务所需迅速组建联合情报支援分队，提升对受遣部队的情报支援能力。

（一）国家联合作战和情报中心组建观察组和危机增援组

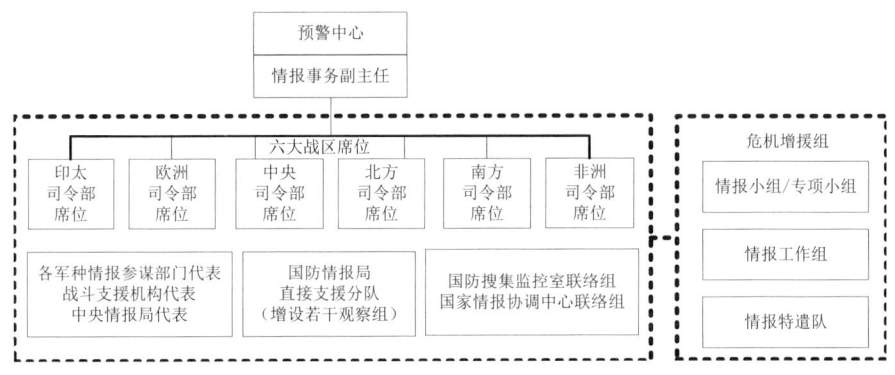

图4.10 国家联合作战和情报中心的观察组和危机增援组[1]

国家联合作战和情报中心担负危机预警职能，其预警中心负责"提供国防情报态势感知、征候与预警以及危机管理所需情报支援"。"若出现威胁美国利益和人员的征兆或其他潜在危机局势升级"，预警中心率先进行应急反应，迅速扩充中心内部情报力量，向该区域的地区办公室提供分析

---

[1] 该图根据美军"情报系列"联合出版物相关描述绘制而成。U.S. Joint Chiefs of Staff, Joint Publication 2-01, *Joint and National Intelligence Support to Military Operations*, Washington, D.C.: GPO, 5 July 2017, p.II-13.

支援，并统筹情报力量向危机所涉主要作战司令部的联合情报行动中心提供增援。预警中心的国防情报局直接支援分队是危机期间以及持续军事行动中提供分析支援的主要单位。预警中心"根据危机性质和持续时间在直接支援分队内设立相应观察组，观察组数量视具体需要而定"（如图 4.10 所示）。扩建后的直接支援分队能够一周 7 天、一天 24 小时监控危机事件发展，提供"与作战局势和节奏相符的全源情报分析"。[1]

与此同时，预警中心抽调联合参谋部情报部和国防情报局等情报人员，根据危机局势发展和情报支援任务组建危机增援组。此类增援组包括情报小组/专项小组（Intelligence Cell or Focus Group）、情报工作组（Intelligence Working Group, IWG）以及情报特遣队（Intelligence Task Force, ITF）。危机增援组负责回应危机情报需求，支援联合参谋部作战部危机行动小组（Crisis Action Team, CAT），"向国防部长办公室、参联会和联合参谋部、军种部和作战司令部以及已部署的作战部队提供实时动态情报"[2]。

（二）作战司令部联合情报行动中心成立专项任务组

作战司令部联合情报行动中心是情报危机反应和应急动员的重要环节。平时，作战司令部联合情报行动中心"通常维持在完成搜集管理、生产征候与预警情报、动态情报和常规军事情报以及支援作战司令部等基本功能所需的最低水平"[3]。危机时，应对危机和实施作战的主要作战司令部联合情报行动中心会"接收额外人员进行扩编"，加强已有业务单位并成立专项任务组，"对工作重点和情报资产进行调整，而不会大幅改

---

[1] U.S. Joint Chiefs of Staff, Joint Publication 2-01, *Joint and National Intelligence Support to Military Operations*, Washington, D.C.: GPO, 5 July 2017, p.II-13.

[2] Ibid., p.II-12.

[3] Ibid., p.II-13.

变中心的整体组织结构"[1]。扩编规模根据作战任务和情报需求而定，保证最大限度满足作战司令部联合部队指挥官的情报需求。扩编力量来自"其他作战司令部、各军种组成部队、预备役部队以及战斗支援机构、国家情报机构等能够参与联合作战情报支援任务的各类机构"[2]。扩编后成立的专项任务组担负主要情报任务，并协调战区内相关情报力量予以配合。以印太司令部联合情报行动中心成立的威胁追踪组为例（如图4.11所示）。危机事件发生后，印太司令部联合情报行动中心根据作战部提出的威胁追踪需求筹建专项组——"威胁追踪组"，并向其下达追踪任务。威胁追踪组领受任务后，根据中心所获地理空间情报和图像情报搜索并追踪威胁相关舰船和人员，并与分管具体情报监控事务的下属组成司令部/联军司令部监控台沟通配合，根据威胁变化进行跨责任区追踪任务转换交接。威胁追踪组汇总所有信息对威胁进行关联分析和综合评估，向联合情报行动中心、下属组成司令部/联军司令部监控台以及作战部和联合作战中心发布威胁相关信息。

此外，担负主要情报任务的作战司令部联合情报行动中心会根据相应情报支援方案，"通过国家联合作战和情报中心获取其他作战司令部联合情报行动中心的远程增援"[3]。相关作战司令部联合情报行动中心也会应需增建专项任务组。比如，应海上舰船情报支援专项任务所需，在各战区作战司令部联合情报行动中心内成立"海上舰船保护支援组"[4]，对航行在各自海域的舰船进行分段监控和支援。应人质解救行动需要，中

---

[1] U.S. Joint Chiefs of Staff, Joint Publication 2-01, *Joint and National Intelligence Support to Military Operations*, Washington, D.C.: GPO, 5 July 2017, p.II-13.

[2] U.S. Joint Chiefs of Staff, Joint Publication 2-0, *Joint Intelligence*, Washington, D.C.: GPO, 22 June 2007, p.III-9.

[3] Ibid.

[4] Jeffrey McGrady, "Maritime Shipping Protection", Naval War College, 4 May 2012, p.14.

第四章 联合情报行动中心的机构设置 | 101

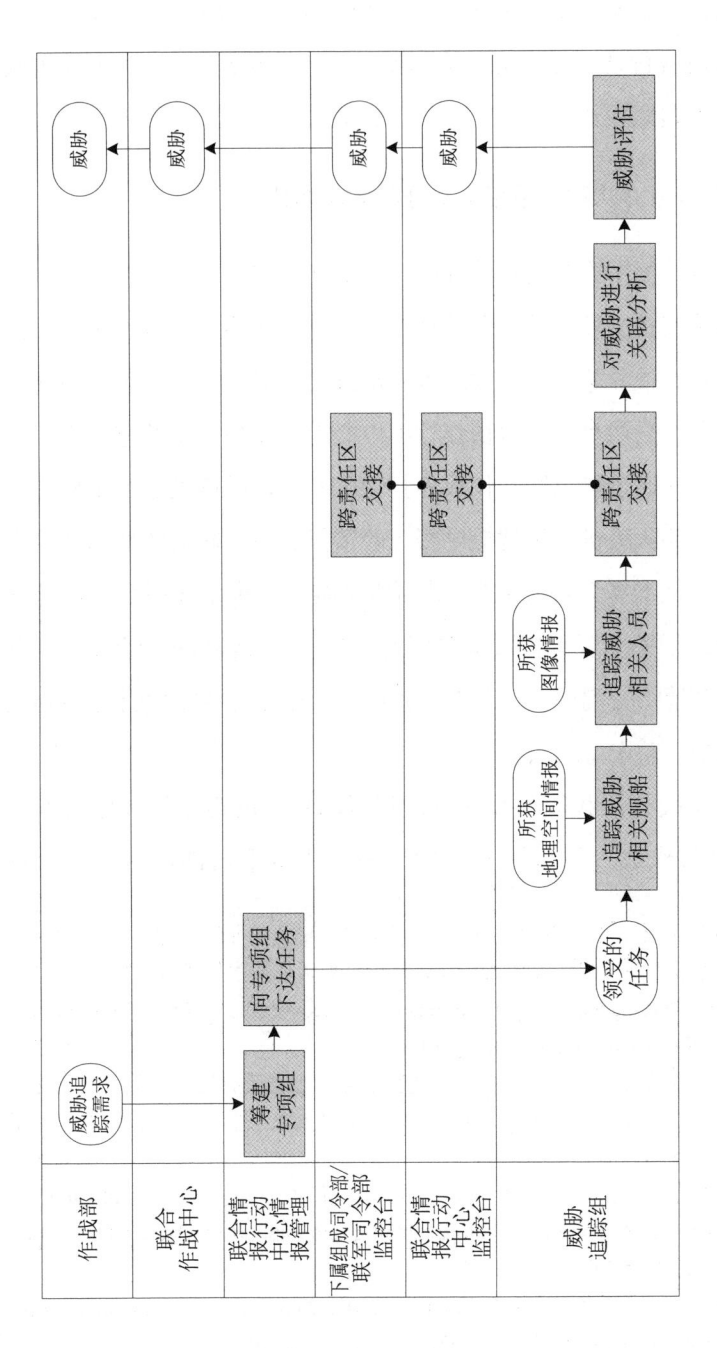

图4.11 印太司令部联合情报行动中心的威胁追踪组[1]

[1] Gordon Schacher, Nelson Irvine and Roger Hoyt, "Joint Intelligence Operations Center (JIOC) Business Process Model & Capabilities Evaluation Methodology", Information Science Department Naval Postgraduate School, CA 93943, 26 March 2012, p.44.

央司令部联合情报行动中心[1]设立"人质解救情报分析组",也需要在印太司令部联合情报行动中心设立"人质解救情报分析组"[2],为人质解救任务提供分析增援。

(三)联合特遣部队联合情报支援分队应需而建

危机和战时,美军应联合特遣部队组建部署需要,建立联合情报支援分队[3]提供情报支援。联合特遣部队情报部根据所需增援层级实际支援需要,将联合情报支援分队的人员和设备要求呈送上级作战司令部。组建请求批准后,上级作战司令部联合情报行动中心根据支援方案获取所需战场情报机构力量,并通过国家联合作战和行动中心获取所需国家情报机构力量,为联合特遣部队级机构组建提供相应的情报资源。联合特遣部队级机构"在危机和作战准备阶段建立",其组织结构和规模由该联合特遣部队指挥官视局势、任务和现有情报资源而定。"一般会建立联合情报支援分队作为小型联合情报行动中心"[4],"如果战局规模大、持续时间长,会建立战役级联合情报行动中心"[5]。

联合情报支援分队和战役级联合情报行动中心的组建均以联合作战地域内"情报与作战一体化"为目标,围绕"情报内部整合"和"情

---

[1] 该中心的名字沿用了"联合情报中心",但本质上是联合情报行动中心在中央司令部所设机构。为了避免混淆,本书直接将其称为中央司令部联合情报行动中心。

[2] David T. Barr, "Intelligence Support To Personnel Recovery: Is USPACOM Ready For The Unexpected?" Naval War College, 4 May 2011.

[3] 美军会根据实际需要在联合特遣部队级建立联合情报支援分队或者战役级联合情报行动中心。美军规定将联合情报行动中心在联合特遣部队级机构统称为"联合情报支援分队"。

[4] 联合情报支援分队是联合情报行动中心的"定制子集"。U.S. Joint Chiefs of Staff, Joint Publication 2-01, Joint and National Intelligence Support to Military Operations, Washington, D.C.: GPO, 05 July 2017, p.II-7.

[5] U.S. Joint Chiefs of Staff, Joint Publication 2-01, *Joint and National Intelligence Support to Military Operations*, Washington, D.C.: GPO, 5 July 2017, p.II-8.

报与作战整合"功能组分别构建。美军"情报系列"联合出版物规定了联合情报支援分队和战役级联合情报行动中心的"理想组建模式"（如图 4.12 所示）。

1."情报内部整合"主功能组

联合情报支援分队是联合特遣部队"全源、多门类情报分析、融合、搜集管理以及分发的焦点"[1]，一般需具备"战斗序列分析、搜集管理、目标、信息战分析、征候和预警监控以及信息请求处理等情报能力"。联合情报支援分队应联合特遣部队需求并根据情报内部整合相关子功能模块，分别设立"空中、地面、海上以及导弹与空间战斗序列组""恐怖主义/大规模杀伤性武器分析组""监控台""搜集管理组""目标组""信息请求平台""信息战支援组"以及"外部情报支援"等负责具体情报产品、情报行动和情报机构整合的相应单位。

战役级联合情报行动中心是应联合特遣部队战局规模扩大、持续时间增长，而建立的加强版联合情报支援分队。为持续应对联合特遣部队更为复杂长期的情报需求，战役级联合情报行动中心保留了联合情报支援分队基本组织结构，在其基础上扩建了分析以及外部情报机构联络相关单位。就分析能力而言，战役级联合情报行动中心在各战斗序列组基础上设立针对各战斗序列的"全源分析组"，在"目标组"基础上设立"地理空间情报组"，并增设"公开来源分析组"和"反情报/人力情报组"，加强了对多种来源信息进行综合分析的能力。就外部情报机构联络而言，战役级联合情报行动中心"增设了联合情报支援分队没有的与各作战司令部联合情报行动中心和国家情报机构沟通的联络要素"，加强了获取外部情报支援的能力。[2]

---

[1] U.S. Joint Chiefs of Staff, Joint Publication 3-33, *Joint Task Force Headquarter*, Washington, D.C.: GPO, 30 July 2012, p.VI-2.

[2] U.S. Joint Chiefs of Staff, Joint Publication 2-01, *Joint and National Intelligence Support to Military Operations*, Washington, D.C.: GPO, 5 July 2017, p.II-9.

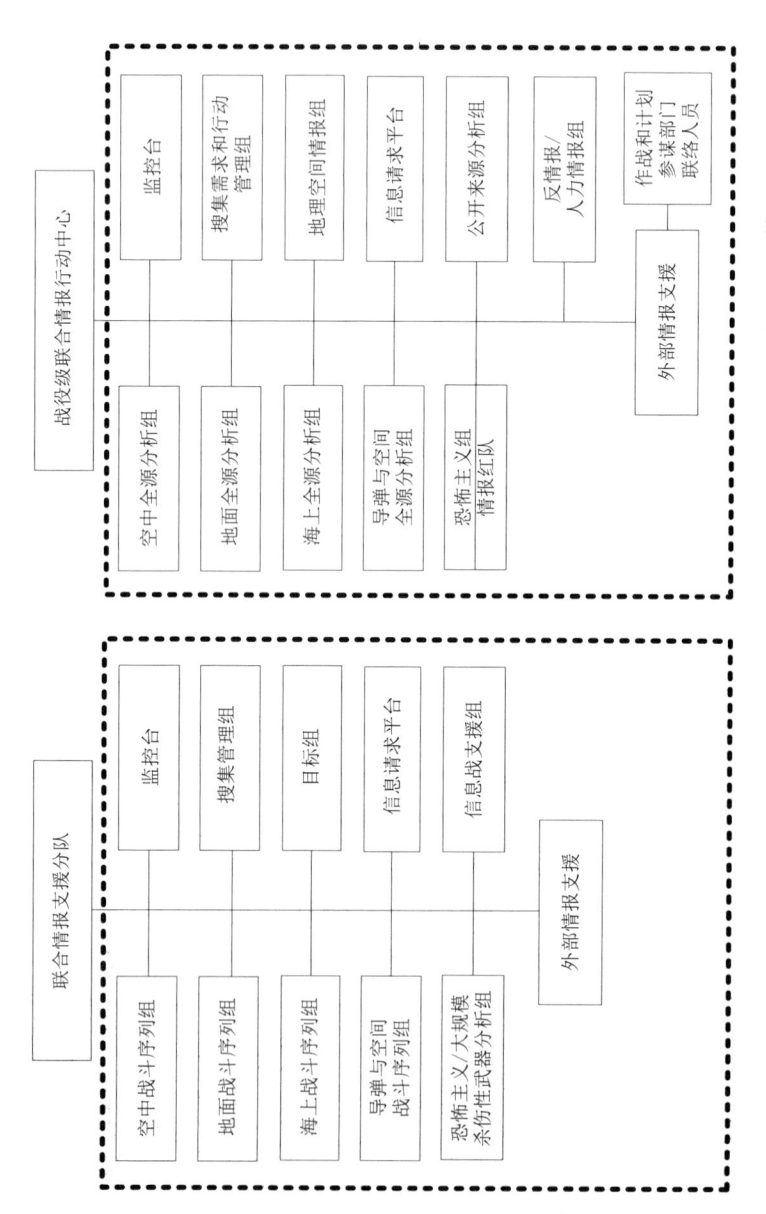

图4.12 联合情报支援分队与战役级联合情报行动中心的"理想组建模式"[1]

[1] U.S. Joint Chiefs of Staff, Joint Publication 2-01, Joint and National Intelligence Support to Military Operations, Washington, D.C.: GPO, 5 July 2017, p.II-9.

2."情报与作战整合"主功能组

联合情报支援分队负责"联合特遣部队情报与作战和计划职能整合"[1],是联合特遣部队层级情报与作战一体化的关键。联合情报支援分队设有"战斗序列组"和"恐怖主义/大规模杀伤性武器分析组"等"兼具情报与作战整合职能的分析单位"[2],具备"持续分析能力,能够为联合特遣部队同步提供定制情报产品和服务"[3],"将情报融入联合特遣部队的作战计划和实施"[4]。

战役级联合情报行动中心除具备联合情报支援分队应有情报能力外,还具备全源分析、情报计划等职能,[5] 比联合情报支援分队更侧重情报与作战整合。战役级联合情报行动中心根据情报与作战整合相关子功能模块,设有"空中、地面、海上以及导弹与空间全源分析组"和"情报红队"[6](如图 4.12 所示)。"全源分析为联合特遣部队作战行动同步提供准确和完整的情报,是实现情报行动化的关键"[7],推动了情报和作战行动的融合。情报红队能够为联合特遣部队作战计划制订提供有效情报支援,推动情报和作战计划职能的融合。此外,战役级联合情报行动中心设立了"作战和

---

[1] U.S. Joint Chiefs of Staff, Joint Publication 3-33, *Joint Task Force Headquarter*, Washington, D.C.: GPO, 30 July 2012, p.Ⅵ-8.

[2] Ibid.

[3] U.S. Joint Chiefs of Staff, Joint Publication 2-01, *Joint and National Intelligence Support to Military Operations*, Washington, D.C.: GPO, 5 July 2017, p.Ⅱ-8.

[4] U.S. Joint Chiefs of Staff, Joint Publication 3-33, *Joint Task Force Headquarter*, Washington, D.C.: GPO, 30 July 2012, p.Ⅵ-9.

[5] U.S. Joint Chiefs of Staff, Joint Publication 2-01, *Joint and National Intelligence Support to Military Operations*, Washington, D.C.: GPO, 5 January 2012, p.Ⅱ-8;U.S. Joint Chiefs of Staff, Joint Publication 2-01, *Joint and National Intelligence Support to Military Operations*, Washington, D.C.: GPO, 5 July 2017, p.Ⅱ-8.

[6] 如前文所言,情报红队是情报计划职能的一部分。U.S. Joint Staff J-7, Joint Doctrine Note 1-16, *Command Red Team*, Washington, D.C.: GPO, 16 May 2016, p.Ⅰ-2.

[7] U.S. Joint Chiefs of Staff, Joint Publication 3-33, *Joint Task Force Headquarter*, Washington, D.C.: GPO, 30 July 2012, p.Ⅵ-8.

计划参谋部门联络人员"（J-2/J-3 Liaison），加强与联合特遣部队司令部作战和计划部门的联络合作。

第三节 机构间关系构建

体系集成的本质不仅是"系统中的系统"，更是"网络中的网络"[1]。信息化时代的网络技术改变着各个领域，特别是与信息传播密切相关的情报领域。网络技术将各网络节点更为紧密地联系在一起，形成了各节点间平等互联的网络拓扑关系。这颠覆了传统等级制上传下达的信息传播模式，为美军情报工作带来契机。美军认识到"情报工作中，网络关系比官僚体制更为有效"[2]，致力于构建网络化的情报业界，将情报生产者和作战指挥官更为紧密地联系在一起。联合情报行动中心作为美军情报与作战体系集成的核心设计，"在形成'网络中的网络'这样一个情报环境中，起到十分重要的作用"[3]。各级中心作为向作战提供情报支援的主要枢纽，负责将各级情报生产者和用户更为紧密地链接在同一张支援网络中。为了"形成以各级中心为中心的'网络中的网络'这样一个联合作战情报支援业界"[4]，各

---

[1] 杨镜宇、胡晓峰：《基于信息系统的体系作战能力评估》，载《军事运筹与系统工程》2011 年第 3 期。
[2] Tyler Akers, "Taking Joint Intelligence Operations to the Next Level", Joint Force Quarterly, Issue 47, 4th Quarter 2007, p.69.
[3] Ibid., p.70.
[4] U.S. Defense Intelligence Agency, Office of Public Affairs, "Defense Joint Intelligence Operations Center (DJIOC) Frequently Asked Questions", 12 April 2006, http://www.defenselink.mil/home/pdf/DJIOC-FAQ20060412.pdf.

级中心间应构建网络化关系。"连通性"和"互操作性"是信息化时代美军网络中心战的赋能因素,[1] 也是美军评估"网络中心行动"潜力的两个要素。网络化关系使各级中心成为情报支援业界"相互连通和互操作的枢纽",[2] 从"连通性"和"互操作性"层面改变了机械化战争时代情报和作战的作用方式,打破了情报和作战一体化的体制壁垒。

一、机构间"非等级"连通

"如果你能链接到'网'上,那么你就能成为一个'参与者'。"[3] 联合情报行动中心是美军多层级无缝集成的信息交换接口。各级指挥官和联合部队通过相应联合情报行动中心相互连通。连通性的强弱直接决定了联合部队参与信息交换的程度,即作战与情报相互作用的紧密程度。各级联合情报行动中心的网络化关系打破了美军传统的树状等级制的连通方式,其网状拓扑结构所具有的"非等级"特征,极大加强了连通性,增强了信息优裕度和可达度[4],提升了情报在作战体系中传播的速度和效率。

(一)网络化的"非等级"连通

信息化时代网络技术使美军得以打破传统等级关系的官僚体制,在联合情报行动中心各级机构间建立以"非等级"为特征的网络化关系。

---

[1] 《网络中心战——美国国防部呈国会报告》,军事谊文出版社2009年版,第91页。
[2] Casey Henson, "JIOC Segmented Architecture, Status & Way Ahead", CTO, May 2010.
[3] 《网络中心战——美国国防部呈国会报告》,军事谊文出版社2009年版,第79页。
[4] 美军在网络中心战研究中引入了信息经济学的"信息优裕度"和"信息可达度"两个概念。"信息优裕度"用于衡量信息质量,"信息可达度"用于衡量信息共享程度。参见〔美〕大卫·阿尔伯特等:《网络中心行动的基本原理及其度量》,李耐和等译,国防工业出版社2007年版,第33页。

这种非等级制的连通方式是信息化时代所特有的，是迄今为止连通性最强的方式。

机械化战争时代，情报在部队中的流通大多按照官僚体制的等级关系，以自上而下的方式进行。联合情报行动中心以各级机构间不同于传统情报参谋部门间的非等级制的连通方式，建立了有别于指挥链的情报支援网络。各级中心是情报支援网络中的节点，"每个中心都相当于一个单独的线路单元（line unit）而非参谋要素（staff element）"[1]，在这张"去中心化"的情报网中充当"管理信息流通的交通警察"[2]。情报信息不再是机械化时代依靠情报参谋部门沿指挥链条进行自上而下的命令式分发。各级中心通过"非等级"的连通方式能够"推动关键情报及时向上、向下和横向流动，并实现各层级情报功能的优化互补"[3]。一方面，能够使时敏性信息得以横向共享，而非只能沿着传统指挥链的路径共享；[4]另一方面，使作战部队不会因处于指挥链末端而在信息传递中被边缘化。

联合情报行动中心通过非等级制的连通方式，一方面，"将战略至战术级（壁垒）碾碎"[5]，对信息需求和情报回复进行管理，"确保其在（情报支援）体系中以重复最少的方式得以完成"[6]，实现情报快速有效的共享；另一方面，打破纵向和横向的"军种"和"部门"体制壁垒，将各种来源的情报整合为"一站式购物中心"并统一链接，实现情报最大

---

[1] William G. Boykin, "Defense Intelligence and Transformation", Seminar on Intelligence, Command, and Control, Guest Presentations, May 2007.p.20.

[2] Defense Intelligence Agency, *Intelligence Support to Warfighters: Response to a Changing Environment, Phase 1: Assessment of Joint Intelligence Center Functions*, Washington, D.C.,1992, p.3.

[3] U.S. Joint Chiefs of Staff, Joint Publication 2-0, *Joint Doctrine for Intelligence Support to Operations*, Washington, D.C.: GPO, 5 May 1995, p.VII-3.

[4]《网络中心战——美国国防部呈国会报告》，军事谊文出版社2009年版，第106页。

[5] William G. Boykin, "Defense Intelligence and Transformation", Seminar on Intelligence, Command, and Control, Guest Presentations, May 2007.p.22.

[6] Ibid.

程度的共享。

（二）增强的信息优裕度和可达度

联合情报行动中心各级机构间"非等级"连通增强了信息优裕度和可达度，加深了情报与作战在信息域的融合程度，提升了美军信息域所处地位，创造了信息优势。信息域、认知域和物理域是战争涉及的三个领域。[1] 信息域是"创造、处理并共享信息的领域，也是促进作战人员之间信息交流、传送联合部队指挥控制信息和传递指挥员作战意图的领域"[2]。"除传感器直接观测到的信息外，我们所有关于世界的信息均来源于我们与信息域的相互作用并受这种相互作用的影响。"[3] 信息域是美军取得信息优势的关键。信息域较之于认知域和物理域而言，是情报要素作用于指挥控制要素最直接的领域，也是情报与作战相互作用的起点。情报与作战在信息域中的相互作用程度决定了作战所获情报支援的优劣以及信息优势的取得。

"信息优裕度和可达度是衡量信息域的要素"[4]，也决定了情报与作战在信息域中的相互作用程度。信息优裕度指的是"可交换信息的质量"，"是衡量信息质量的综合量度，包括信息准确性、相关性和实时性等特征"；信息可达度指的是"可交换信息的个体数量"，"用以衡量信息的共享程度"[5]。"网络化改变了信息域的布局"[6]，使美军在信息域中的地位从平台中心区域提升至网络中心区域，增强了信息优裕度和可达度，为美军创造了

---

[1] 〔美〕大卫·阿尔伯特等：《网络中心行动的基本原理及其度量》，李耐和等译，国防工业出版社2007年版，第189页。
[2] 《网络中心战——美国国防部呈国会报告》，军事谊文出版社2009年版，第55页。
[3] 同上，第55页。
[4] 同上，第32页。
[5] 〔美〕大卫·阿尔伯特等：《网络中心行动的基本原理及其度量》，李耐和等译，国防工业出版社2007年版，第33—34页。
[6] 《网络中心战——美国国防部呈国会报告》，军事谊文出版社2009年版，第34页。

新的信息优势（如图 4.13 所示）。

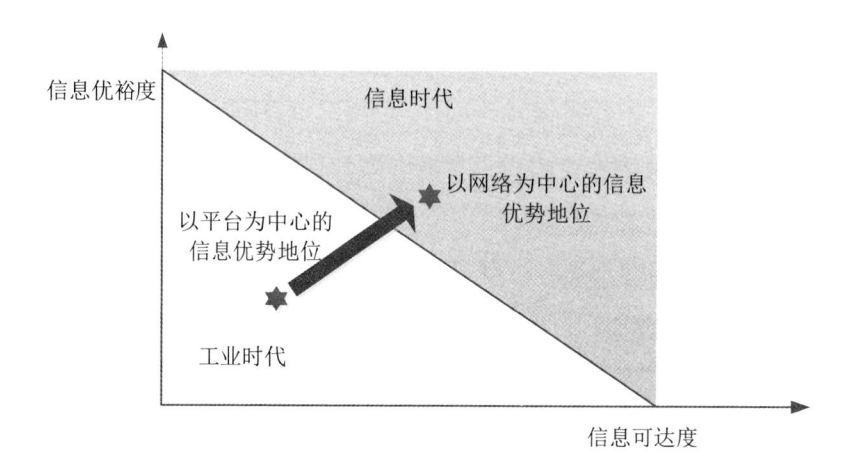

图4.13　信息时代美军信息域优势地位的提升[1]

网络能够实现信息跨域实时高效传输，是信息化时代最高效的情报传播方式。"联合部队信息优势的取得从平台为中心转化为以网络为中心。"[2]以网络为中心的最大特点是去中心化的信息分布状态。就信息优裕度而言，一方面，能够实现海量数据信息的分布式交换与处理，提升整个情报支援网络的信息质量；另一方面，情报支援网络中的信息不需逐层分发，而是按需自由流动，实现了信息在网络中的均匀分布，使情报支援网络中任何节点都能获取全局信息，实现了单个节点信息优裕度的最大化。就信息可达度而言，在去中心化的信息分布环境中，信息不再以"层层筛选、逐级传递"的方式传播，而是按需在各节点间实时抽取和推送。情报支援网络上的所有节点都能按需同步获取信息，实现了信息跨时空高效传播，

---

[1] 《网络中心战——美国国防部呈国会报告》，军事谊文出版社 2009 年版，第 33 页；[美] 大卫·阿尔伯特等：《网络中心行动的基本原理及其度量》，李耐和等译，国防工业出版社 2007 年版，第 34 页。

[2] 《网络中心战——美国国防部呈国会报告》，军事谊文出版社 2009 年版，第 35 页。

信息可达性得以增强。

各级联合情报行动中心构建了信息优裕度和可达度更强的情报支援网络。各级中心"将所有情报功能和情报门类无缝融合，确保所有情报资源都可被获取"[1]，并使其所支援的指挥官和联合部队无论分布于任何作战层级或者作战地域，都具备丰富的信息分布和获取能力，能够按需获取整个联合作战情报支援体系所提供的全部支援。各级联合情报行动中心改变了情报与作战在信息域的作用方式，使高质量的信息在各作战层级之间高效流动，推动了情报与作战紧密作用、内聚一体。

二、各级机构"自主式"互操作

连通性是网络化的表现形式，而互操作性是网络化的本质内容。连通是互操作的前提，互操作是连通的目的。互操作性影响着情报部门之间以及情报与作战部门之间的交互程度，决定了情报与作战相互作用的程度。各级中心间的网络化关系不仅为各级指挥官和联合部队提供了打破等级体制的连通方式，也提供了更具自主性的信息交互能力。联合情报行动中心提升了情报内部以及情报与作战间的信息交互质量，辅以增强的信息优裕度和可达度，改善了信息环境，加强了情报与作战的相互作用程度。

（一）网络化的"自主式"互操作

"随着技术的不断延伸和相互联系，互操作性已经变得至关重要。互操作性是获取信息优势的基础"，是"两个或多个系统交换信息和使用已交换信息的能力"[2]。简言之，在技术操作层面，互操作性是系统间进行数

---

[1]《网络中心战——美国国防部呈国会报告》，军事谊文出版社 2009 年版，第 33 页。
[2] E. Morris, L. Levine, C. Meyers, P. Place and D. Plakosh, *System of Systems Interoperability (SOSI): Final Report*, Software Engineering Institute, Carnegie Mellon University, Aril 2004, p.22-23.

据交换和同步的能力。在实际应用层面，互操作性是实体间进行信息交换和协作的能力，即信息交互能力。

各级联合情报行动中心通过相互连通进行信息交互。这种信息交互带有自主性的特征，是信息化时代网络技术条件下效能最强的互操作方式。联合情报行动中心构建的去中心化的情报支援网络中，各中心作为网络中的节点，地位平等。在传递信息时，各中心无须通过"根节点"中转，也无须经过更高权限节点授权。单个中心能够有选择地与其他任意中心直接进行信息交互，具有很强的自主性。这种自主式的互操作能力使各层级情报、作战人员能够通过各级中心进行自主交互，在互动过程中实现远程、实时的信息共享与协作。

"自主式"互操作是信息化时代战争的需要。第一，适应各作战层级同步互动的需要。信息化时代战场环境复杂，涉及多个作战空间。为实现情报效能和战斗力最大程度的释放，各作战层级间情报、作战要素都需就复杂战场态势进行同步互动。在各级中心自主调控下，各层级情报要素与作战要素双向互动。情报要素不再是参与情报事务的唯一要素，其在情报支援中的主体地位减弱，作战要素的客体地位得以提升。各级作战指挥官、联合部队和情报人员通过各级中心就情报事务全程进行自主式同步交互，推动了信息同步共享和协作。联合情报行动中心"在国防部、作战司令部和各作战层级创建了信息交互能力，确保整个军方都能实时共享各种来源的全部情报，以打击全球联动的敌人"[1]。第二，适应单个作战层级自主决策的需要。信息化时代战场环境瞬息万变，集权制的决策体制难以适应作战节奏。随着作战行动精确化、作战部队小型化发展，位于指挥链末端的部队指挥官在与上级指挥官同步获取信息的基础上进行自主决策显得愈加必要。联合情报行动中心是"需求和产品

---

[1] Rita Boland, *Expert Organization Soothes Transformation Growing Pains*, June 2007, p.2.

的结算地"[1]，也是情报产品的"一站式购物中心"。各级联合情报行动中心间的自主交互能力，使整个作战体系中不止一个全局信息掌控点。各级指挥官和联合部队能够通过相应中心获取自主决策所需的充分信息，以实现信息对等条件下各级联合部队的自主决策。

（二）增强的信息交互质量

联合情报行动中心各级机构"自主式"的互操作能够加强信息交互质量，辅以增强的信息优裕度和可达度，构建了美军信息域中的优势地位，同时也加深了情报与作战的融合程度。信息交互质量决定了情报与作战在信息域中的相互作用程度。信息交互质量一般包括信息交互程度和交互的实时性等内容，交互方式包含数据、文本、声音、静态图像、动态图像等多元化手段。[2] 各级联合情报行动中心通过多种来源的情报手段，自主抽取和发送情报需求和情报产品，统一调度情报活动，实现了各层级情报和作战要素远程、实时的交互。这种远程、实时的交互是信息化时代所特有的，其交互程度之强是此前任何时期都未能匹敌的。

信息交互质量与信息优裕度、可达度是塑造信息域的三个维度（如图4.14所示），也是评估美军实际信息状况、判定美军信息优势的三要素。信息状况指某一时间点的信息状态，就是参战部队占有信息的多少。信息状况是信息优裕度、可达度和信息交互质量的集合。[3] 各级联合情报行动中心聚焦参战部队情报需求，推动高质量的信息在各作战层级之间远程同步共享，获得了很高的信息优裕度、可达度和交互质量，使部队尽可能充分地占有高质

---

[1] Defense Intelligence Agency, *Intelligence Support to Warfighters: Response to a Changing Environment, Phase 1: Assessment of Joint Intelligence Center Functions*, Washington, D.C., 1992, p.5.
[2] 〔美〕大卫·阿尔伯特等：《网络中心行动的基本原理及其度量》，李耐和等译，国防工业出版社 2007 年版，第 63 页。
[3] 同上，第 104 页。

量的信息，获得信息优势。各级联合情报行动中心极大改善了美军的信息状况，将其原有的静态烟囱式信息环境塑造为动态无缝连贯的信息环境，为各层级情报和作战要素提供了实时交互平台，促进了情报和作战融合一体。

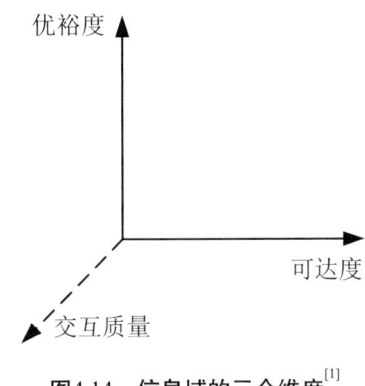

图4.14 信息域的三个维度[1]

---

[1] 〔美〕大卫·阿尔伯特等：《网络中心行动的基本原理及其度量》，李耐和等译，国防工业出版社2007年版，第34页。

第五章
联合情报行动中心的机构运行

联合情报行动中心是美军负责协调情报与作战一体化的机构体系。各级中心设有负责"情报内部整合"以及"情报与作战整合"具体职能的相应单位,从"情报内部整合"和"情报与作战整合"两方面开展各项工作。整个机构体系在运行中,通过"统筹各级情报机构、各项情报行动以及各类情报信息",进行情报内部整合。[1] 在此基础上,统筹情报与作战在战争所涉物理域、信息域和认知域同步配合,进行情报与作战整合。各级中心内具体职能单位分工协作,承担相应层级不同整合任务,保证整个机构体系围绕情报与作战一体化总目标有效运转。

---

[1] U.S. Joint Chiefs of Staff, Joint Publication 2-0, *Joint Intelligence*, Washington, D.C.: GPO, 22 June 2007, p.III-8.

第一节　情报内部整合

情报内部整合是信息化时代提升情报支援效力的必然要求，也是情报与作战一体化的重要内容。信息化时代赋予了情报前所未有的重要性，情报是各作战要素一体化联合的基础，也是主导作战的独立要素。一体化联合作战强调各作战要素通过体系集成实现效能倍增。情报作为作战必备要素之一，其整体效能提升的关键在于整个情报要素内部实现体系集成。信息化时代，体系集成所需的通信、网络等信息技术条件日趋成熟。通过情报内部整合实现情报要素体系集成，成为提升整体情报效能的必然选择。联合情报行动中心按照"情报是知识、组织和活动"[1]的三分法，从情报机构、情报行动和情报信息三方面进行情报内部整合，"将所有情报职能、情报产品和情报行动无缝凝聚在一个组织中"[2]，实现了情报要素内部体系集成。

一、统筹各级情报机构

美军联合作战情报支援所涉情报机构分布国家、战区和战术层级，涉及国家和国防情报机构等不同类型。整个情报机构体系因作战任务和行动多样化而愈加繁杂庞大。随着反恐等非传统安全威胁凸显，全球安全形势和作战环境愈加复杂，美军联合作战行动日趋多样，包括"军事接触、安全合作及威慑行动""危机反应与有限应急行动""大规模作

---

[1] *Strategic Intelligence for American World Policy*, Princeton University Press, 1949.
[2] U.S. Joint Chiefs of Staff, Joint Publication 2-0, *Joint Intelligence*, Washington, D.C.: GPO, 22 October 2013, p.xv.

战和战役"等三大类涉及平时、危机时和战时不同规模和强度的军事行动。[1] 在大多数联合作战行动中，美军不仅需要军事情报，还需获取经济、信息、社会、政治、外交、人物传记、人性因素等与作战环境相关的非军事领域情报以及其他类型情报。[2] 加之信息化时代情报技术飞速发展，信号和图像等情报手段进一步扩展并日渐专业化。单靠联合部队建制内的情报机构，难以满足美军情报需求。情报支援需要尽可能多的情报机构参与其中，特别是中央情报局、国家地理空间情报局等国家情报界中负责不同专业领域的情报机构。联合情报行动中心作为协调情报与作战一体化配合的总枢纽，负责将所有参与支援的情报力量整合为对应作战指挥体系有序配合的情报机构体系。各级中心根据相应指挥层级情报机构分布情况和具体需求，分别对不同层级情报力量进行整合。"国家联合作战和情报中心负责整合国家级情报力量；作战司令部联合情报行动中心负责整合战区情报力量；联合特遣部队联合情报支援分队负责整合任务区情报力量。"各级中心相互配合，协调整合本层级情报力量并获取其他层级情报力量增援，使美军能够根据作战需要有序调配情报机构体系各级情报力量。

（一）整合国家级情报力量

国家级情报力量是美国《国家安全法》确立的情报界18家情报机构，[3] 主要服务于国家决策者，同时也作为战斗支援机构向联合部队提供强大支援。情报界成员分为国防情报机构（DoD Agencies）和非国防情报机

---

[1] U.S. Joint Chiefs of Staff, Joint Publication 3-0, *Joint Operations*, Washington, D.C.: GPO, 17 January 2017., p.I-5.

[2] U.S. Joint Chiefs of Staff, Joint Publication 2-0, *Joint Intelligence*, Washington, D.C.: GPO, 22 October 2013, p.III-1.

[3] U.S. Office of the Director of National Intelligence, *National Intelligence Strategy*, 2023, p.16.

构（non-DoD Agencies）两类[1]（如图5.1所示）。国防情报机构主要指情报界的军事情报机构，包括"4家国防部直属情报机构以及5家军种情报机构，分别是国防情报局、国家安全局、国家地理空间情报局、国家侦察办公室，以及陆军、海军、海军陆战队、空军和太空军情报机构"[2]。国防情报机构在数量上占美国情报界机构总数的一半，在财政资金上占情报界预算总额的80%，[3]是联合作战行动所需军事情报的主要提供者。以国防情报局为例。国防情报局作为美军1986年最早确立的为军事作战行动提供支援的首家战斗支援机构，[4]负责全源军事分析、信息作战以及目标确定和战损评估等领域近83项战斗支援任务，是国防部军事情报的主要生产者之一。[5]

非国防情报机构一般也称为国家情报机构，包括统管国家情报界的国家情报主任办公室以及司法部联邦调查局等7家隶属于不同政府部门的情报机构。[6]国家情报机构为美国国家安全和全球战略提供各自业务领域范围内的情报服务，在支援国家指挥当局的同时，为美军作战部队的作战决策、确定作战目标、计划和实施作战行动以及评估作战效果等提供重要情

---

[1] U.S. Department of Defense Inspector General, *Unclassified Report of Investigation on Allegations Relating to USCENTCOM Intelligence Products*, Washington, D.C.: GPO, 31 January 2017, p.21.

[2] U.S. Office of the Director of National Intelligence, *National Intelligence Strategy,* 2023, p.16.

[3] William G. Boykin, "Defense Intelligence and Transformation", Seminar on Intelligence, Command, and Control, Guest Presentations, May 2007, p.3.

[4] Ronald L. Burgess, "History of the Defense Intelligence Agency", *Intelligencer: Journal of U.S. Intelligence Studies*, Summer/Fall 2012, p.26.

[5] U.S. Department of Defense Directive 5105.21, *Defense Intelligence Agency*, 18 March 2008.

[6] U.S. Office of the Director of National Intelligence, *National Intelligence Strategy*, 2023, p.16.

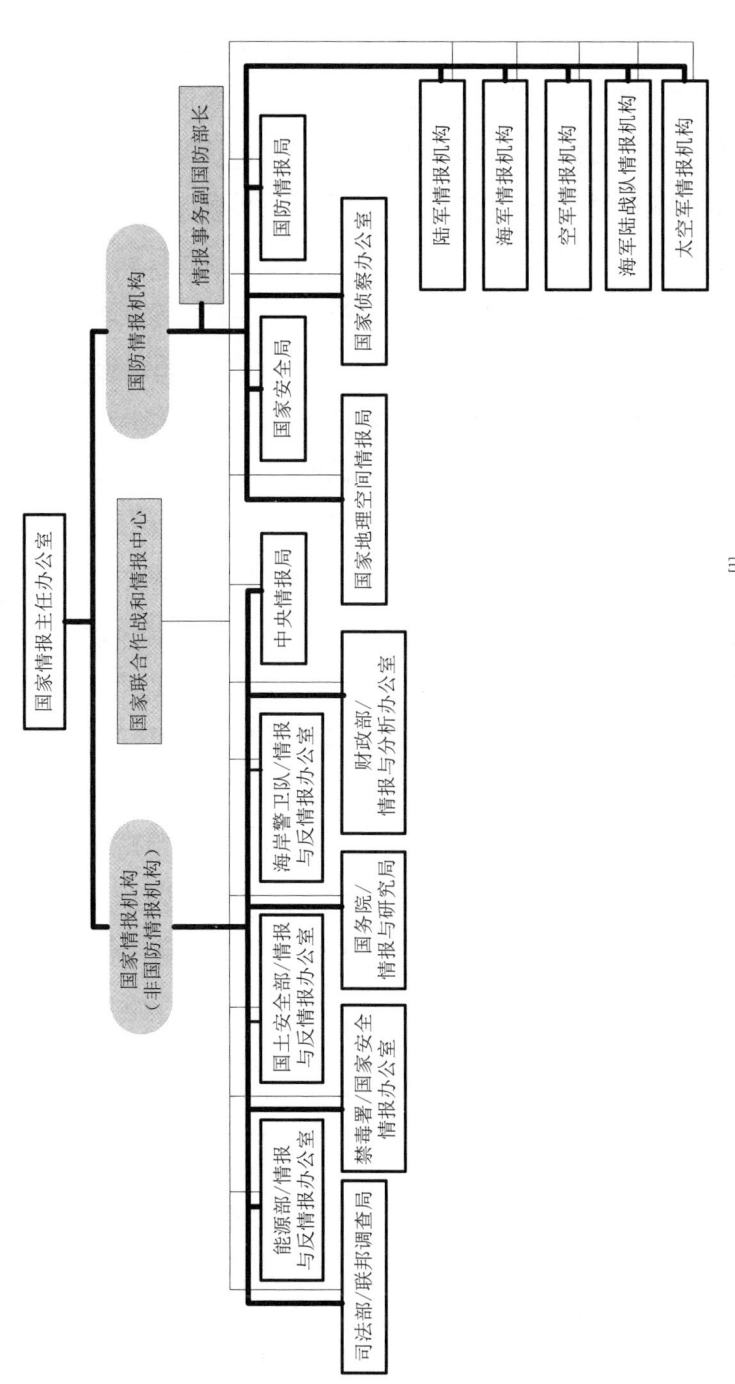

第五章　联合情报行动中心的机构运行 | 119

图5.1　国家和国防情报机构[1]

---

[1] William G. Boykin, "Defense Intelligence and Transformation", Seminar on Intelligence, Command, and Control, Guest Presentations, May 2007, p.13; U.S. Office of the Director of National Lntelligence, National Intelligence Strategy, 2023, p16.

报支援。[1]以中央情报局为例。中央情报局作为情报界最受外界关注的情报机构，在人力情报和公开来源情报方面最具专长。中央情报局设有"国家秘密行动署"，能够为作战行动提供人力侦察支援，还设有"公开来源中心"，能够通过新闻媒体等公开渠道为作战行动提供政治、经济、军事和技术等综合性信息。[2]

美国国家和国防情报机构作为国家级情报力量，"具备强大的情报搜集、处理、生产与分发能力以及经验丰富的各领域专家，可以提供关于现实或潜在对手以及覆盖全球范围作战地域的专业化情报支援"。加之近年来，军事情报之外的社会人文等与作战环境紧密相关的非军事领域情报对军事行动影响愈加深刻。[3]国家级情报力量特别是国家情报机构提供的情报支援日趋重要。国家级情报力量涉及部门和领域繁多，就联合作战情报支援对国家和国防情报机构间跨部门跨领域合作进行统一协调整合十分必要。[4]

国家联合作战和情报中心是美军联合作战情报支援的国家级协调机构，[5]负责"针对联合作战情报支援整合国家级情报力量"，协调国家和国防情报机构有效参与情报支援任务，[6]推动"国防情报与国家情报能力的融

---

[1] U.S. Office of the Director of National Intelligence, *U.S. National Intelligence Overview*, 2013, p.15.

[2] Ibid., p.13.

[3] U.S. Joint Chiefs of Staff, Joint Publication 2-01, *Joint and National Intelligence Support to Military Operations*, Washington, D.C.: GPO, 5 July 2017, p.I-2.

[4] William G. Boykin, "Defense Intelligence and Transformation", Seminar on Intelligence, Command, and Control, Guest Presentations, May 2007, p.12.

[5] U.S. Joint Chiefs of Staff, Joint Publication 2-01, *Joint and National Intelligence Support to Military Operations*, Washington, D.C.: GPO, 5 July 2017, p.II-12.

[6] 国家联合作战和情报中心如同国家反恐中心等国家级中心，都是针对特定方向协调整合以情报为主的各领域力量。William G. Boykin, "Defense Intelligence and Transformation", Seminar on Intelligence, Command, and Control, Guest Presentations, May 2007, p.17.

合"[1]。国家联合作战和情报中心协助联合参谋部情报部"计划、准备和管理联合作战情报行动"[2],是国家层级"为联合作战提供支援的所有情报工作的焦点"[3],是"国家情报能力与军事情报能力融合、同步的领导机构"[4],致力于"与国家情报主任、国家情报机构和国防情报战斗支援机构实现更为紧密的协调和配合"[5]。此外,国家联合作战和情报中心应美军多样化联合作战行动需要,能够"将联合部队建制外的国家和国防情报机构,甚至多国和伙伴国家、非政府组织、其他国家部门机构以及执法部门的所有情报力量整合在一起"[6],在最大范围和程度上协调国家层面能够参与情报支援的所有力量。

（二）整合战区情报力量

战区情报力量主要是作战司令部下属军种和职能组成部队情报力量,包含陆、海、空和海军陆战队参战部队编制内不同级别、规模的情报参谋机构和情报部队或分队以及特种作战部队情报单位等。战区情报力量主要负责满足相应军种和职能部队情报需求,同时"也应联合部队指挥官和情报参谋部门的命令为联合部队提供情报支援"。以空军参战部队为例,通常编有战略预警机、电子侦察部队以及战术侦察机联队等情报侦

---

[1] U.S. Office of the Secretary of Defense, Public Affairs Office, "Joint Intelligence Operations Center (JIOC) Fact Sheet", 22 March 2006, http://www.defenselink.mil/home/pdf/JIOC-Fact-Sheet.pdf.

[2] Ibid.

[3] U.S. Joint Chiefs of Staff, Joint Publication 2-01, *Joint and National Intelligence Support to Military Operations*, Washington, D.C.: GPO, 7 October 2004, p. II-15.

[4] U.S. Joint Chiefs of Staff, Joint Publication 2-0, *Joint Intelligence*, Washington, D.C.: GPO, 22 June 2007, p. III-6.

[5] U.S. Office of the Secretary of Defense, Public Affairs Office, "Joint Intelligence Operations Center (JIOC) Fact Sheet", 22 March 2006.

[6] U.S. Joint Chiefs of Staff, Joint Publication 2-01, *Joint and National Intelligence Support to Military Operations*, Washington, D.C.: GPO, 5 July 2017, p.II-5.

察力量，能够为联合部队以及其他军种参战部队提供空中侦察情报支援。此外，特种作战部队作为主要职能组成部队之一，已逐渐成为美军执行战场侦察任务、实施作战环境联合情报准备的情报主力，是支援联合作战不可或缺的中坚力量。战区情报力量构成复杂多样，各战区内以及不同战区间各种情报力量围绕作战任务协调一致实施情报支援都对情报整合提出了前所未有的高要求。此外，战区内情报机构虽分属不同军种部队，但都隶属于联合作战司令部，而非各军种部。所以美军认为战区情报机构区别于国家情报界军种情报机构，[1]应设立专门机构进行整合。

作战司令部联合情报行动中心负责整合战区情报机构，是战区级情报力量协调机构。作战司令部联合情报行动中心连通国家级和联合特遣部队级中心，是美军联合情报行动中心整个机构体系中情报任务最繁重、地位最重要的机构。作战司令部联合情报行动中心协助作战司令部情报部共同履行战区情报职能，是战区内所有情报工作的焦点，也是战区内"作战司令部司令和参谋人员、下属军种组成司令部以及下级联合作战部队获取情报支援的首要节点"。作战司令部联合情报行动中心"由作战司令部情报部进行业务指导"，与下属联合部队司令部情报部以及军种和职能组成部队情报参谋部门协调管理战区内所有情报力量，统筹战区情报的计划、搜集管理、分析和生产等工作，确保能够就近利用战区情报力量，以最便捷高效的方式满足联合部队的情报需求。[2]

---

[1] U.S. Department of Defense Inspector General, *Unclassified Report of Investigation on Allegations Relating to USCENTCOM Intelligence Products*, Washington, D.C.: GPO, 31 January 2017, p.36.

[2] U.S. Joint Chiefs of Staff, Joint Publication 2-01, *Joint and National Intelligence Support to Military Operations*, Washington, D.C.: GPO, 5 July 2017.

（三）整合联合作战地域情报力量

联合作战地域是由作战司令部司令或下属联合司令部指挥官为联合特遣部队实施军事行动划定的包括陆地、空中和海上的区域，是战区内军事行动的重点地区。作战司令部或下属联合司令部根据危机反应和作战需要，经国家指挥当局批准，迅速组建联合特遣部队并划定联合作战地域。一般而言，联合特遣部队组建和联合作战地域划定均是为应对危机和战时所需完成特定任务的临时举措，任务完成后大都予以解散和撤销。联合作战地域情报力量主要是联合特遣部队建制内和配属的情报力量，以及临时前沿部署的国家和战区情报力量。较之于战区情报力量，联合作战地域情报力量零散薄弱，加之临时筹组部署，相互间配合难度大，对联合作战地域内情报力量整合需求迫切。

联合情报支援分队负责整合联合作战地域内情报力量，是联合特遣部队级情报力量协调机构。联合情报支援分队应是"联合特遣部队情报部的核心组成部分"[1]，也是配合联合特遣部队情报部"统筹联合作战地域内各项情报工作的焦点"[2]。联合情报支援分队对作战地域内支援联合特遣部队的所有情报力量进行整合，协调其参与联合特遣部队情报搜集和分析等工作，并对作战地域内所有情报力量的情报产品生产和分发进行统一管理，是联合作战地域内所有情报力量有序合作的关键。[3]

---

[1] U.S. Joint Chiefs of Staff, Joint Publication 2-01, *Joint and National Intelligence Support to Military Operations*, Washington, D.C.: GPO, 5 July 2017, p.II-4.

[2] U.S. Joint Chiefs of Staff, Joint Publication 3-33, *Joint Task Force Headquarter*, Washington, D.C.: GPO, 30 July 2012, p.VI-2.

[3] U.S. Joint Chiefs of Staff, Joint Publication 2-0, *Joint Intelligence*, Washington, D.C.: GPO, 22 October 2013, p.III-8.

二、统筹各项情报行动

"情报行动与作战计划和实施同步"是美军联合作战情报支援的重要原则之一。各项情报行动协调有序进行是实现情报行动与作战同步配合的前提。联合情报行动中心机构体系作为"实施联合作战情报支援的主要组织"[1]，负责统筹各项情报行动。各级中心作为相应层级情报行动的焦点，负责"计划、准备、整合、指导、同步、管理各级情报行动"[2]。根据美军"情报系列"联合出版物，情报支援主要涉及六项情报行动："计划与指导、搜集、处理与利用、分析与生产、分发与整合以及评估与反馈。"[3] 按照作用可分为三类："指导和评估"是为作战筹划情报工作；"搜集和分析"是为作战生成情报信息；"处理和分发"是将情报信息融入作战。联合情报行动中心通过统一指导和评估、统管搜集和分析以及集中处理和分发，统筹各项情报行动围绕作战协调有序进行。

（一）统一指导和评估

指导和评估贯穿搜集和分析等情报行动，是调控各项情报行动与作战同步配合的关键。联合情报行动中心作为"联合作战情报支援所有情报行动的焦点"[4]，负责协助情报参谋部门对具体情报行动进行统一指导筹划和

---

[1] U.S. Joint Chiefs of Staff, Joint Publication 2-01, *Joint and National Intelligence Support to Military Operations*, Washington, D.C.: GPO, 5 July 2017, p.II-3.

[2] U.S. Office of the Secretary of Defense, Public Affairs Office, "Joint Intelligence Operations Center (JIOC) Fact Sheet", 22 March 2006.

[3] U.S. Joint Chiefs of Staff, Joint Publication 2-01, *Joint and National Intelligence Support to Military Operations*, Washington, D.C.: GPO, 5 July 2017, p.II-1.

[4] Ibid.

评估调整。

1. 统一指导筹划

指导筹划[1]是"制订各项情报计划并对情报计划实施进行持续管理"[2]。情报需求是制订搜集、生产等具体情报工作计划的依据，也是指导筹划各项情报工作的基础。美军规定"情报参谋部门是制定和监管情报需求、筹划情报工作的主要负责单位"[3]。联合情报行动中心作为情报参谋部门的具体业务机构，负责配合情报参谋部门履行这一职能，是"情报筹划工作的焦点"[4]。各级中心内负责情报计划制订和情报需求管理的相关单位，围绕"情报需求是什么"和"如何满足情报需求"两个问题，从确定和处理情报需求两方面（如图5.2所示），配合各级情报参谋部门对情报工作进行统一指导筹划。

---

[1] 指导筹划包含情报需求确定和处理以及在此过程中相关情报计划的制订。其中，情报计划制订是美军推动情报和作战一体化配合的重要方式之一。有鉴于此，笔者在指导筹划中以情报需求确定和处理为主进行论述，将相关情报计划制订作为情报和作战整合的主要方式之一，在本章第二节"情报与作战整合"部分进行论述。Major Kevin A. McAninch, *Intelligence Campaign Planning: An Opportunity for the Army in Defense Intelligence Synchronization,* School of Advanced Military Studies, United States Army Command and Staff College, AY 06-07, p.1.

[2] U.S. Joint Chiefs of Staff, Joint Publication 2-0, *Joint Intelligence*, Washington, D.C.: GPO, 22 October 2013, p. III-4.

[3] U.S. Joint Chiefs of Staff, Joint Publication 2-01, *Joint and National Intelligence Support to Military Operations*, Washington, D.C.: GPO, 5 July 2017, p.III-10.

[4] Ibid., p.II-3.

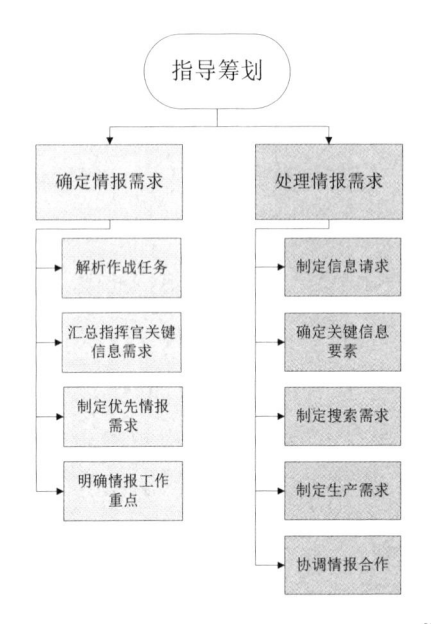

图5.2　联合情报行动中心的指导筹划职能[1]

第一，确定情报需求。

"情报需求是为填补情报缺口进行信息搜集或情报生产的一般或具体目标"，一般由联合情报行动中心内情报计划人员负责确定。"不同层级情报需求在范畴、类型和详细程度上差异明显。"[2] 高层级指挥官的情报需求与下级指挥官相比更具宏观性，所需情报的详细程度也会相应降低。战区级所需情报可能在战术级就完全不适用。因此，不同层级情报需求应由相应层级中心根据所在层级具体作战任务进行确定。各级中心情报计划人员"从作战预期效果、行动目标和最终状态三方面解析作战任务，

---

[1] Gordon Schacher, Nelson Irvine and Roger Hoyt, "Joint Intelligence Operations Center (JIOC) Business Process Model & Capabilities Evaluation Methodology", Information Science Department Naval Postgraduate School, CA 93943, 26 March 2012, p.14.

[2] U.S. Joint Chiefs of Staff, Joint Publication 2-01, *Joint and National Intelligence Support to Military Operations*, Washington, D.C.: GPO, 5 January 2012, p.III-8.

拟定作战行动效果评估和指挥官决策通报等相关情报需求"；随后汇总各级参谋部门提交的"指挥官关键信息需求"，并在联合作战计划制订过程中与作战、计划等参谋部门沟通协调，对拟定和汇总的所有情报需求进行优先性排序；制定"优先情报需求"后，将其发送给各级情报参谋部门进行审核和认定。各级中心接收认定过的优先情报需求，明确各层级情报工作重点，能够确保将所在层级有限情报资源集中用于指挥官密切关注和有可能成为决策依据的重点任务。[1]

第二，处理情报需求。

联合情报行动中心对确定的情报需求进行处理，根据"优先情报需求"制定"信息请求"，并筹划相应搜集和生产工作予以满足。情报需求处理一般由各级中心情报需求相应单位具体负责，比如"国家联合作战和情报中心各战区办公室、各作战司令部联合情报行动中心情报需求管理组以及联合情报支援分队的'信息请求平台'"。各级中心情报需求相应单位解析"优先情报需求"，生成正式的"信息请求"。信息请求由"关键信息要素"（Essential Element of Information，EEI）构成，主要是"指挥官所需敌方和作战环境相关的信息条目，包括敌军战斗序列、作战方案以及部队和装备准备情况等"[2]。各级中心就"关键信息要素"查询本层级现有信息，进而制定搜集和生产方案。若现有信息能够满足信息请求，就对现有信息进行整合和定制加工，避免进行重复搜集和生产；若需增补部分新信息便能回复信息请求，就制定"搜集需求"；若需新的情报产品来满足信息请求，就制定"生产需求"（Production Requirement，PR），并列入本层级相应搜集和生产方案。

---

[1] U.S. Joint Chiefs of Staff, Joint Publication 2-01, *Joint and National Intelligence Support to Military Operations*, Washington, D.C.: GPO, 5 January 2012, p.III-5.

[2] U.S. Joint Chiefs of Staff, Joint Publication 2-0, *Joint Intelligence*, Washington, D.C.: GPO, 22 October 2013, p.III-8.

"在危机和战时，各指挥层级情报需求明显增多。实现情报界和作战司令部可用情报力量最大程度上的同步配合，对于处理用户不断增长的情报需求至关重要。"[1]各级中心负责协调不同层级间情报合作，将本层级无法满足的情报需求以搜集需求或信息请求的形式提交更高层级，协调最佳搜集和生产力量予以满足。[2]美军规定"情报需求应尽可能在最低层级予以满足，特别是相关搜集需求，应尽可能在最低层级调用情报搜集资源进行搜集活动"[3]。作战司令部联合情报行动中心以及联合情报支援分队在处理情报需求时，会优先向战区和作战地域情报力量分配搜集和生产任务，尽可能在向国家联合作战和情报中心提交前满足情报需求。

以印太司令部联合情报行动中心的指导筹划工作为例（如图5.3所示）。印太司令部联合情报行动中心的情报需求管理组负责持续汇总指挥官、司令部作战部、联合情报行动中心监控室以及分析人员的信息需求，根据情报数据库现有信息进行需求审核。一方面，将现有信息不能满足的情报需求生成搜集需求，发送给联合作战中心，优先利用联合作战中心所辖战区侦察力量进行搜集，随后将搜集到的信息交给分析人员进行情报分析生产。另一方面，根据本层级能满足的信息请求生成生产需求，发给分析人员进行情报生产，将需国家情报机构支援的生产需求发送给国家层级进行协调处理。

2. 统一评估调整

"所有情报行动都是相互联系的，某一项情报行动的成败都会对其

---

[1] U.S. Joint Chiefs of Staff, Joint Publication 2-01, *Joint and National Intelligence Support to Military Operations*, Washington, D.C.: GPO, 5 July 2017, p.III-8.

[2] U.S. Joint Chiefs of Staff, Joint Publication 2-0, *Joint Intelligence*, Washington, D.C.: GPO, 22 October 2013, p.II-24.

[3] U.S. Joint Chiefs of Staff, Joint Publication 2-01, *Joint and National Intelligence Support to Military Operations*, Washington, D.C.: GPO, 5 July 2017, p.III-7.

第五章 联合情报行动中心的机构运行 | 129

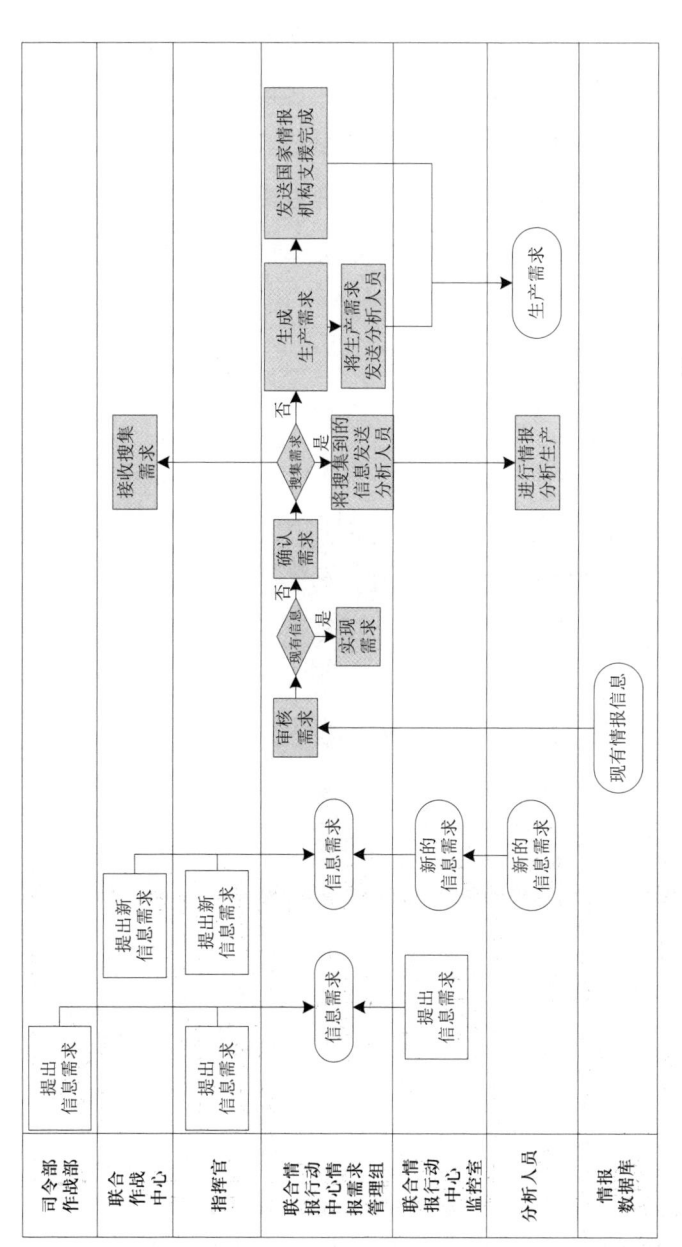

图5.3 印太司令部联合情报行动中心的指导筹划工作[1]

[1] Gordon Schacher, Nelson Irvine and Roger Hoyt, "Joint Intelligence Operations Center (JIOC) Business Process Model & Capabilities Evaluation Methodology", Information Science Department Naval Postgraduate School, CA 93943, 26 March 2012, p.28.

他情报行动产生影响。""各级情报人员和用户需要就情报任务完成情况以及情报需求满足程度,进行如实评估并及时反馈。"[1]情报参谋部门负责评估调整联合作战情报支援各项工作。联合情报行动中心是协助情报参谋部门接收各级作战反馈进行评估调整的具体实施机构。各级中心情报评估人员和搜集等具体情报工作管理人员负责接收不同层级情报用户反馈,从情报产品和情报行动两方面(如图5.4所示),进行统一评估调整。

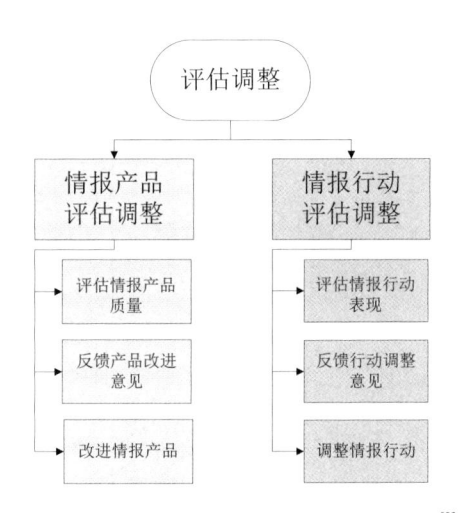

图5.4 联合情报行动中心的评估调整职能[2]

第一,情报产品评估调整。

联合情报行动中心对涉及搜集、分析生产以及利用分发等的情报产品

---

[1] U.S. Joint Chiefs of Staff, Joint Publication 2-01, *Joint and National Intelligence Support to Military Operations*, Washington, D.C.: GPO, 5 July 2017, p.III-70.
[2] Gordon Schacher, Nelson Irvine and Roger Hoyt, "Joint Intelligence Operations Center (JIOC) Business Process Model & Capabilities Evaluation Methodology", Information Science Department Naval Postgraduate School, CA 93943, 26 March 2012, p.19.

第五章　联合情报行动中心的机构运行 | 131

进行持续跟踪，[1] 在此过程中征询和接收关于情报产品的反馈并进行适时调整。针对情报搜集，中心搜集管理人专门负责评估情报产品相关搜集报告，确保相应作战层级的情报用户获得报告复印件，征询其情报需求满足情况，并根据反馈调整分配搜集资产进行再利用以满足新的情报需求；针对情报分析生产，中心分析人员"制定情报产品的客观性、准确性和实用性等评价指标"，要求情报用户逐条评估情报产品质量，据此评定情报分析对具体情报需求的满足程度，及时调整改进情报分析生产。针对情报利用分发，中心内情报分发人员与中心所设作战等其他参谋部门代表及时沟通，对情报产品分发以及作战对情报产品接收使用情况开展联合评估，并根据作战局势变化及时调整改进，提升情报对作战的实际效果。[2]

第二，情报行动评估调整。

联合情报行动中心就各项情报行动在多大程度上满足指挥官情报需求以及情报与作战配合情况进行评估，并及时调整、更新整体情报工作方案。各级中心负责搜集等具体情报工作管理人员，分别对相应情报行动表现进行评估，并将具体情报行动与作战配合情况反馈给中心评估人员，由其进行全面评估，并针对现存或潜在问题，采取补救措施，调整整体情报工作方案。各级中心情报评估人员与情报计划人员协作，根据本层级具体问题，重新制定或解析信息需求，拟定新的搜集或生产需求，启动新一轮搜集或分析活动，或是根据原有未充分满足的信息需求重新分配情报任务，规划调度本层级情报力量，制定新的情报工作方案。在此过程中，联合情报行动中心评估人员会将所有评估调整情况汇报给情报参谋部门，由其进行确认和批准。

---

[1] Captain James T. Cannon, USN, "Improving Joint Reserve Intelligence Support to the Supported Commands' Joint Intelligence Operations Centers", Joint Forces Staff College, 13 July 2008, p.7.

[2] U.S. Joint Chiefs of Staff, Joint Publication 2-01, *Joint and National Intelligence Support to Military Operations*, Washington, D.C.: GPO, 5 July 2017.

以印太司令部联合情报行动中心对情报分析产品和行动的评估调整工作为例[1]（如图 5.5 所示）。印太司令部联合情报行动中心的评估人员，汇总国家指挥当局、司令部联合作战中心、下属组成/联军司令部以及联合情报行动中心监控台的情报产品质量反馈，对产品质量进行综合评估。评估人员将各方汇总的产品改进意见统一反馈给参与情报产品生产的中心内分析人员、下属组成/联军司令部分析人员以及战区内情报机构分析人员。各方分析力量分别据此对各自情报产品进行改进，并由评估人员对改进情况进行监督。各方分析力量管理人员评估各自分析情报行动表现，并将其反馈给中心评估人员进行综合评估。评估人员利用汇总的各方情报分析行动表现，筹划整体调整方案，并指导中心内分析人员、下属组成/联军司令部分析人员以及战区内情报机构分析人员对各自情报行动进行调整，监督调整进程，同步就进程情况向司令部情报部汇报。

（二）统管搜集和分析

搜集和分析能够生成作战所需情报信息，是联合作战情报支援的两项主要情报行动。联合情报行动中心作为各项具体情报工作的焦点，负责协助情报参谋部门统管搜集和分析工作，确保能够及时支援作战，同步生成所需情报信息。

1. 搜集管理

搜集是"获取敌方和作战空间相关信息以供处理和分析"，是情报处理和分析等具体工作的起点。美军认为"对搜集进行管理能够在最短时间内充分利用有限搜集资源满足情报需求"，规定"情报参谋部门和联合情报行动中心对各门类情报搜集进行指导和监管"。联合情报行动中心作为情报参谋部门具体情报业务协调机构，"代表情报参谋部门行使搜集管理

---

[1] 参考图 5.4 "联合情报行动中心的评估调整职能"相应颜色具体职能。

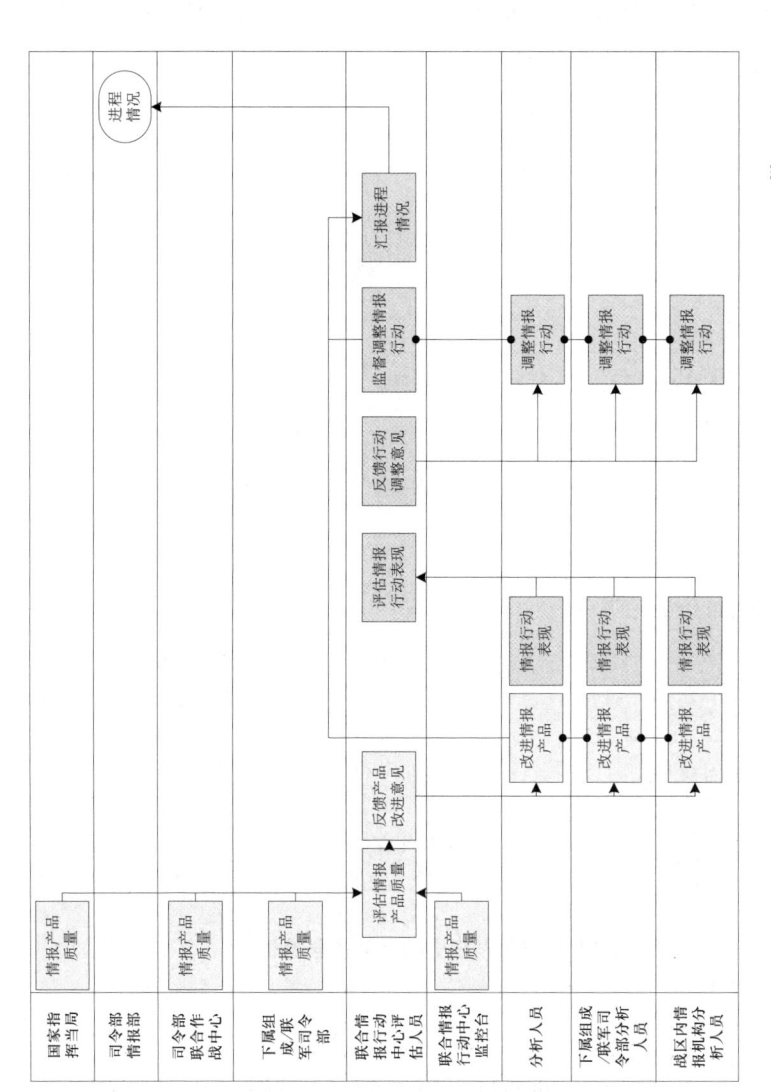

图5.5　印太司令部联合情报行动中心对情报分析产品和行动的评估调整工作[1]

---

[1] Gordon Schacher, Nelson Irvine and Roger Hoyt, "Joint Intelligence Operations Center (JIOC) Business Process Model & Capabilities Evaluation Methodology", Information Science Department Naval Postgraduate School, CA 93943, 26 March 2012, p.49.

权"。各级中心搜集管理相应单位针对"搜集什么"和"怎么搜集"两个问题,从"搜集需求管理"(Collection Requirements Management, CRM)[1]和"搜集行动管理"(Collection Operations Management, COM)两方面(如图5.6所示),进行情报搜集管理。

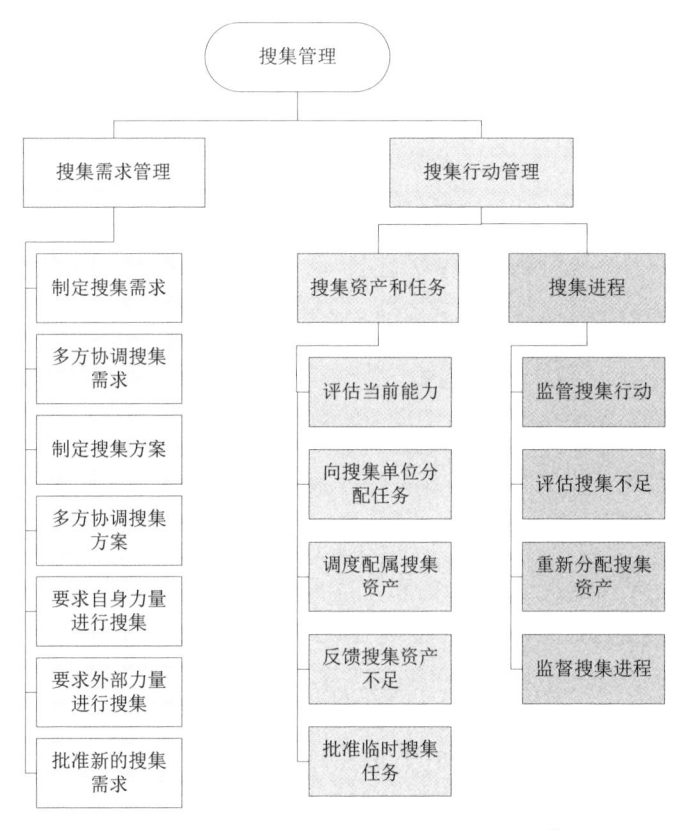

图5.6 联合情报行动中心的搜集管理职能[2]

---

[1] U.S. Joint Chiefs of Staff, Joint Publication 2-01, *Joint and National Intelligence Support to Military Operations*, Washington, D.C.: GPO, 5 July 2017.

[2] Gordon Schacher, Nelson Irvine and Roger Hoyt, "Joint Intelligence Operations Center (JIOC) Business Process Model & Capabilities Evaluation Methodology", Information Science Department Naval Postgraduate School, CA 93943, 26 March 2012, p.15.

第一，搜集需求管理。

搜集需求管理主要包括确定搜集需求并制定相应搜集方案等[1]（如图5.6所示）。搜集需求的确定主要由各级中心联合搜集管理委员会（Joint Collection Management Board, JCMB）以及搜集管理人具体负责。联合搜集管理委员会"由情报、作战和计划等参谋部门代表组成，是情报人员与作战等部门共同管理搜集需求、筹划搜集方案的协作平台"[2]。联合搜集管理委员会广泛征集和审核作战指挥官和参谋人员的搜集需求，就搜集需求优先性达成一致，为制定搜集方案提供依据。[3] 搜集管理人负责"汇总、审核、制定和更新不同地域方向的具体情报搜集需求"[4]。各级中心搜集管理人与相应地域作战人员沟通，收集该方向作战部队指挥官需求，将相关信息请求转化为搜集需求，并就该地域搜集力量分布情况为联合情报行动中心制定搜集方案提供参考。

搜集需求确定后，联合情报行动中心统筹协调多方搜集力量制定最佳搜集方案。搜集方案的制定"是将搜集需求与适当的国家和战场搜集资产整合在一起，是持续不断地对多方搜集单位进行协调的过程"[5]，主要"由国家联合作战和情报中心以及作战司令部联合情报行动中心共同

---

[1] Gordon Schacher, Nelson Irvine and Roger Hoyt, "Joint Intelligence Operations Center (JIOC) Business Process Model & Capabilities Evaluation Methodology", Information Science Department Naval Postgraduate School, CA 93943, 26 March 2012, p.12.

[2] U.S. Joint Chiefs of Staff, Joint Publication 2-01, *Joint and National Intelligence Support to Military Operations*, Washington, D.C.: GPO, 5 July 2017, p.III-19.

[3] U.S. Joint Warfighting Center, *Commanders Handbook for Persistent Surveillance*, Washington, D.C.: GPO, 20 June 2011, p.IV-3.

[4] Gordon Schacher, Nelson Irvine and Roger Hoyt, "Joint Intelligence Operations Center (JIOC) Business Process Model & Capabilities Evaluation Methodology", Information Science Department Naval Postgraduate School, CA 93943, 26 March 2012, p.12.

[5] U.S. Joint Chiefs of Staff, Joint Publication 2-0, *Joint Intelligence*, Washington, D.C.: GPO, 22 October 2013, p. I-10.

负责"[1]。在危机和战时，国家联合作战和情报中心"从国家情报办公室接管国家情报搜集管理权"，整合各层级、各友邻机构、各情报门类所有搜集力量，协助联合参谋部情报部"为国防部应对危机（和战争）制订有针对性的战略级搜集计划"。与此同时，作战司令部联合情报行动中心以战略级搜集计划为指导，负责"统一筹划战区内情报搜集"，"整合作战司令部、下级联合部队司令部以及军种组成部队等战区内搜集力量"，协助情报部"制定战区搜集计划"[2]。

以印太司令部联合情报行动中心的搜集需求管理为例（如图 5.7 所示）。[3]印太司令部联合情报行动中心分管地理空间情报的搜集管理人接收目标小组提出的地理空间情报需求。中心内分析人员以及印太司令部下属组成/联军司令部分析人员共同针对该情报需求，制定和协调回复所需信息的搜集需求。同时司令部联合搜集管理委员会审核搜集需求，进行优先性排序并生成"优先搜集列表"[4]，提供给搜集管理组。搜集管理组将需要下属组成/联军司令部搜集力量完成的搜集需求发送给下属组成/联军司令部，并与下属组成/联军司令部共同根据搜集需求协调制定搜集方案，通过方案后要求下属组成/联军司令部利用自身力量进行搜集。同时，搜集管理组将需国家情报机构支援的搜集需求交由国家情报搜集机构完成，并针对能够通过自身搜集力量满足的搜集需求协调制定相应搜集方案。搜

---

[1] 联合情报支援分队成立初期，其搜集管理权由作战司令部联合情报行动中心代行或由其根据具体情况决定赋予与否。联合特遣部队层级的搜集方案一般也由作战司令部联合情报行动中心纳入战区搜集计划中。U.S. Joint Chiefs of Staff, Joint Publication 2-01, *Joint and National Intelligence Support to Military Operations*, Washington, D.C.: GPO, 5 January 2012, p.II-5.

[2] U.S. Joint Chiefs of Staff, Joint Publication 2-01, *Joint and National Intelligence Support to Military Operations*, Washington, D.C.: GPO, 5 January 2012.

[3] 参考图 5.6 "联合情报行动中心的搜集管理职能"相应颜色具体职能。

[4] U.S. Joint Chiefs of Staff, Joint Publication 2-01, *Joint and National Intelligence Support to Military Operations*, Washington, D.C.: GPO, 5 July 2017, p.III-26.

第五章　联合情报行动中心的机构运行 | 137

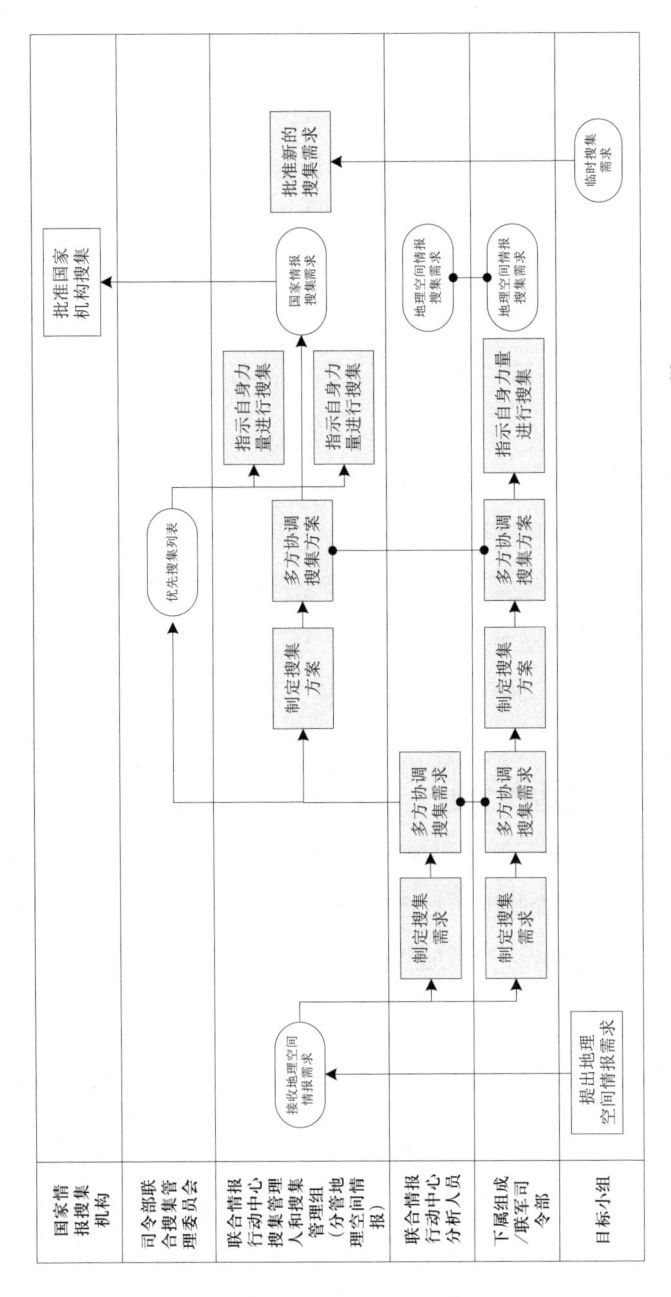

图 5.7　印太司令部联合情报行动中心的搜集需求管理[1]

[1] Gordon Schacher, Nelson Irvine and Roger Hoyt, "Joint Intelligence Operations Center (JIOC) Business Process Model & Capabilities Evaluation Methodology", Information Science Department Naval Postgraduate School, CA 93943, 26 March 2012, p.29.

集管理人不断接收目标小组临时需求，批准新的搜集需求交给搜集管理组进行处理。

第二，搜集行动管理。

搜集行动管理是"对实际从事搜集的设备和人员进行组织、指导和监控，以满足搜集需求"[1]，主要工作包括管理搜集资产、分配搜集任务和监管搜集进程等（如图 5.6 所示）。一般由各级中心"搜集管理"相关单位负责，比如国家联合作战和情报中心的国防搜集监控室联络组，以及作战司令部联合情报行动中心和联合特遣部队联合情报支援分队的搜集管理组。

国家联合作战和情报中心是管理联合作战情报搜集的国家级枢纽，对参与联合作战情报支援的所有搜集资产进行统一管理。一方面，中心联络组与国防情报局国防搜集监控室协调，监管国家层级情报机构搜集进程；另一方面，与作战司令部和联合特遣部队层级中心协调，指导不同层级、部门以及情报门类的搜集单位统一进行情报搜集，"弥合国家、战役与战术层级搜集资产间的嫌隙"[2]。作战司令部联合情报行动中心是管理联合作战情报搜集的战区级枢纽，其搜集管理组一方面"对战区内各军种、情报门类的搜集资产进行统一管理"[3]，监管战场搜集进程；另一方面与国家联合作战和情报中心同步沟通，确保战区情报搜集始终"与作战司令部司令意图、国家需求、战役目标、作战目标以及下属组成部队优先需求保持一致"[4]。联

---

[1] U.S. Joint Chiefs of Staff, Joint Publication 2-01, *Joint and National Intelligence Support to Military Operations*, Washington, D.C.: GPO, 5 January 2012, p.III-28.

[2] U.S. Joint Chiefs of Staff, Joint Publication 2-01, *Joint and National Intelligence Support to Military Operations*, Washington, D.C.: GPO, 5 July 2017, p. III-26.

[3] U.S. Joint Chiefs of Staff, Joint Publication 2-01, *Joint and National Intelligence Support to Military Operations*, Washington, D.C.: GPO, 5 January 2012, p.III-29.

[4] U.S. Joint Chiefs of Staff, Joint Publication 2-01, *Joint and National Intelligence Support to Military Operations*, Washington, D.C.: GPO, 5 July 2017, p.III-30.

合特遣部队联合情报支援分队搜集管理组按照作战司令部联合情报行动中心授权对作战地域内所有搜集资产进行管理和任务分配，并同步反馈搜集进程。[1] 在搜集方案制订过程中，各级中心根据新增需求不断更新搜集计划，调整搜集资产和任务分配。

以印太司令部联合情报行动中心的搜集行动管理为例（如图 5.8 所示）。联合情报行动中心围绕"搜集资产和任务"以及"搜集进程"两方面进行搜集行动管理。[2] 搜集管理组根据联合搜集管理委员会确定的"优先情报需求"以及搜集资产管理人提供的"当前搜集能力"，对当前战区搜集能力进行评估。通过评估，将需国家机构支援的搜集与可以通过自身力量完成的搜集进行区分，就自身力量能够完成的搜集向战区内搜集单位进行任务分配。由搜集资产管理人根据任务分配情况调度搜集资产，并反馈搜集资产不足。搜集管理组监管搜集行动实施，根据反馈评估搜集不足并根据需要批准临时搜集任务，重新分配搜集资产并监督搜集进程。

2. 分析生产管理

分析生产是"通过对多种来源数据的整合、评估、分析和诠释将处理过的信息转化为情报，并根据已知和预期的用户需求进行情报产品准备的过程"[3]。美军认为"对分析生产进行有效管理，能够确保作战司令部和下级联合部队指挥官收到完成任务所需的情报产品和服务"[4]。联合情报行动中心是"情报参谋部门的情报分析生产中心"，也是协助情报参谋部门管

---

[1] U.S. Joint Chiefs of Staff, Joint Publication 2-01, *Joint and National Intelligence Support to Military Operations*, Washington, D.C.: GPO, 5 January 2012, p.II-5.

[2] 参考图 5.6"联合情报行动中心的搜集管理职能"相应颜色具体职能。

[3] U.S. Joint Chiefs of Staff, Joint Publication 1-02, *Department of Defense Dictionary of Military and Associated Terms*, Washington, D.C.: GPO, August 2017, p.17.

[4] U.S. Joint Chiefs of Staff, Joint Publication 2-01, *Joint and National Intelligence Support to Military Operations*, Washington, D.C.: GPO, 5 January 2012, p.III-40.

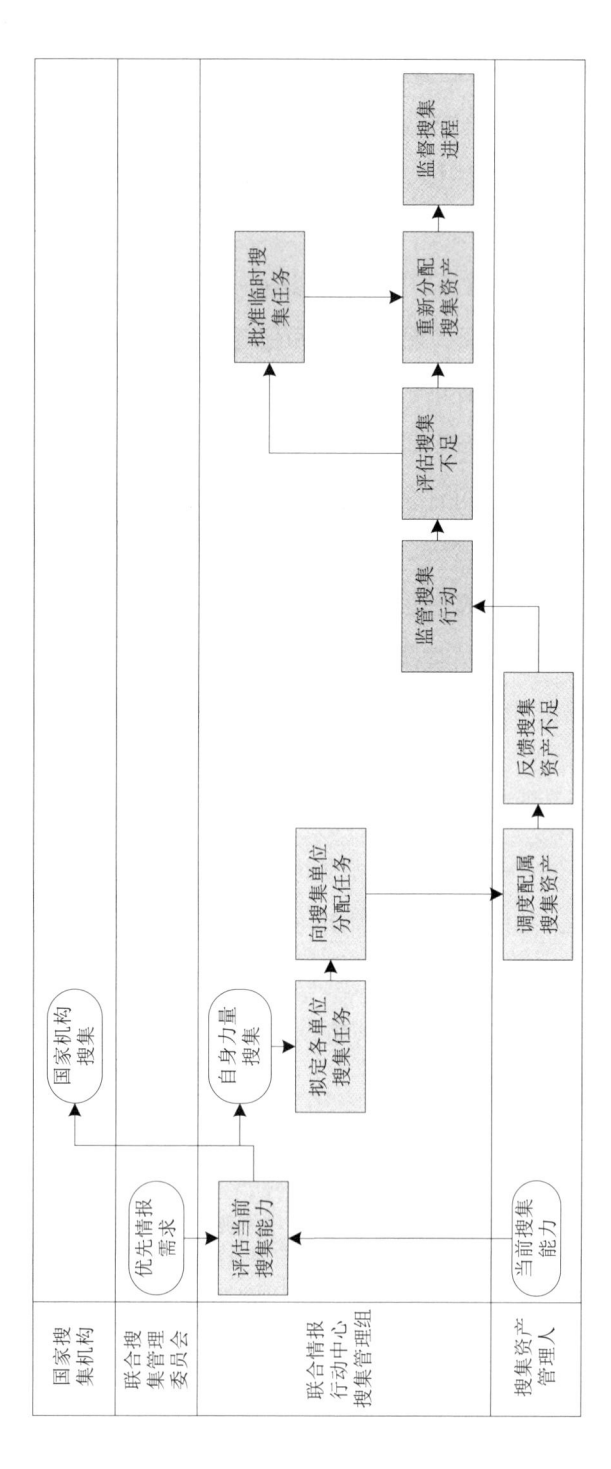

图5.8 印太司令部联合情报行动中心的搜集行动管理[1]

[1] Gordon Schacher, Nelson Irvine and Roger Hoyt, "Joint Intelligence Operations Center (JIOC) Business Process Model & Capabilities Evaluation Methodology", Information Science Department Naval Postgraduate School, CA 93943, 26 March 2012, p.30.

理协调分析生产的具体机构。各级中心作为相应层级"情报分析和生产工作的焦点",其内部情报分析人员主导所在层级具体分析生产工作,管理协调所在层级情报力量进行情报分析生产。[1]

第一,管理协调情报分析。

情报分析是情报产品生产前对信息进行的初步分析和评估(如图5.9所示)。美军认为,管理协调多方力量参与情报分析"能够共享和讨论信息并发现或解决分析中存在的分歧,提高情报质量"[2]。针对具体分析任务的协调管理一般由各级中心相应分析人员负责。分析人员协调本层级各方分析力量以及所需情报专家共同完成分析任务。各级中心在此过程中相互配合,确保能够利用最适合的情报力量完成分析任务。

国家联合作战和情报中心是管理协调联合作战情报分析的国家级焦点。在危机和战时,国家联合作战和情报中心成为"国防情报分析的焦点",代表国防情报局分析处管理联合作战整体情报分析工作,[3]并制定更新《国防情报分析计划》(Defense Intelligence Analysis Program,DIAP)[4]。国家联合作战和情报中心的国防情报局直接支援分队作为"国防情报局分

---

[1] U.S. Joint Chiefs of Staff, Joint Publication 2-01, *Joint and National Intelligence Support to Military Operations*, Washington, D.C.: GPO, 5 July 2017, p.III-57.

[2] U.S. Joint Chiefs of Staff, Joint Publication 2-01, *Joint and National Intelligence Support to Military Operations*, Washington, D.C.: GPO, 5 January 2012, p.III-43.

[3] 国防情报局分析处是国防情报界情报分析领域业务主管,平时负责制定《国防情报分析计划》并按照该计划管理国防情报机构的军事情报分析工作。U.S. Joint Chiefs of Staff, Joint Publication 2-0, *Joint Intelligence*, Washington, D.C.: GPO, 22 October 2013, p.F-1.

[4] 《国防情报分析计划》是指导国防情报机构分析工作的纲领文件,对各作战司令部、各军种以及国防部各情报中心进行任务分工,明确规定了各级情报分析生产机构的分析领域以及相应生产职责。U.S. Joint Chiefs of Staff, Joint Publication 2-01, *Joint and National Intelligence Support to Military Operations*, Washington, D.C.: GPO, 5 July 2017, p.III-12,III-63; U.S. Joint Chiefs of Staff, Joint Publication 2-0, *Joint Intelligence*, Washington, D.C.: GPO, 22 October 2013, p. I-10.

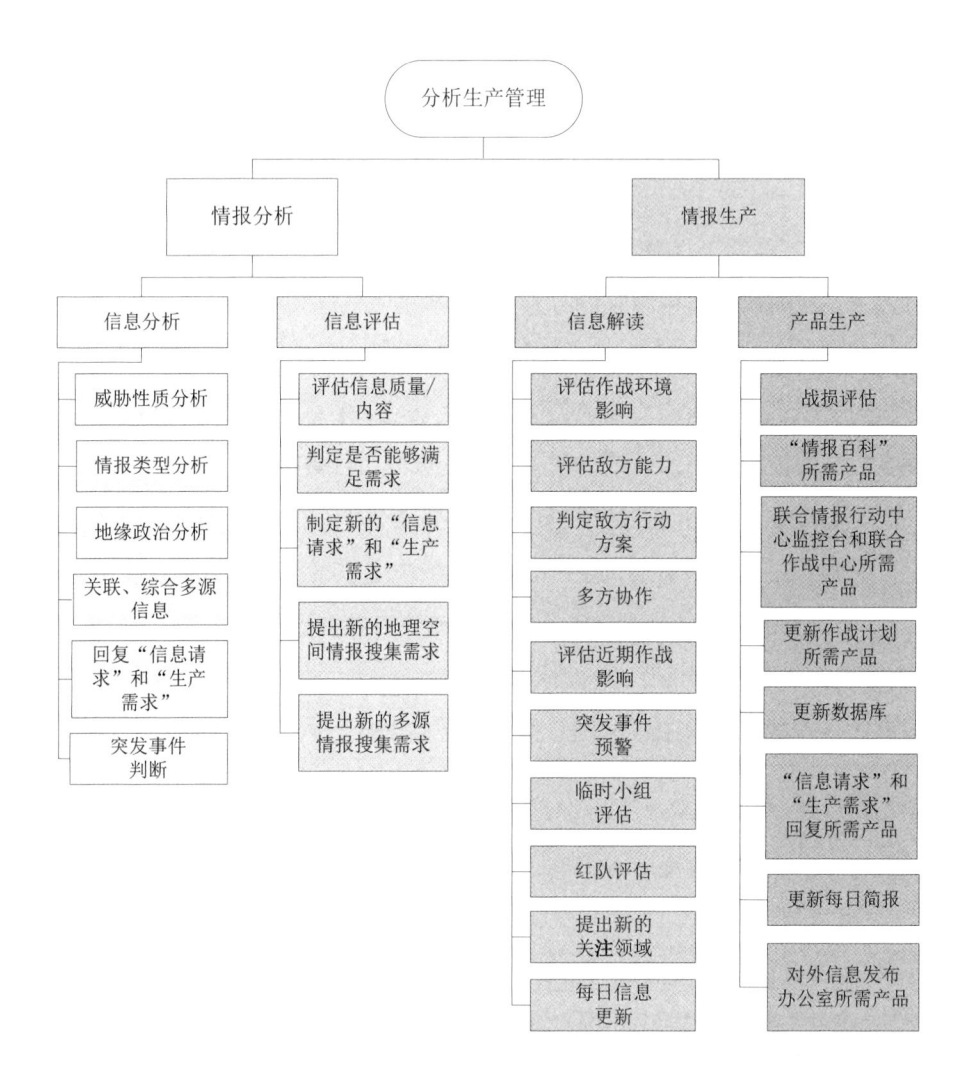

```
                            分析生产管理
                    ┌───────────┴───────────┐
                  情报分析                情报生产
              ┌─────┴─────┐          ┌─────┴─────┐
           信息分析      信息评估      信息解读     产品生产
           ┌────┐      ┌────────┐   ┌────────┐   ┌────────┐
           │威胁性质│   │评估信息质量/│ │评估作战环境│ │战损评估  │
           │分析   │   │内容      │ │影响      │ │         │
           ├────┤   ├────────┤   ├────────┤   ├────────┤
           │情报类型│   │判定是否能够│ │评估敌方能力│ │"情报百科"│
           │分析   │   │满足需求   │ │         │ │所需产品  │
           ├────┤   ├────────┤   ├────────┤   ├────────┤
           │地缘政治│   │制定新的"信│ │判定敌方行动│ │联合情报行│
           │分析   │   │息请求"和"生│ │方案      │ │动中心监控│
           │      │   │产需求"    │ │         │ │台和联合作│
           │      │   │         │ │         │ │战中心所需│
           │      │   │         │ │         │ │产品     │
           ├────┤   ├────────┤   ├────────┤   ├────────┤
           │关联、综│   │提出新的地理│ │多方协作  │ │更新作战计│
           │合多源 │   │空间情报搜集│ │         │ │划所需产品│
           │信息   │   │需求      │ │         │ │         │
           ├────┤   ├────────┤   ├────────┤   ├────────┤
           │回复"信│   │提出新的多源│ │评估近期作战│ │更新数据库│
           │息请求"│   │情报搜集需求│ │影响      │ │         │
           │和"生产│   │         │ │         │ │         │
           │需求"  │   │         │ │         │ │         │
           ├────┤   └────────┘   ├────────┤   ├────────┤
           │突发事件│               │突发事件  │ │"信息请求"│
           │判断   │               │预警      │ │和"生产需│
           │      │               │         │ │求"回复所│
           │      │               │         │ │需产品   │
           └────┘               ├────────┤   ├────────┤
                                 │临时小组  │ │更新每日简│
                                 │评估      │ │报       │
                                 ├────────┤   ├────────┤
                                 │红队评估  │ │对外信息发│
                                 │         │ │布办公室所│
                                 │         │ │需产品   │
                                 ├────────┤   └────────┘
                                 │提出新的  │
                                 │关注领域  │
                                 ├────────┤
                                 │每日信息  │
                                 │更新      │
                                 └────────┘
```

图5.9 联合情报行动中心的分析生产管理职能[1]

---

[1] Gordon Schacher, Nelson Irvine and Roger Hoyt, "Joint Intelligence Operations Center (JIOC) Business Process Model & Capabilities Evaluation Methodology", Information Science Department Naval Postgraduate School, CA 93943, 26 March 2012, p.15.

析处的危机管理办公室",是"联合作战部队在危机期间以及持续军事行动中获取国家和国防情报机构分析支援的单一联络点"。国防情报局直接支援分队与国防情报局分析处沟通,向国防情报机构分配分析任务,必要时与国家情报协调中心协调,获取国家情报机构分析支援。

作战司令部联合情报行动中心是管理协调联合作战情报分析的战区级焦点。作战司令部联合情报行动中心统一指导管理作战司令部、下属司令部以及战区内情报机构的情报分析工作,"根据《国防情报分析计划》向战区内情报机构分配情报分析任务"。一般情况下,中心内分析人员会汇总战区内获取的所有信息进行情报分析,[1]也会根据具体生产需要指定某家或多家专业情报生产机构共同完成情报分析工作。必要时,中心内分析人员会组织战区外所需领域专家进行远程分析协作,获取专业分析支援。

联合特遣部队联合情报支援分队以获取上级作战司令部联合情报行动中心的分析支援为主,按需扩建为战役级联合情报行动中心后,加强了分析力量,能够协调管理联合作战地域内分析工作,并配合其他层级进行分析协作,提供对联合作战地域内空中、地面、海上以及空间等方面的综合分析。

以印太司令部联合情报行动中心对情报分析的管理协调为例(如图5.10所示)。[2]联合情报行动中心分析人员围绕"信息分析"和"信息评估"两方面进行管理协调。分析人员协调所需情报专家处理危机相关信息,分别进行情报类型、威胁性质以及地缘政治分析。分析人员收集汇总多方分析结果,针对需求进行关联和综合分析,回复相应"信息请求"和"生产需求",判断当前突发事件,随之提出临时搜集需求。与此同时,分析人员对情报专家提供的信息质量和内容进行评估。若不能满足需求,分析人员就与下属组

---

[1] Deployable Training Division, Joint Staff J-7, Insights and Best Practice Paper, *Assessment*, Suffolk, VA, July 2017, p.7.

[2] 参考图5.9"联合情报行动中心的分析生产管理职能"相应颜色具体职能。

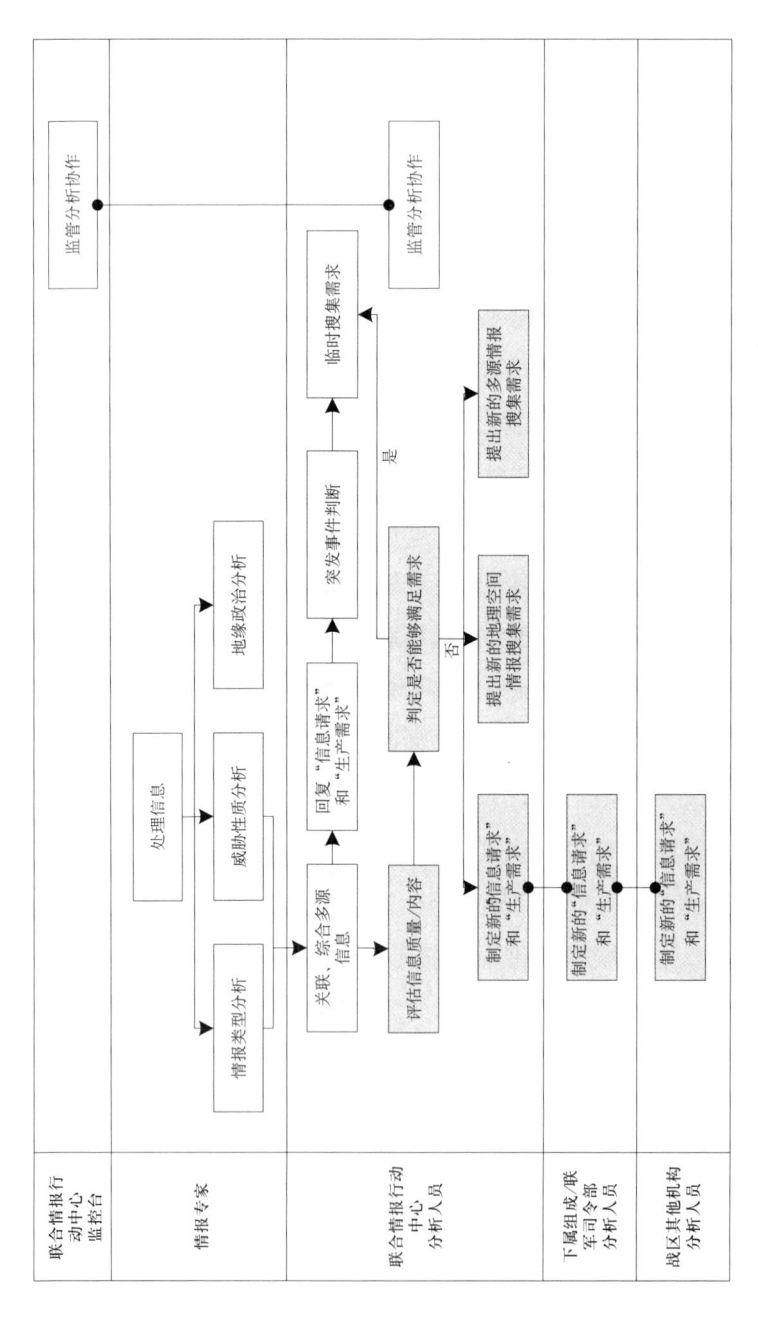

图5.10 印太司令部联合情报行动中心对情报分析的管理协调[1]

[1] Gordon Schacher, Nelson Irvine and Roger Hoyt, "Joint Intelligence Operations Center (JIOC) Business Process Model & Capabilities Evaluation Methodology", Information Science Department Naval Postgraduate School, CA 93943, 26 March 2012, p.34.

成 / 联军司令部分析人员以及战区其他机构分析人员协调，针对当前分析所需信息制定新的"信息请求"和"生产需求"，并据此提出新的地理空间情报以及其他多源情报搜集需求。在此过程中，联合情报行动中心监控台和分析人员同步沟通，协助分析人员监管战区内相关各方的分析协作。

第二，管理协调情报生产。

情报生产可分为"信息解读"以及"情报生产"两方面内容（如图5.9所示）。美军联合作战情报生产工作"由从国家级到下级联合部队各层级情报机构共同完成"[1]，并且"情报产品的生产必须由联合作战部队情报参谋部门协调和指挥，以向请求方提供不重复的情报产品"[2]。联合情报行动中心是情报参谋部门生产中心，负责对具体生产需求、生产方案以及各方生产力量进行协调管理。各级中心接收生产需求并协调筹划相应生产方案。如果现有数据库的情报信息以及正在进行或规划的情报生产无法满足该需求，随即复核确认并进行优先性排序，继而筹划新的生产方案，或是将生产需求发送给相应层级中心进行处理。[3]在此过程中，各级中心会通过作战和计划部门代表，与相应层级作战和计划部门沟通，根据作战计划和正在进行的作战行动持续确定和增补生产需求并跟踪局势发展及时调整和更新情报生产方案。

国家联合作战和情报中心是向联合作战提供国家层级情报产品的总出口，负责协调整体情报生产工作。预警中心接收和处理国家决策者以及联合作战部队的生产需求，一方面与国家情报协调中心等机构沟通，协调所需"国家层面情报机构以及情报生产中心"进行情报生产；另一方面，与相关作战司令部联合情报行动中心沟通，由其负责协调所辖情报力量完成

---

[1] U.S. Joint Chiefs of Staff, Joint Publication 2-01, *Joint and National Intelligence Support to Military Operations*, Washington, D.C.: GPO, 5 July 2017, p.III-40.
[2] Ibid.
[3] Ibid., p.III-64.

生产任务。[1]

作战司令部联合情报行动中心是作战司令部情报生产中心，负责协调作战司令部辖区内机构进行情报生产，是联合作战部队获得情报产品的主要来源。作战司令部联合情报行动中心设有地域方向组专职分析人员，由其负责与该地域作战部队指挥官以及搜集管理人员沟通确定生产需求并协调管理相应情报分析生产工作。如果现有建制内情报资产不能生产，会通过国家联合作战和情报中心与相关国家情报机构以及其他司令部、军种情报机构进行协调筹划生产方案，[2]将情报生产需求发送给相应机构进行处理。

联合情报支援分队是"联合特遣部队获取情报信息的最近节点"。一般情况下，联合情报支援分队"按需从情报数据库抽取作战司令部联合情报行动中心和国家情报机构提供的情报产品"[3]，并尽可能利用接收的现有情报产品或以其为基础进行调整修改，避免重复生产。必要时，联合情报支援分队根据联合特遣部队指挥官需求利用自身情报力量和作战地域内其他情报力量进行新的情报生产。

以印太司令部联合情报行动中心对情报分析生产的管理协调为例（如图5.11所示）。联合情报行动中心分析人员围绕"信息解读"和"产品生产"两方面进行协调管理。[4]分析人员对多源信息进行关联综合，进而评估作战环境影响，并将作战环境相关信息提供给联合作战中心。分析人员进一步处理作战环境相关信息，对敌方能力进行评估，为判定

---

[1] U.S. Joint Chiefs of Staff, Joint Publication 2-01, *Joint and National Intelligence Support to Military Operations*, Washington, D.C.: GPO, 5 July 2017, p.III-62.

[2] U.S. Joint Chiefs of Staff, Joint Publication 2-01, *Joint and National Intelligence Support to Military Operations*, Washington, D.C.: GPO, 5 January 2012, p.III-64.

[3] U.S. Joint Chiefs of Staff, Joint Publication 3-33, *Joint Task Force Headquarter*, Washington, D.C.: GPO, 30 July 2012, p.VI-4.

[4] 参考图5.9"联合情报行动中心的分析生产管理职能"相应颜色具体职能。

敌方行动方案做准备。在判定敌方行动方案过程中，分析人员协调下属组成／联军司令部和国家机构分析人员、联合情报行动中心监控台以及司令部联合作战中心进行多方协作。随后，分析人员评估近期作战影响，并针对不同生产需求进行产品生产。具体工作包括更新每日信息，提供新的每日简报；提出新的关注地域，据此更新作战计划所需产品；进行突发事件预警，提供联合情报行动中心监控台和联合作战中心所需情报产品。

（三）集中处理和分发

"处理和分发"是向指挥官和作战部队提供所需情报信息，将情报信息融入作战，决定了情报能否真正作用于作战，是情报与作战同步配合的重要工作。联合情报行动中心是向联合作战提供情报支援的首要情报组织，负责对作战所需情报信息进行集中处理和分发，确保情报能够被及时获取并同步作用于作战。

1. 集中处理利用

处理利用一般包括"信号解密、密码破译、图像判读、数据转换、文件翻译以及对缴获敌方器材进行技术分析等活动"[1]，对技术要求较高，需要专业技术系统和人员。加之一体化联合作战战场环境复杂，各类传感器等搜集方式多样，处理利用门类繁杂、专业性强的海量战场数据信息所需机构、设备和人员众多，"不仅包括联合部队及其军种（职能）组成部队，而且包括国防部、国家机构，甚至商业公司、外国组织等"[2]，需统一机构进行集中协调。美军规定，情报参谋部门负责"管理相应层级数据处理利

---

[1] U.S. Joint Chiefs of Staff, Joint Publication 2-01, *Joint and National Intelligence Support to Military Operations*, Washington, D.C.: GPO, 5 January 2012, p.III-33.

[2] 任国军：《美军联合作战情报支援研究》，军事科学出版社2010年版，第167页。

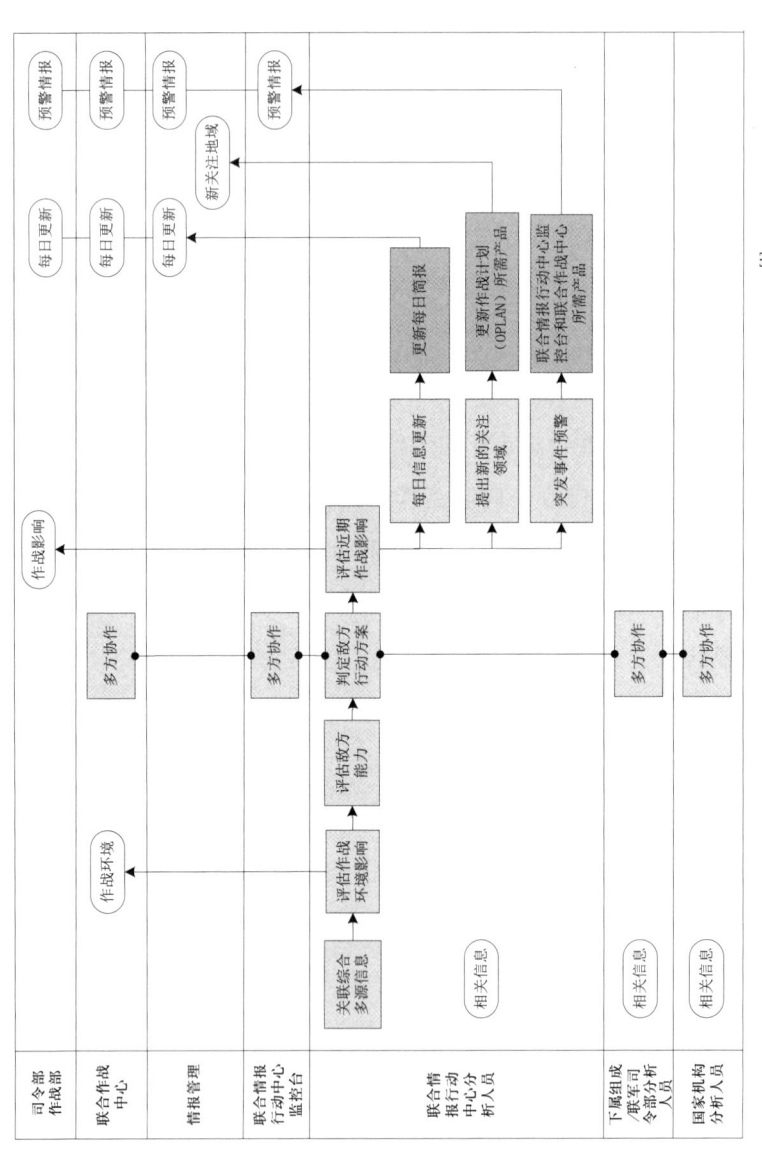

图5.11 印太司令部联合情报行动中心对情报生产的管理协调[1]

---

[1] Gordon Schacher, Nelson Irvine and Roger Hoyt, "Joint Intelligence Operations Center (JIOC) Business Process Model & Capabilities Evaluation Methodology", Information Science Department Naval Postgraduate School, CA 93943, 26 March 2012, p.35.

用系统和能力"[1]。联合情报行动中心是协助情报参谋部门管理各类数据处理利用系统和能力的具体机构，负责协调专业力量集中对人力、信号和图像等各种来源数据信息进行处理利用。各级中心从处理和利用两方面（如图 5.12 所示），对相应层级数据信息进行集中处理利用。

第一，集中协调信息处理。

信息处理主要包括数据转换、需求关联和数据处理等内容（如图 5.12 左侧所示）。联合情报行动中心根据信息类型，与具备相关专业处理能力的机构进行协调，向相关技术系统和人员分配处理任务或组建新的临时处理机构。国家联合作战和情报中心协调"国家地理空间情报局、国家安全局和国家情报主任公开来源情报中心等具备专业搜集处理能力的国家层面情报机构"，根据作战司令部联合情报行动中心发送的处理需求，按信息类型向相应国家机构分配处理任务。一方面，国家联合作战和情报中心接收战区待处理的数据信息，指定相关专业机构进行处理；另一方面，应战区联合部队支援需要，协调专业机构向战区派遣所需国家支援力量实现数据信息的战区内处理。作战司令部联合情报行动中心协调战区内数据信息处理，一般由中心内"反情报/人力情报组"等具体职能单位和"驻中心情报处理专家"负责。中心内相应职能单位向战区内兼具专业数据处理能力的搜集力量分配任务，同时也具备一定程度的独立处理能力，能对部分类型信息数据进行迅速处理。比如就图像情报数据处理而言，联合情报行动中心具备图像处理能力。中心的图像处理专家能够"将截获的数字图像信号以软拷贝形式呈现在联合情报行动中心的图像工作站"，经快速处理"将原始数据转化为可用信息"，并立即向联合作战部队提供。联合特遣部队联合情报支援分队负责协调作战地域内数据信息处理，主要通过"将数

---

[1] U.S. Joint Chiefs of Staff, Joint Publication 2-01, *Joint and National Intelligence Support to Military Operations*, Washington, D.C.: GPO, 5 July 2017, p.III-38.

据信息上传至所在作战司令部联合情报行动中心"[1],或由按需建立的"反情报/人力情报组"等单位进行临时数据处理。此外,作战司令部联合情报行动中心和联合情报支援分队还可根据数据搜集门类,"向国家联合作战和情报中心发送申请"[2],调配相关系统和人员组建专项处理中心,就近对战场信息进行及时处理。此类专项处理中心包括"联合缴获器材加工中心"(JCMEC)、"联合文件加工中心"(JDEC)和"联合审问与汇报中心"等,能够对战场缴获设备、文件和捕获战俘进行就近处理,及时获取重要信息。

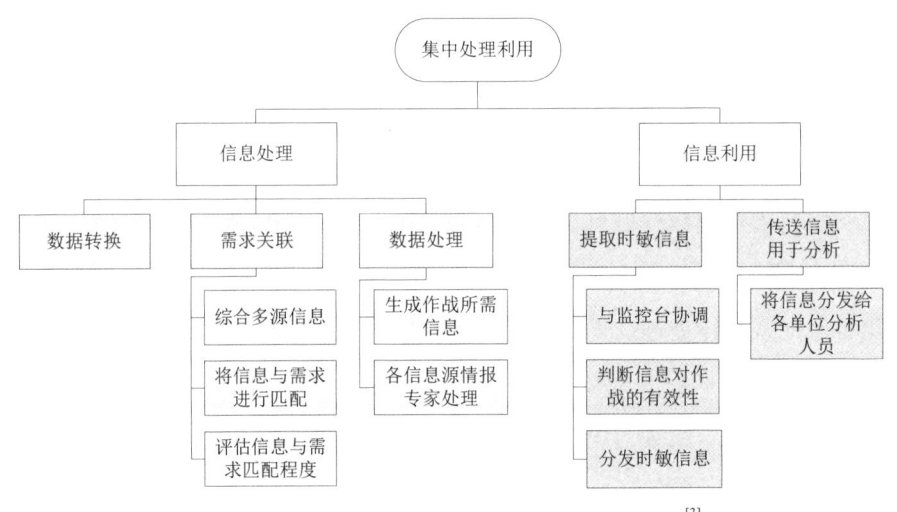

图5.12 联合情报行动中心的集中处理利用职能[3]

---

[1] U.S. Joint Chiefs of Staff, Joint Publication 3-33, *Joint Task Force Headquarter*, Washington, D.C.: GPO, 30 July 2012, p.VI-3.

[2] U.S. Joint Chiefs of Staff, Joint Publication 2-01, *Joint and National Intelligence Support to Military Operations*, Washington, D.C.: GPO, 5 July 2017, p.III-43.

[3] Gordon Schacher, Nelson Irvine and Roger Hoyt, "Joint Intelligence Operations Center (JIOC) Business Process Model & Capabilities Evaluation Methodology", Information Science Department Naval Postgraduate School, CA 93943, 26 March 2012, p.15.

第五章　联合情报行动中心的机构运行 | 151

第二，集中抽取利用信息。

信息抽取利用是"提取所获时敏信息，特别是目标选定、人员营救或威胁预警情报"[1]，并立即发送给相关用户。联合情报行动中心是"按需向联合作战提供定制情报产品的主要组织"[2]。各级中心汇总经过处理的数据信息，根据作战指挥决策需要，集中抽取时效性强的关键性信息及时提供给相应层级指挥官。以人力情报为例。作战司令部联合情报行动中心和联合情报支援分队的"反情报/人力情报组"对战场作战部队搜集到的一手信息进行处理，以人力情报报告形式将经过初步处理后提取的时敏信息及时呈送相关决策者，并将反映战场实时动态的关键性时敏信息与现有信息整合，为实时指挥决策提供可靠依据。

以印太司令部联合情报行动中心的处理利用工作（如图5.13所示）为例。联合情报行动中心情报专家协调下属组成/联军司令部情报力量和国家情报机构进行数据转换，继而综合汇总经过处理的多源信息。情报专家将多源信息与需求进行匹配，评估匹配程度，按需生成作战所需信息，并将相关信息分类交给相应信息源情报专家进行信息利用。各信息源情报专家与监控台协调，判断信息对当前作战的有效性，并抽取时敏信息分发给监控台和联合作战中心等单位，其他信息分发给各单位分析人员进行进一步分析处理。在此过程中，联合情报行动中心情报专家和监控台同步沟通，监管机构间处理协作。

2. 集中分发整合

分发整合是"及时将情报信息以适当形式传递给相应指挥官和作战部队"[3]，

---

[1] U.S. Joint Chiefs of Staff, Joint Publication 2-01, *Joint and National Intelligence Support to Military Operations*, Washington, D.C.: GPO, 5 January 2012, p.III-33.
[2] U.S. Joint Chiefs of Staff, Joint Publication 2-01, *Joint and National Intelligence Support to Military Operations*, Washington, D.C.: GPO, 5 July 2017, p.III-39,III-43.
[3] U.S. Joint Chiefs of Staff, Joint Publication 2-01, *Joint and National Intelligence Support to Military Operations*, Washington, D.C.: GPO, 5 January 2012, p.III-60.

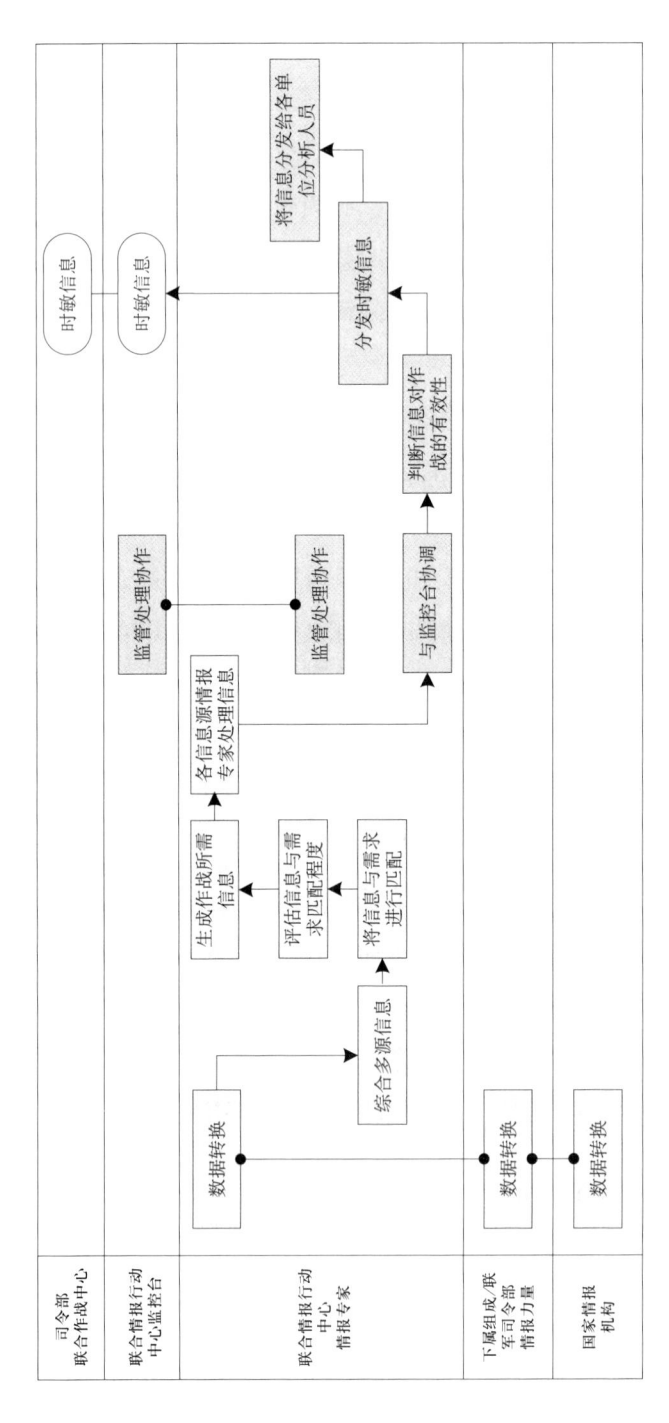

图5.13　印太司令部联合情报行动中心的处理利用工作[1]

[1] Gordon Schacher, Nelson Irvine and Roger Hoyt, "Joint Intelligence Operations Center (JIOC) Business Process Model & Capabilities Evaluation Methodology", Information Science Department Naval Postgraduate School, CA 93943, 26 March 2012, p.34.

是决定情报支援效果的关键环节。美军认为，"情报传递应避免造成用户过载，同时最大限度减小通信载荷"，规定各级情报参谋部门"统一对情报信息向用户的分发整合进行管理"[1]。各级联合情报行动中心作为提供情报产品的"一站式购物中心"，协助相应情报参谋部门，负责具体情报信息的集中分发和整合（如图 5.14 所示）。

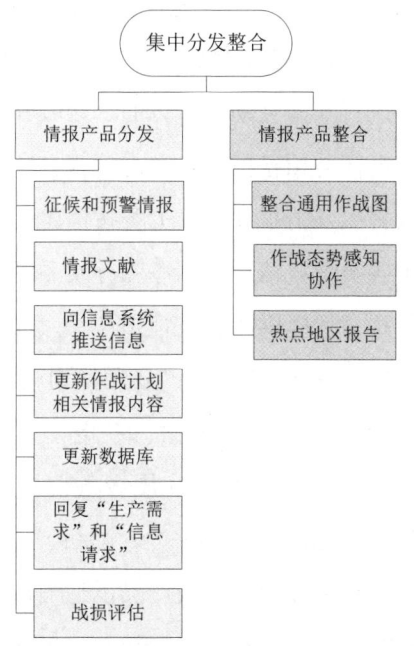

图5.14 联合情报行动中心的集中分发整合职能[2]

第一，集中分发。

分发是"通过情报广播、保密信息工作平台、网络互动对话频道、图

---

[1] U.S. Joint Chiefs of Staff, Joint Publication 2-01, *Joint and National Intelligence Support to Military Operations*, Washington, D.C.: GPO, 5 July 2017, p.III-65.
[2] Gordon Schacher, Nelson Irvine and Roger Hoyt, "Joint Intelligence Operations Center (JIOC) Business Process Model & Capabilities Evaluation Methodology", Information Science Department Naval Postgraduate School, CA 93943, 26 March 2012, p.15.

像产品库、情报数据库和信息通报等将情报产品提供给情报用户"[1]。各级中心负责向相应层级进行集中分发,一般采取"推送和拉取"以及"电子分发和硬件分发"的方式,确保指挥官和作战部队能够以最佳方式及时获取所需情报信息。推送和拉取是情报产品分发的两种形式。推送指的是"上级单位为满足下级单位需求,将情报成品向下传达或是将相关信息转发给下级单位"[2];拉取指的是"直接通过数据端口以电子方式进入数据库、情报文档或是其他资料库获取所需信息"[3]。联合情报行动中心通过推送和拉取与情报用户进行双向互动,一方面,接收和回复作战指挥官实时情报需求,向其推送征候与预警情报、动态情报、一般军事情报、目标情报、科技情报、反情报以及情报评估等七类按需定制的情报产品;另一方面,通过维护和利用各类情报信息数据库和分发系统,允许所有在线用户按需及时拉取各方情报力量提供的相关情报产品。此外,各级中心采取电子分发和硬件分发方式,并由中心内"分发计划管理人"(Dissemination Program Manager,DPM)负责具体安排。就电子分发而言,分发计划管理人负责"管理情报分发系统,为相应层级各情报接收单位设定邮件地址、自动化信息处理系统地址并进行相关安全认证"[4],并与各级中心内情报需求相关单位协调,根据需求将情报产品以适当形式及时传递给所需情报用户。[5]就硬件分发而言,分发计划管理人"与管理硬件运送的作战司令部作战部(J-3)和后勤部(J-4)协调","制定硬件运送分发的具体流

---

[1] U.S. Joint Chiefs of Staff, Joint Publication 2-01, *Joint and National Intelligence Support to Military Operations*, Washington, D.C.: GPO, 5 January 2012, p.III-33.

[2] U.S. Joint Chiefs of Staff, Joint Publication 2-01, *Joint and National Intelligence Support to Military Operations*, Washington, D.C.: GPO, 5 July 2017, p.III-67.

[3] Ibid.

[4] Ibid.

[5] U.S. Joint Chiefs of Staff, Chairman of the Joint Chiefs of Staff Instruction (CJCSI) 3340.2B, *Joint Enterprise Integration of Warfighter Intelligence*, Washington, D.C.: GPO, 24 October 2013, p.A-1.

程计划"并监管实施。[1]

第二，集中整合。

整合是"及时将情报信息以易于理解和有助于各级指挥官迅速决策的形式融入作战"[2]，其主要方式是由联合情报行动中心通过"通用作战图"[3]实现。通用作战图"能够接收、连接和显示所有可用作战信息，集中呈现战略、战役和战术三个作战层级作战环境相关的各类别情报信息"[4]。各级中心作为相应层级信息输入端口，将各级情报信息以及时呈现的方式在通用作战图上进行集中整合，并实时更新作战环境相关情报信息，确保各层级作战指挥官同步获取全方位作战环境信息。

以印太司令部联合情报行动中心分发整合工作（如图 5.15 所示）为例[5]。印太司令部联合情报行动中心分发计划管理人和情报分析人员紧密协作，对分析生产的各类情报产品进行集中分发整合——将预警情报分发至联合情报行动中心监控台、司令部联合作战中心、作战和计划部门以及下属组成司令部/联军司令部；更新数据库相关产品；将新数据收入情报文献；将战损评估产品发送给司令部联合作战中心、作战和计划部门；根据新的作战计划相关信息更新作战计划相关情报内容，并发送给司令部作战和计划部门更新作战计划；将监控台和联合作战中心所需情报产品录入信息系统进行推送。联合情报行动中心情报管理相关单位接收相关信息，整合通用作战图，更新监

---

[1] U.S. Joint Chiefs of Staff, Joint Publication 2-01, *Joint and National Intelligence Support to Military Operations*, Washington, D.C.: GPO, 5 July 2017, p.III-69.
[2] Ibid., p.III-70.
[3] "通用作战图（Common Operational Picture, COP）是美军实现情报与作战整合的主要方式之一。"U.S. Joint Chiefs of Staff, Joint Publication 2-01, *Joint and National Intelligence Support to Military Operations*, Washington, D.C.: GPO, 5 July 2017, p.III-70. 本章第二节"情报与作战整合"对通用作战图具体原理进行了阐释。
[4] U.S. Joint Chiefs of Staff, Joint Publication 2-01, *Joint and National Intelligence Support to Military Operations*, Washington, D.C.: GPO, 5 July 2017, p.III-70.
[5] 参考图 5.14"联合情报行动中心的集中分发整合职能"相应颜色具体职能。

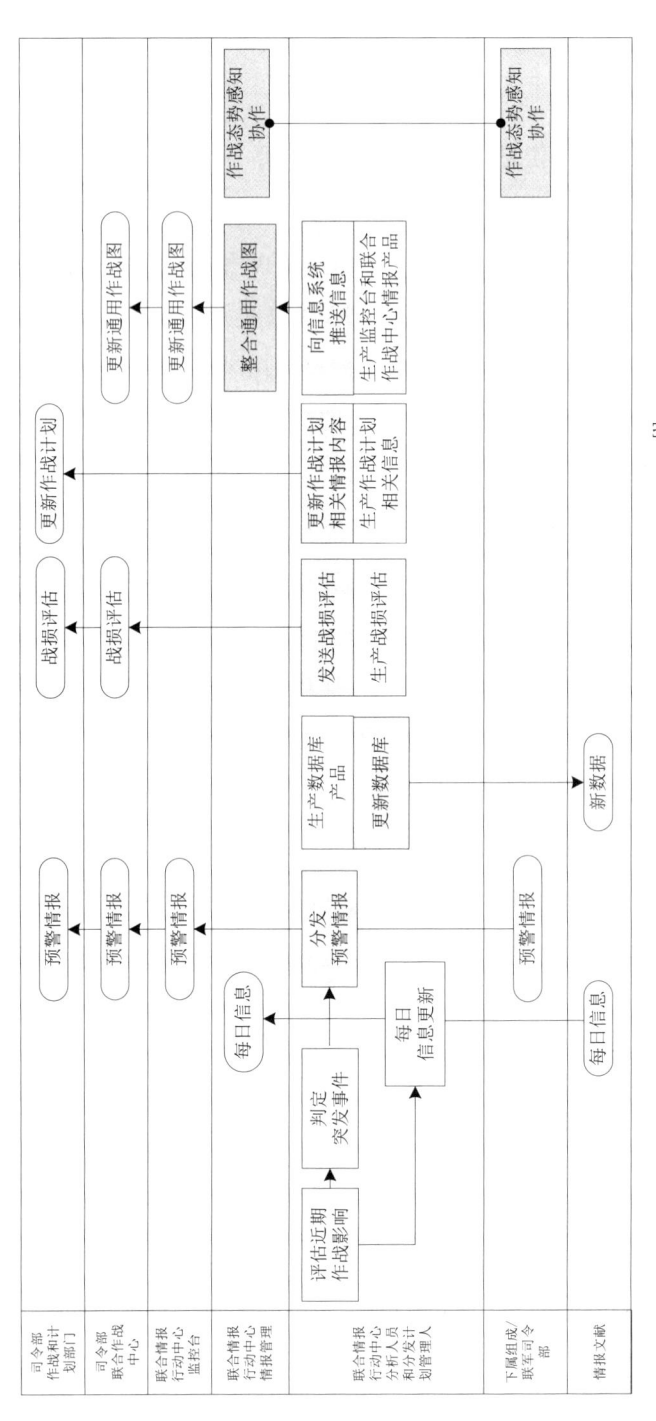

图5.15　印太司令部联合情报行动中心的分发整合工作[1]

[1] Gordon Schacher, Nelson Irvine and Roger Hoyt, "Joint Intelligence Operations Center (JIOC) Business Process Model & Capabilities Evaluation Methodology", Information Science Department Naval Postgraduate School, CA 93943, 26 March, 2012 pp.45-46.

控台和联合作战中心的通用作战图。在整合过程中，中心情报管理相关单位协调下属组成／联军司令部提供实时信息进行作战态势感知协作。

三、统筹各类情报信息

联合情报行动中心作为提供情报支援的首要情报组织，是"联合作战指挥官和部队获取情报的主要渠道"[1]。美军赋予联合情报行动中心的主要职责之一是"整合所有国防部情报职能和情报门类，实现全部来源情报可在规定时间点、以适当形式被获取，以有效支援作战计划和实施"[2]。按照美军"情报系列"联合出版物相关规定，情报信息"按搜集来源可分为人力情报、图像情报、测量与特征情报、信号情报、公开来源情报、技术情报和反情报等七种来源（7 Disciplines of Intelligence）"[3]；"按生产用途可分为征候与预警情报、动态情报、一般军事情报、目标情报、科技情报、反情报、情报评估以及身份情报等8个门类（8 Categories of Intelligence）"[4]。联合情报行动中心作为情报信息的"一站式购物中心"，负责统筹各种来源和门类的情报信息，"向作战提供来自作战司令部、下属司令部以及国家情报界的所有情报信息"[5]。联合情报行动中心以"改进全源分析和多门类情报"[6]为主要

---

[1] U.S. Joint Chiefs of Staff, Joint Publication 2-03, *Geospatial Intelligence in Joint Operations*, Washington, D.C.: GPO, 5 July 2017, p.IV-8.
[2] U.S. Joint Chiefs of Staff, Joint Publication 2-01, *Joint and National Intelligence Support to Military Operations*, Washington, D.C.: GPO, 5 July 2017, p.II-5.
[3] U.S. Joint Chiefs of Staff, Joint Publication 2-0, *Joint Intelligence*, Washington, D.C.: GPO, 22 October 2013, p.B-1.
[4] U.S. Joint Chiefs of Staff, Joint Publication 2-01, *Joint and National Intelligence Support to Military Operations*, Washington, D.C.: GPO, 5 July 2017, p.III-49.
[5] U.S. Joint Chiefs of Staff, Joint Publication 2-01, *Joint and National Intelligence Support to Military Operations*, Washington, D.C.: GPO, 7 January 2012, p.III-7.
[6] U.S. Joint Chiefs of Staff, Joint Publication 2-01, *Joint and National Intelligence Support to Military Operations*, Washington, D.C.: GPO, 5 July 2017, p.II-15.

职责之一，其情报信息统筹工作具有"全源性"和"全门类"两个特点。

（一）全源性信息来源

全源性是指"汇集了所有信息来源"[1]，通常包括"人力情报、图像情报、测量与特征情报、信号情报以及公开来源等"[2]。全源性的优点在于能够根据作战需要，针对各种情报来源的特色优势和局限性进行灵活选择和综合利用。[3] 美军认为，"综合利用各情报来源可以实现不同情报来源相互补充和验证，避免因持续依靠单一情报来源被敌方识破并反制，并能为满足情报需求寻求最适合的方案"[4]。实现"全源"，不仅要搜集多种来源信息，更要对所有来源信息进行全源分析。美军在《重塑国防情报》中称，建立联合情报行动中心能够"提升各种来源情报信息搜集能力"并"改进全源分析以更好预测威胁，提供来袭预警"[5]。各级中心通过搜集管理和全源分析相关单位，"能够为'上至国家指挥当局下到战术指挥官'各指挥层级提供完整的（按需）定制的全源情报"[6]，使联合情报中心整个机构

---

[1] U.S. Joint Chiefs of Staff, Joint Publication 1-02, *Department of Defense Dictionary of Military and Associated Terms*, Washington, D.C.: GPO, August 2017, p.15.

[2] U.S. Joint Chiefs of Staff, Joint Publication 2-01, *Joint and National Intelligence Support to Military Operations*, Washington, D.C.: GPO, 5 July 2017, p.III-38.

[3] 16th International Command and Control Research and Technology Symposium, *All-source Information Management and Integration for Improved Collective Intelligence Production*, 16th ICCRTS "Collective C2 in Multinational Civil-Military Operations" Québec City, Canada, June 21–23, 2011, p.5.

[4] U.S. Joint Chiefs of Staff, Joint Publication 2-01, *Joint and National Intelligence Support to Military Operations*, Washington, D.C.: GPO, 5 January 2012, p.III-33.

[5] U.S. Office of the Secretary of Defense, Public Affairs Office, "Remodeling Defense Intelligence (RDI) Initiative Fact Sheet", 22 March 2006, http://www.defenselink.mil/home/pdf/RDI-Fact-Sheet.pdf.

[6] U.S. Joint Chiefs of Staff, Joint Publication 2-0, *Doctrine for Intelligence Support to Joint Operations*, Washington, D.C.: GPO, 9 March 2000, p.IV-2.

体系成为"世界上典型的全源情报组织之一"[1]。

国家联合作战和情报中心负责协调国家层级情报机构各种搜集来源的情报信息进行全源分析处理。就不同情报来源专业机构分布情况而言，地理空间情报、信号情报以及人力情报等专业领域权威——国家地理空间情报局、国家安全局和中央情报局等，均属国家层级机构。[2]国家联合作战和情报中心的预警中心负责根据作战需要协调获取国家层级各种来源情报信息并进行全源分析，是一个"全天候运行的全源情报中心"，能够根据实时动态局势"向国防部长办公室、参联会主席、联合参谋部、各军种、各作战司令部和已部署的作战部队提供全源情报"[3]。

作战司令部联合情报行动中心是战区"全源情报分析和搜集管理的焦点"[4]，负责统筹作战司令部全源情报工作，是"满足作战司令部总司令和下级联合部队指挥官全源情报需求的核心机构"[5]。作战司令部联合情报行动中心协调获取所辖战区和职能区域内多种来源情报信息，由"全源分析组"不同来源情报专家和分析人员集中进行全源处理分析。各种情报来源相关专家汇商后，将不同来源情报信息与已有情报信息进行对比并录入相应类型的数据库。分析人员整合不同数据库各种来源情报，利用相应科学方法进行分析，对比甄别不同来源情报信息，评估情报来源的可靠性和可信度，并进行预测和判断，提供尽可能全面和准确的全源情报信

---

[1] L. H. Rémillard, The "All-Source" Way of Doing Business—The Evolution of Intelligence in Modern Military Operations, Canadian Military Journal, Autumn 2007, p.2.

[2] U.S. Joint Chiefs of Staff, Joint Publication 2-03, Geospatial Intelligence in Joint Operations, Washington, D.C.: GPO, 5 July 2017, p.II-1.

[3] U.S. Joint Chiefs of Staff, Joint Publication 2-01, Joint and National Intelligence Support to Military Operations, Washington, D.C.: GPO, 5 July 2017, p.II-12.

[4] U.S. Joint Chiefs of Staff, Joint Publication 3-33, Joint Task Force Headquarter, Washington, D.C.: GPO, 30 July 2012, p.VI -2.

[5] U.S. Joint Chiefs of Staff, Joint Publication 2-01, Joint and National Intelligence Support to Military Operations, Washington, D.C.: GPO, 5 January 2012, p.III-54.

息。此外，作战司令部联合情报行动中心还可通过"直接向国家联合作战和情报中心发送信息请求"或是通过"驻中心的国家情报机构代表"，从国家层级获取所需来源的情报信息，并"与其他战区或国家级情报机构协作进行全源情报分析生产"，是下级联合部队获得全源情报产品的主要来源。[1]

联合特遣部队联合情报支援分队是"联合特遣部队全源情报工作的核心机构"[2]。联合情报支援分队汇总整理来自作战司令部联合情报行动中心和国家情报机构的全源情报信息，按需从情报数据库抽取定制的情报信息，"确保联合特遣部队及时获取作战司令部和国家情报机构全源信息"[3]。必要时，联合情报支援分队会根据下级联合部队或联合特遣部队指挥官需求，成立"搜集行动管理"和"空中、海上等各战斗序列全源分析组"等单位，利用自有情报能力进行全源搜集和分析，以便充分利用任务区内各类情报力量获取和整合全源情报信息，"在有限时间内为任务区内情报用户提供适当形式的全源情报"[4]。

以印太司令部联合情报行动中心的全源情报工作（如图5.16所示）为例。印太司令部联合情报行动中心统筹战区内全源情报工作。中心全源分析组的分析人员[5]提出全源搜集需求，要求战区内各方力量搜集多种来

---

[1] U.S. Joint Chiefs of Staff, Joint Publication 2-01, *Joint and National Intelligence Support to Military Operations*, Washington, D.C.: GPO, 5 July 2017.

[2] U.S. Joint Chiefs of Staff, Joint Publication 3-33, *Joint Task Force Headquarter*, Washington, D.C.: GPO, 30 July 2012, p.VI-2.

[3] U.S. Joint Chiefs of Staff, Joint Publication 2-0, *Joint Intelligence*, Washington, D.C.: GPO, 22 October 2013, p.xv.

[4] U.S. Joint Chiefs of Staff, Joint Publication 2-01, *Joint and National Intelligence Support to Military Operations*, Washington, D.C.: GPO, 7 October 2004, p.II-6.

[5] 太平洋司令部联合情报行动中心也将其直接称为"全源分析人员"，并在中心内每个方向组都配有全源分析人员。Tyler Akers, "Taking Joint Intelligence Operations to the Next Level", *Joint Force Quarterly*, Issue 47, 4th Quarter 2007, p.70.

第五章　联合情报行动中心的机构运行 | 161

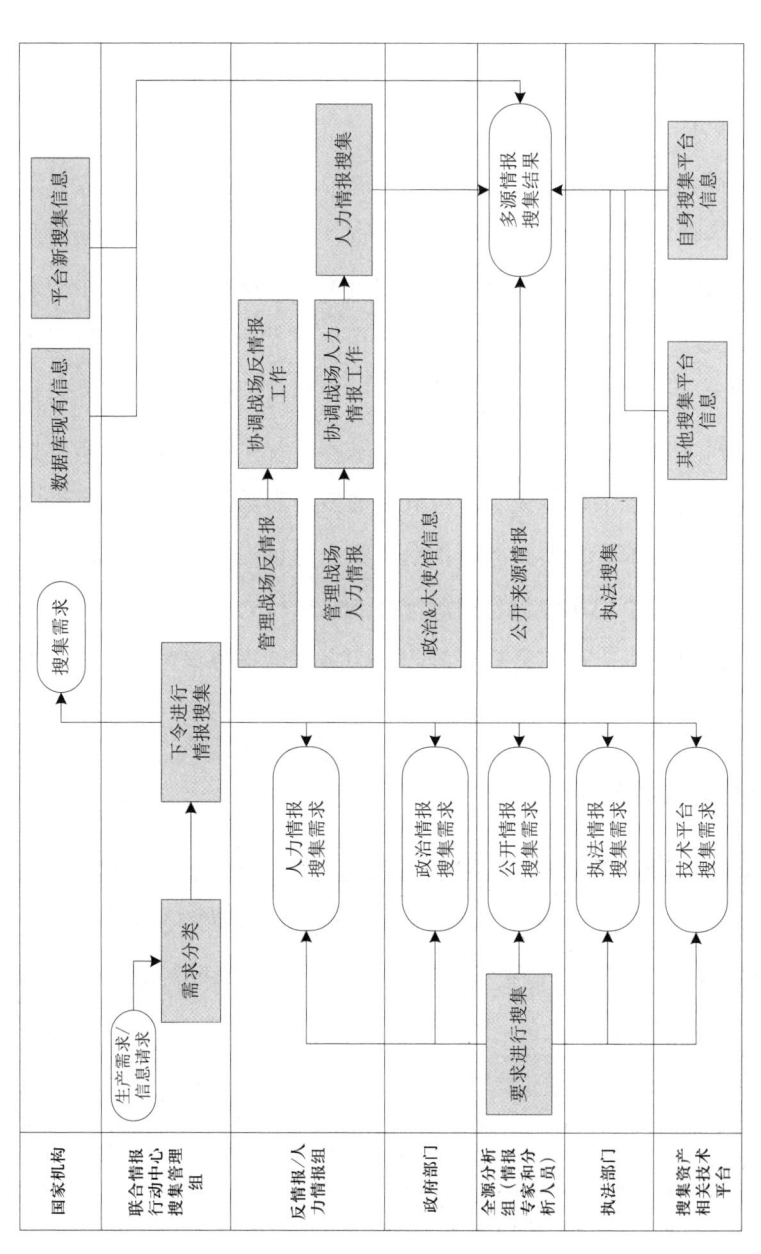

图5.16　印太司令部联合情报行动中心的全源情报工作[1]

[1] Gordon Schacher, Nelson Irvine and Roger Hoyt, "Joint Intelligence Operations Center (JIOC) Business Process Model & Capabilities Evaluation Methodology", Information Science Department Naval Postgraduate School, CA 93943, 26 March 2012, p.31.

源情报。同时，联合情报行动中心搜集管理组对接收到的生产需求和信息请求进行分类处理，并结合分析人员提出的搜集需求进行搜集任务分配。搜集管理组一方面向国家机构发送需国家搜集力量支援的相关搜集需求，另一方面向战区内各方力量下达搜集任务。人力情报搜集需求由反情报/人力情报组负责，该组能够管理和协调战场反情报和人力情报工作，获取人力情报；政治情报搜集需求由政府部门负责，能够提供相关政治信息和大使馆信息；执法情报搜集需求由执法部门负责，能够提供在执法中获取的相关信息；技术平台搜集需求由搜集资产相关技术平台负责，能够提供司令部自身技术平台以及战区内其他技术平台搜集到的信息；公开情报搜集需求则由分析人员自身负责，从广播和报纸等公开媒介获取公开来源情报。此外，国家机构也根据搜集管理组发送的搜集需求，提供相关数据库现有信息以及相应技术平台搜集的新信息。各方力量提供的不同来源情报信息由联合情报行动中心相应信息来源情报专家进行处理，并交给分析人员集中汇总分析。分析人员综合分析接收到的多源情报搜集结果，最终提供完整准确的全源情报。

（二）全门类情报产品

全门类是指涵盖了情报生产中不同用途情报产品的所有类别，包括征候与预警情报、动态情报、一般军事情报、目标情报、科技情报、反情报、情报评估以及身份情报等 8 个门类[1]。联合情报行动中心作为"需求和产品的结算地"，能够"将所有门类情报产品都整合在一条指挥链下"[2]，并按需提供相应门类的情报产品。各级中心内"征候与预警

---

[1] U.S. Joint Chiefs of Staff, *Joint Publication 2-01, Joint and National Intelligence Support to Military Operations*, Washington, D.C.: GPO, 5 July 2017, p.III-49.

[2] U.S. Office of the Secretary of Defense, Public Affairs Office, "Joint Intelligence Operations Center (JIOC) Fact Sheet", 22 March 2006, http://www.defenselink.mil/home/pdf/JIOC-Fact-Sheet.pdf.

情报"和"目标情报"等相应单位负责具体门类情报产品生产，并就某具体类别情报产品开展不同层级间的生产协作（如表5.1所示）。

表5.1 联合情报行动中心提供情报产品的主要门类以及各级分工[1]

情报门类 各级分工	征候与预警情报	动态情报	一般军事情报	目标情报	情报评估
国家联合作战和情报中心	全球预警的首要机构	国家级整合枢纽	全球部署相关报告；国家级整合中心	对目标打击和战损评估相关信息请求进行回复	国家级整合分析枢纽；回复相关信息请求
战区和职能作战司令部联合情报行动中心	战区级预警机构	管理战区情报专家；建设战区按需定制的数据库	管理情报资产和数据库	作战司令部目标开发、分析和标定	整合分析国家级和战区级情报信息
	接收全球预警事件	监控更新全球范围职能领域内情报信息	职能领域相关定制情报	职能领域相关信息	形成职能领域相关信息需求
联合特遣部队联合情报支援分队	接收并报告预警事件	基于任务的情报评估；对信息需求进行优先性排序	为作战计划的情报附件补充相关信息	目标筛选	战场详细信息；战场即时情报评估

以征候与预警情报、动态情报和目标情报为例。[2]

征候与预警情报是"通过整合作战与情报信息、评估敌对行动发生

---

[1] 该表格列出了联合情报行动中心的 5 类情报产品。其他 3 类分别是：科技情报、反情报以及身份情报。科技情报是"有战争潜在用途的外国科技发展情况"；反情报是"由多种情报手段组成的对反情报威胁进行的分析"；身份情报是"身份特征（与个人有关的生物、传记、行为和信誉等相关信息）以及通过与其他所有情报门类进行关联得到的与身份特征相关的情报信息"。这 3 类情报产品因其所属类型专业性强、保密程度高，所以目前联合情报行动中心情报产品生产相关材料很少涉及这 3 类情报产品的生产分工。因此，本书以其他 5 类情报产品为主进行梳理总结。
[2] 联合情报行动中心的机构组建模块中列出了"征候与预警情报""目标情报"以及负责动态情报的"全源分析"相关单位，所以本书以这 3 类情报产品生产为例进行详细阐述。

的可能性进行适时预警，以便先发制人、应对反击或减缓敌对行动所致影响"[1]。美军认为在动荡多变的国际环境中，征候与预警情报能够针对全维潜在威胁及时采取行动，是支援作战部队的重要内容，也是伊拉克战争后国防情报转型重点加强的主要情报能力之一。[2] 国家联合作战和情报中心是美军全球范围征候与预警系统的主要成员，是各战区征候与预警系统的总控台。国家联合作战和情报中心的预警中心"一周7天、一天24小时运转"[3]，监控全球局势，进行全天候预警。预警中心内各作战司令部席位负责对相应战区实施全时监控预警。作战司令部联合情报行动中心是就所辖区域和职能领域提供征候与预警情报或相关情报信息的战区级枢纽。战区作战司令部联合情报行动中心是美军征候与预警系统的战区平台，其预警组负责向战区作战司令部总司令和参谋人员提供战区内征候与预警情报。职能作战司令部联合情报行动中心接收危机事件征候与预警情报，并由中心预警组根据司令部担负的具体职能任务跟踪相关危机事件发展情况，就影响职能任务的因素对征候与预警情报进行补充。联合特遣部队联合情报支援分队接收征候与预警情报，并由分队监控台持续监控任务区内影响局势的危机事件，实时向国家联合作战和情报中心、战区作战司令部联合情报行动中心提供尽可能翔实具体的危机事件报告。[4]

动态情报是"生产和分发的关于特定地区动态局势的全源情报"[5]。

---

[1] U.S. Joint Chiefs of Staff, Joint Publication 2-01, *Joint and National Intelligence Support to Military Operations*, Washington, D.C.: GPO, 5 July 2017, p.III-49.

[2] Judy G. Chizek, *Military Transformation: Intelligence, Surveillance and Reconnaissance*, Report for Congress, January 17, 2003, p.32.

[3] U.S. Joint Chiefs of Staff, Joint Publication 2-01, *Joint and National Intelligence Support to Military Operations*, Washington, D.C.: GPO, 5 July 2017, p.II-12.

[4] U.S. Joint Chiefs of Staff, Joint Publication 3-10, *Joint Security Operations in Theater*, Washington, D.C.: GPO, 13 November 2014, p.III-12.

[5] U.S. Joint Chiefs of Staff, Joint Publication 2-01, *Joint and National Intelligence Support to Military Operations*, Washington, D.C.: GPO, 5 July 2017, p.III-51.

"动态情报和征候与预警情报相似,都是通过不断监控全球事件动态和作战司令部任务区内具体活动进行获取。"[1]国家联合作战和情报中心是提供动态情报的国家级枢纽。其预警中心作为全源情报中心,能够整合国家级情报机构和各作战司令部不同搜集来源的实时情报信息,根据局势发展同步进行动态情报分析生产。预警中心内直接支援分队专门负责为动态局势提供深度情报分析,能够"对危机事态发展提供持续评估"[2]。作战司令部联合情报行动中心是提供特定地区具体事件相关动态情报的战区级枢纽。[3]战区作战司令部联合情报行动中心管理战区情报专家、建设战区按需定制的数据库,其全源分析组能够就战区内危机事件发展汇总各种来源信息,同步进行分析评估。职能作战司令部联合情报行动中心负责监控和更新全球范围职能领域内情报信息,其全源分析组就特定区域具体事件提供相关职能领域实时情报信息并根据事件动态发展持续同步更新。联合特遣部队联合情报支援分队负责持续提供作战地域内应对危机进行相关任务所需的实时情报信息。联合情报支援分队一方面就信息缺口向上级作战司令部联合情报行动中心发送经过优先性排序的情报请求,获取国家和战区情报支援;另一方面,持续向上级作战司令部联合情报行动中心提供战场实时信息,更新相关数据库。[4]

目标情报是"为了支援联合目标打击,描绘和锁定某一目标或目标群及其网络体系和保障性基础设施所需相关信息"[5]。国家联合作战和情

---

[1] U.S. Joint Chiefs of Staff, Joint Publication 2-01, *Joint and National Intelligence Support to Military Operations*, Washington, D.C.: GPO, 5 July 2017, p.III-51.

[2] Ibid., p.II-13.

[3] U.S. Joint Chiefs of Staff, Joint Publication 2-01, *Joint and National Intelligence Support to Military Operations*, Washington, D.C.: GPO, 7 January 2012, p.II-4.

[4] U.S. Joint Chiefs of Staff, Joint Publication 2-01, *Joint and National Intelligence Support to Military Operations*, Washington, D.C.: GPO, 5 July 2017, p.III-47.

[5] Ibid., p.III-55.

报中心是协调国家地理空间情报局等国家情报机构提供目标情报的国家级枢纽，能够回应作战司令部目标情报请求，提供国家层级目标打击定位信息以及战损评估目标分析等。作战司令部联合情报行动中心是提供具体目标情报的战区级枢纽。战区作战司令部联合情报行动中心作为战区目标情报的权威机构，负责协调战区内各情报机构就目标情报生产需求和战损评估需求进行生产。其"目标组"负责战区级目标开发、分析和标定以及目标数据库建设等工作，能够为战区总司令和责任区内作战部队提供详细的目标资料和战损评估目标分析。职能作战司令部联合情报行动中心为战区作战司令部联合情报行动中心的目标情报工作提供信息支援。其"目标组"为作战部队提供所辖专业职能领域的目标资料，协助战区"目标组"进行目标开发、分析和标定以及目标数据库建设。联合特遣部队联合情报支援分队是联合作战地域目标情报工作的焦点。一方面，联合情报支援分队"目标组"主要从上级作战司令部联合情报行动中心获取目标情报并进行目标筛选，必要时利用自身力量获取目标信息进行分析，及时提供战场任务所需目标情报支援。另一方面，联合情报支援分队向上级作战司令部联合情报行动中心回传具体目标信息，[1]以支持战区目标开发和数据库建设等。

第二节 情报与作战整合

情报与作战整合以情报内部整合为基础，是情报与作战一体化的重要

---

[1] U.S. Joint Chiefs of Staff, Joint Publication 3-33, *Joint Task Force Headquarter*, Washington, D.C.: GPO, 30 July 2012.

内容之一，也是信息化时代将情报能力转化为战斗力的关键。情报内部整合"将所有情报信息、机构以及行动统一在一条指挥链下"[1]，使美军能够应作战所需有序调配情报力量、并行开展情报行动并及时提供定制情报信息，也对美军实现信息化时代情报与作战高度整合提出了要求。美军认为，信息化时代的战争主要涉及物理域、信息域和认知域。[2] 物理域是"在陆地、海洋、空中和太空等环境中实施打击、保护和机动的领域"；信息域是"创造、处理和共享信息的领域"；认知域是"知觉、感知、理解、信仰和价值观等存在的意识领域"。从传统意义上讲，作战主要存在于物理域和认知域，分别表现为作战行动和作战决策；而情报过去主要以信息的形式存在于信息域，随着美军情报观念的转变，情报正逐渐融入认知域并作用于作战决策。信息化时代的战争，要求情报与作战实现以效能倍增为目标的高度一体。这需要情报与作战以不同形式全面融入物理域、信息域和认知域。信息域不再是"情报唯一"的领域，[3] 而认知域和物理域也不再是作战计划和实施的专属领地。美军建立联合情报行动中心专门负责"将情报和传统作战行动和计划职能更紧密地整合在一起"[4]，实现情报和作战在战争全域同步配合、交互相济。情报监视侦察、战场态势感知以及情报行动筹划分别处于各域交汇处（如图5.17所示），并且兼具情报与作战属性，是情报与作战以不同形式同步相济的交汇点。联合情报行动中心统筹这三项活动，使作战融入信息域，以作战行动的形式参与情报信息搜集；使情报融入物理域和认知域，以情报行动的形式支援作战行动，并以

---

[1] U.S. Office of the Secretary of Defense, Public Affairs Office, "Joint Intelligence Operations Center (JIOC) Fact Sheet", 22 March 2006.
[2] 《网络中心战——美国国防部呈国会报告》，军事谊文出版社2009年版，第33页。
[3] Tyler Akers, "Taking Joint Intelligence Operations to the Next Level", *Joint Force Quarterly*, Issue 47, 4th Quarter 2007, p.69.
[4] U.S. Office of the Secretary of Defense, Public Affairs Office, "Joint Intelligence Operations Center (JIOC) Fact Sheet", 22 March 2006.

认知情报的形式影响作战决策。联合情报行动中心通过这种方式打破了影响情报与作战整合的传统局限，使情报与作战以不同形式实现跨域整合，在战争全域同步相济，达到了效能倍增的高度一体。

一、统筹情报监视侦察，跨域整合作战行动与情报信息

情报监视侦察是"同步整合传感器、搜集人员和设备、处理利用和分发系统相关计划和活动，以直接支援当前和未来作战的活动"[1]，简称为"情监侦"。美军认为，"情监侦能够对威胁进行全球监控，将各种类型情报信息融入一幅图像，提供有关敌方的更多深层详细信息并对特殊目标进行长时间持续监控"[2]。情监侦能够持续与作战同步实施，使情报支援成为一种可以全天候实施的作战行动，是美军实现情报行动化的关键。[3] 情监侦是"兼具情报和作战职能"[4]的侦搜活动，既是一项持续进行的情报活动，也是一项不可或缺的作战行动，处于物理域与信息域交汇点（如图 5.17 所示），是情报和作战跨域整合的重要活动之一。联合情报行动中心统筹情监侦，[5] 能够同步整合情报和作战，推动作战行动进入信息域搜集情报信息，同时将情报信息融入物理域支援实时作战行动。

[1] U.S. Joint Chiefs of Staff, Joint Publication 1-02, *Department of Defense Dictionary of Military and Associated Terms*, Washington, D.C.: GPO, August 2017, p. 116.

[2] Judy G. Chizek, *Military Transformation: Intelligence, Surveillance and Reconnaissance*, Report for Congress, 17 January 2003, p.5.

[3] U.S. Department of Defense, Office of the Assistant Secretary of Defense (Public Affairs), "News Transcript, Press Availability on Joint Intelligence Operations Centers", Presenter: Deputy Under Secretary of Defense for Intelligence and Warfighter Support Lieutenant General William G. Boykin, USA, 12 April 2006.

[4] U.S. Joint Chiefs of Staff, Joint Publication 1-02, *Department of Defense Dictionary of Military and Associated Terms*, Washington, D.C.: GPO, August 2017, p.116.

[5] U.S. Joint Chiefs of Staff, Joint Publication 2-01, *Joint and National Intelligence Support to Military Operations*, Washington, D.C.: GPO, 5 July 2017, p.III-61.

第五章　联合情报行动中心的机构运行 | 169

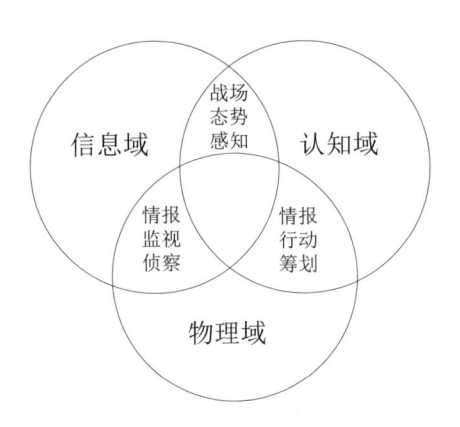

图5.17　战争三元域图

（一）各级中心统筹情报监视侦察

情监侦活动涉及各层级作战部门所辖情报侦搜力量，其数据信息获取方式从无人机战略侦察到特种部队战术侦察，[1]服务对象上及华盛顿特区高级将领，下至对敌武装作战的士兵。[2]各级中心与相应层级作战部门协作，管理情监侦资产和活动，弥合国家、战区和战术情监侦资产嫌隙以及情监侦计划实施冲突，实现各层级情监侦有效配合并与作战进程紧密融合。[3]具体工作包括："通过情监侦可视化系统进行情监侦力量动态管理、计划制订和更新、任务动态分配、情监侦活动跟踪监控以及数据信息实时回传处理和分发。"[4]

国家联合作战和情报中心是统筹联合作战情监侦活动的国家级枢纽。

---

[1] Judy G. Chizek, *Military Transformation: Intelligence, Surveillance and Reconnaissance*, Congressional Research Service, January 17, 2003.

[2] U.S. Joint Warfighting Center, *Commanders Handbook for Persistent Surveillance*, Washington, D.C.: GPO, 20 June 2011, p.I-6.

[3] U.S. Joint Chiefs of Staff, Joint Publication 2-01, *Joint and National Intelligence Support to Military Operations*, Washington, D.C.: GPO, 5 July 2017, p.III-26.

[4] U.S. Joint Chiefs of Staff, Joint Publication 1-02, *Department of Defense Dictionary of Military and Associated Terms*, Washington, D.C.: GPO, August 2017, p. 31.

国家联合作战和情报中心接收和处理来自作战司令部要求额外情监侦人员和设备的申请，并与联合参谋部作战部协调，由作战部向战略司令部情报监视侦察组成司令部下达任务，要求其制定国防部全球情监侦资产优化分配相关方案。[1]战略司令部情报监视侦察组成司令部是战略司令部分管美军全球情监侦资产和行动的专职司令部，负责为联合作战提供情监侦支援。[2]国家联合作战和情报中心通过联合参谋部作战部，就联合作战情监侦事务与情报监视侦察组成司令部协调，协助其制定《情报监视侦察支援计划》[3]，统筹国家和国防情监侦活动以及相关作战司令部间跨任务区情监侦活动。在此过程中，国家联合作战和情报中心与各作战司令部联合情报行动中心沟通，掌握各战区情监侦力量情况，根据战区情监侦需求确定情监侦资源分配的最佳方案，确保战区情监侦活动能够满足国防部最高优先级情报搜集需求，并与《国家情报支援计划》规定的整体情报工作一致。必要时，与相关情监侦资产具体管理者协调具体情监侦活动事宜，比如与联合部队空中组成司令部指挥官或空军组成部队指挥官协调机载情监侦资产分配方案，解决情监侦机载平台间的航线冲突问题等。[4]

作战司令部联合情报行动中心是统筹联合作战情监侦活动的战区级

---

[1] U.S. Joint Chiefs of Staff, Joint Publication 2-01, *Joint and National Intelligence Support to Military Operations*, Washington, D.C.: GPO, 5 January 2012, p.III-10.

[2] 战略司令部情报监视侦察组成司令部是国防情报局下属单位，由国防情报局局长兼任该司令部主官。Major James L. Denton, USAF, "Joint Functional Command for Intelligence, Surveillance, and Reconnaissance," *Joint Force Quarterly*, Issue 46, 3rd Quarter, 2007, p.55. 以及国防情报局官方网站。http://www.dia.mail。

[3] 《情报监视侦察支援计划》（ISR Functional Support Plan）根据联合作战所需情监侦资产需求，对国防部全球情监侦资产分配情况进行了规定，是《国家情报支援计划》中的各项职能支援计划之一。

[4] U.S. Joint Chiefs of Staff, Joint Publication 2-01, *Joint and National Intelligence Support to Military Operations*, Washington, D.C.: GPO, 5 January 2012, p.III-11.

枢纽。战区内各军种、情报门类的搜集资产大多隶属于战区司令部作战部及其下属联合侦察中心。作战司令部联合情报行动中心与作战部联合侦察中心协调管理战区情监侦资产和活动。作战司令部联合情报行动中心接收和分析作战司令部参谋部门以及下属组成司令部情报搜集需求以及增加编制外情监侦力量申请，与作战部协调制定情监侦行动方案，调度情监侦力量，确保情监侦活动符合作战司令部情报搜集优先性排序，并与作战司令部总司令的作战意图和目标保持一致。在此期间，作战司令部联合情报行动中心和作战部联合侦察中心"对战场情监侦资产进行动态管理"[1]，监管战场情监侦行动，及时调整情监侦行动以应对随战场局势不断变化的情监侦需求。此外，联合情报行动中心就情监侦相关事务与司令部其他参谋部门开展广泛协作，比如就机载情监侦平台运行期间的气候、维护和数据传输等具体问题，获取后勤和通信等部门协助。[2]

联合特遣部队联合情报支援分队在作战司令部联合情报行动中心批准建立后，与联合特遣部队作战部及其联合侦察中心协调，管理作战地域内情监侦资产和活动。[3] 联合情报支援分队未建立前，由联合特遣部队作战部联合侦察中心担负情监侦管理职能。[4] 联合情报支援分队根据联合特遣部队情监侦需求以及联合作战地域内现有情监侦设备和人员分布情况，分配侦搜任务，并提出情监侦力量增援请求，发送给上级作战司

---

[1] U.S. Joint Chiefs of Staff, Joint Publication 2-01, *Joint and National Intelligence Support to Military Operations*, Washington, D.C.: GPO, 5 January 2012, p.III-29.

[2] U.S. Joint Chiefs of Staff, Joint Publication 2-01, *Joint and National Intelligence Support to Military Operations*, Washington, D.C.: GPO, 5 July 2017, p.III-30.

[3] U.S. Joint Chiefs of Staff, Joint Publication 2-01, *Joint and National Intelligence Support to Military Operations*, Washington, D.C.: GPO, 5 January 2012, p.II-5.

[4] U.S. Joint Chiefs of Staff, Joint Publication 3-33, *Joint Task Force Headquarter*, Washington, D.C.: GPO, 30 July 2012, p.VII-1.

令部联合情报行动中心以及国家联合作战和情报中心，获取战区以及国家级情监侦支援。

（二）指导作战融入信息域实施情报侦搜

联合情报行动中心以情报行动化为宗旨，利用作战部队"身处战场，能够看见、触碰、感知甚至闻到作战环境"[1]的天然优势，赋予其情监侦任务，指导作战部队通过行动获取情报，[2]以实施情报侦搜的方式融入信息域。

1. 综合利用作战部队的技术和人力侦搜手段

联合情报行动中心综合利用作战部队技术和人力侦搜能力执行情监侦任务，以满足多种来源信息全源融合的搜集需求。[3]技术侦搜方面，作战部队部署了覆盖全维战场的侦搜设备，包括遥控飞行器、分布式水下和地面自动传感器以及战场监视雷达等。各级中心搜集管理组与作战部队战场侦搜设备管理人员沟通，将过去的"烟囱似"搜集管理转变为互动的动态管理，[4]利用作战部队覆盖全维战场的侦搜设备，对信号、图像等技术类信息数据进行全天候不间断的持续综合监控侦收，并将数据信息同步回传作战司令部联合情报行动中心和联合情报支援分队相应情报来源处理单位进行全源整合处理，或"上传国家联合作战和情报中心

---

[1] William G.Boykin, "Defense Intelligence and Transformation", Seminar on Intelligence, Command, and Control, Guest Presentations, May 2007, p.22.

[2] Stephen K. Iwicki, "CSA's Focus Area 16: Actionable Intelligence—Introducing the Concept of 'Actionable Intelligence'," *Military Intelligence Professional Bulletin*, Volume 30, Number 1, January-March 2004, p.21.

[3] L. H. Rémillard, "The 'All-Source' Way of Doing Business—The Evolution of Intelligence in Modern Military Operations", *Canadian Military Journal*, Autumn 2007, p.3.

[4] U.S. Joint Chiefs of Staff, Joint Publication 1-02, *Department of Defense Dictionary of Military and Associated Terms*, Washington, D.C.: GPO, August 2017, p.228.

由相应国家机构进行处理"[1]。人力侦搜方面，作战部队因其能够深入战场进行实地侦搜，成为实施人力情报侦察服务作战的最佳选择。"美军赋予作战司令部和作战部队人力情报侦察的责任和能力。"[2]作战司令部联合情报行动中心和联合情报支援分队向所辖作战部队分配人力情报侦搜任务，同步指导其深入作战环境，通过近距离实地观测甚至直接接触，标记侦察重点目标及其具体情况以及社会人文等领域信息，并同步回传作战司令部联合情报行动中心和联合情报支援分队的反情报/人力情报组进行分析处理。

2. 以目标情报作为作战部队的侦搜重点

目标情报是"描述和定位目标或目标集合的构成及其薄弱点和相对重要节点的情报"[3]，内容涉及该目标结构、特征和位置等物理域信息，为情报和作战整合提供了新接点。作战部队身处战场，具备对物理域信息进行搜集的便利和优势。联合情报行动中心将目标情报作为作战部队侦搜重点，由目标组负责组织实施目标侦搜工作。[4]作战司令部联合情报行动中心目标组和联合情报支援分队目标组向所辖作战部队提供目标侦搜优先次序，指导作战部队对既定目标进行持续侦察监视，要求作战部队对移动和变化的目标信息进行实时更新，并同步接收最新目标信息，[5]为目标分析研究提供翔实可靠的信息依据。

---

[1] U.S. Joint Chiefs of Staff, Joint Publication 2-01, *Joint and National Intelligence Support to Military Operations*, Washington, D.C.: GPO, 5 July 2017, p.III-42.

[2] William G.Boykin, "Defense Intelligence and Transformation", Seminar on Intelligence, Command, and Control, Guest Presentations, May 2007, p.24.

[3] U.S. Joint Chiefs of Staff, Joint Publication 1-02, *Department of Defense Dictionary of Military and Associated Terms*, Washington, D.C.: GPO, August 2017, p.228.

[4] U.S. Joint Chiefs of Staff, Joint Publication 2-01, *Joint and National Intelligence Support to Military Operations*, Washington, D.C.: GPO, 5 July 2017, p.II-5-11.

[5] U.S. Joint Chiefs of Staff, Joint Publication 3-05, *Special Operations*, Washington, D.C.: GPO, 16 July 2014, p.A-11.

（三）推动情报融入物理域支援作战行动

联合情报行动中心作为美军情报行动化的主要负责机构，通过实地实时处理分发情监侦信息，提供可直接用于作战行动的"可行动的情报"[1]，推动情报融入物理域同步支援作战行动。

1. 派遣分析人员实地处理利用情监侦信息

美军认为对情监侦信息进行战场实地处理利用，能够更好地将情报融入作战，有利于把握稍纵即逝的战机，迅速采取行动并针对敌方时敏目标实施快速打击。联合情报行动中心会根据情监侦任务需要，派遣分析人员到战场和作战人员同在一地工作，[2]实地处理侦搜到的各种情监侦信息。一方面，分析人员根据具体作战需求生产情报并始终与作战人员同时工作，"将情报分析工作从情报部门的独立分析转变为直接的作战分析"[3]，能够将情报更好地融入作战中，解决传统情报中心或者作战中心都无法单独解决的问题。[4]另一方面，分析人员与执行情监侦任务的作战人员直接沟通，全程同步指导侦搜活动，并实时处理和分发情监侦信息，为作战人员同步开展作战行动提供及时有效的信息支援。[5]

2. 利用情监侦可视化系统实时呈现分发时敏信息

情监侦可视化系统提供了一个易于理解的可实时获取的情监侦动态图像，内容包括情监侦力量的当前和未来位置、能力、相关信息和任务目

---

[1] *Key Issues Relevant to Actionable Intelligence*, Torchbearer National Security Report, 2005, p.11.

[2] William G.Boykin, "Defense Intelligence and Transformation", Seminar on Intelligence, Command, and Control, Guest Presentations, May 2007, p.18.

[3] Judy G. Chizek, *Military Transformation: Intelligence, Surveillance and Reconnaissance*, Congressional Research Service, 17 January 2003, p.21.

[4] Judy G. Chizek, *Military Transformation: Intelligence, Surveillance and Reconnaissance*, Congressional Research Service, 17 January 2003, p.21.

[5] U.S. Joint Chiefs of Staff, Joint Publication 3-05, *Special Operations*, Washington, D.C.: GPO, 16 July 2014, p.A-11.

标，能够全方位实时呈现敌方关键目标以及防御能力的变化情况，[1] 并向作战同步提供所需时敏信息。情监侦可视化系统对情报部门把握侦搜机会以及作战部门基于侦搜信息及时行动十分重要。联合情报行动中心利用情监侦可视化系统（如图 5.18 所示），一方面实时掌握敌方高时效目标当前和未来可能位置，根据作战进程动态分配搜集任务，迅速回应需要调整的侦搜需求并预判最佳侦搜时机，使情监侦活动能够与作战行动持续同步，确保紧贴作战进程实时提供时敏信息。另一方面持续监控战场环境，实时接收和处理侦搜力量从战场回传的信息，并按需向相关作战部队同步输送时敏信息，[2] 协助作战部队顺应战场变化快速调整和实施作战行动。

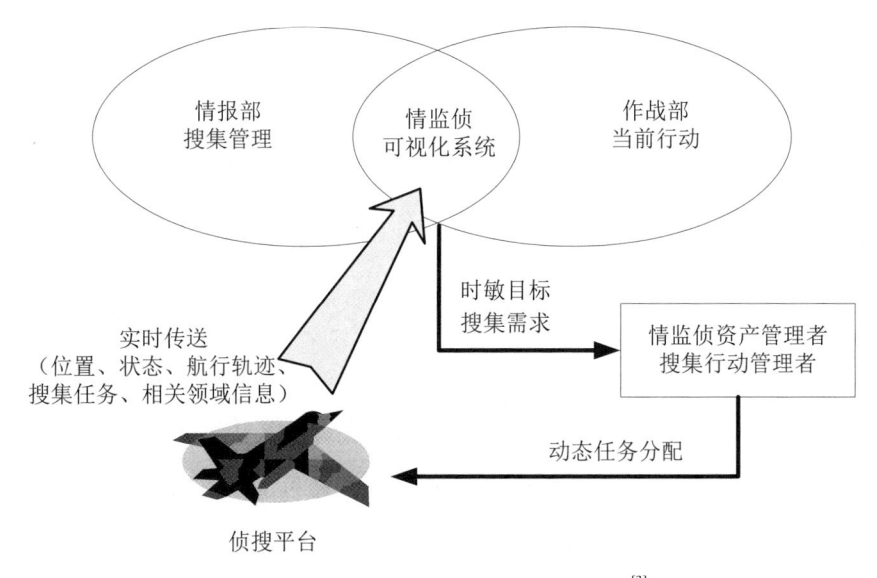

图5.18 "情监侦可视化系统"示意图[3]

---

[1] U.S. Joint Chiefs of Staff, Joint Publication 2-01, *Joint and National Intelligence Support to Military Operations*, Washington, D.C.: GPO, 5 July 2017, p.III-31.

[2] U.S. Joint Chiefs of Staff, Joint Publication 2-01, *Joint and National Intelligence Support to Military Operations*, Washington, D.C.: GPO, 5 January 2012, p.III-33.

[3] U.S. Joint Chiefs of Staff, Joint Publication 2-01, *Joint and National Intelligence Support to Military Operations*, Washington, D.C.: GPO, 5 July 2017, p.III-33.

二、统筹战场态势感知，跨域整合情报信息和作战决策

发展和保持共享态势感知是信息化时代美军重要作战能力之一。[1] 战场态势感知是在一定时间和空间内，获取环境中的各种要素、理解这些要素的含义并对其未来状态进行预测的过程。[2] 从本质上讲，战场态势感知是通过持续不间断地对情报信息和作战决策进行整合，使指挥官能够获取当前最新信息并形成作战认知，是情报和作战整合的主要活动之一。[3] 战场态势感知是情报信息作用于作战决策的过程，处于信息域与认知域交汇点（如图 5.17 所示）。战场态势感知以各作战层级、作战空间所有情报信息集中呈现为基础，需要对各层级情报信息和作战决策进行统一整合，使各级决策者的战场情况认知同步一致。[4] 联合情报行动中心作为协调情报与作战的专职机构，统筹战场态势感知，将情报信息融入认知域作用于作战决策，同时推动作战决策进入信息域作用于情报信息的生产，实现情报和作战跨域交互相济。

（一）各级中心统筹战场态势感知

战场态势感知是对作战环境和当前局势的综合认识判断，需要实时不间断对陆海空天电网等空间的信号图像等各类海量情报信息集中整合和关联分析。主要工作包括：明确情报需求，制订搜集计划，监控征候和预警

---

[1] 刘茂林：《美军网络中心战指挥与控制研究》，军事科学院博士学位论文，2010 年 6 月。

[2] Endsley, M.R. (1995b), Toward a theory of situation awareness in dynamic systems, *Human Factors*, 37(1), pp.32–64.

[3] U.S. Joint Chiefs of Staff, Joint Publication 2-01, *Joint and National Intelligence Support to Military Operations*, Washington, D.C.: GPO, 5 July 2017, p.III-70.

[4] Ibid.

相关情况，分析敌方活动，对敌军能力、弱点、意图和可能采取的行动方案进行情报评估。[1]联合情报行动中心是美军进行情报信息整合分析、统筹战场态势感知的核心机构。通用作战图作为美军全球指挥控制系统（Global Command and Control System, GCCS）的态势感知窗口，也称"通用态势图"，是美军联合作战共享态势感知的基础平台，也是联合情报行动中心对情报信息和作战决策进行整合的主要工具。各级中心整合国家和战区各类情报信息，直接向国家级决策者、作战司令部和下属联合部队呈现可实时获取全源情报判断和评估的统一的通用作战图，对情报信息与作战决策进行同步整合。[2]

国家联合作战和情报中心的预警中心是统管态势感知的国家层级机构。预警中心是统一提供国防情报态势感知的"全源、多门类的情报中心"[3]。预警中心内各作战司令部席位负责监控各战区局势，并对各战区作战地域内态势感知相关信息进行整合，[4]提供态势感知最新动态信息。预警中心内国防情报局直接支援分队负责全源情报分析，并与国防情报局、国家地理空间情报局等国家级情报机构联络，将国家级机构生产的态势感知相关情报信息以适当形式实时整合录入通用作战图。预警中心通过通用作战图实现了国家情报机构和作战司令部情报信息的集中整合和实时呈现，能够向美国总统、国防部长、参联会主席、各作战司令部司令、外派部队、各军种及其他情报用户提供国防情报态势感知所需情

---

[1] U.S. Joint Chiefs of Staff, Joint Publication 2-01, *Joint and National Intelligence Support to Military Operations*, Washington, D.C.: GPO, 5 January 2012, p.IV-6.

[2] U.S. Joint Chiefs of Staff, Joint Publication 2-01, *Joint and National Intelligence Support to Military Operations*, Washington, D.C.: GPO, 5 July 2017, p.II-1.

[3] Ibid., p.II-13。

[4] Barry Rosenberg, "Joint Staff achieves intelligence superiority through collaboration", 10 September 2010, p.2.

报信息。[1]

作战司令部联合情报行动中心负责协助作战司令部形成和保持态势感知能力，是"作战司令部任务区内情报工作的焦点"[2]。作战司令部联合情报行动中心全源情报分析组负责对战区各类情报信息进行汇总分析，并由监控台协助将其整合录入易于各类情报信息获取的通用作战图。一方面，使作战司令部司令和参谋人员能够实时同步以适当形式获取所有情报信息，对作战司令部任务和作战产生积极作用。另一方面，实时呈现作战司令部责任区危机事件，提供持续的征候和预警情报评估，保持作战司令部实时态势感知能力。

联合情报支援分队"向联合特遣部队指挥官、作战和其他部门人员以及下属组成部队提供态势感知"[3]。联合情报支援分队"地理空间情报组等单位分别将地理空间等各类数据信息输入用于态势感知和作战决策的通用作战图"[4]。全源分析组则负责整合生成全源情报判断和评估,[5]并由监控台协助"将全源情报以及相关信息融入联合特遣部队层级的通用作战图"[6]。

（二）将情报信息融入认知域作用于作战决策

信息化战争时代，战场空间复杂而人脑记忆有限，战场态势感知和可

---

[1] U.S. Joint Chiefs of Staff, Joint Publication 2-01, *Joint and National Intelligence Support to Military Operations*, Washington, D.C.: GPO, 7 January 2012, p.II-21.

[2] Ibid.

[3] U.S. Joint Chiefs of Staff, Joint Publication 2-01, *Joint and National Intelligence Support to Military Operations*, Washington, D.C.: GPO, 5 July 2017, p.II-7.

[4] Ibid., p.II-10.

[5] U.S. Joint Chiefs of Staff, Joint Publication 2-01, *Joint and National Intelligence Support to Military Operations*, Washington, D.C.: GPO, 7 January 2012, p. II-1.

[6] U.S. Joint Chiefs of Staff, Joint Publication 2-01, *Joint and National Intelligence Support to Military Operations*, Washington, D.C.: GPO, 5 July 2017, p.II-7. 联合特遣部队层级的通用作战图指的是"通用战术图"。通用战术图是通用作战图的子系统，负责为通用作战图提供战术态势要素。

视化呈现成为掌控战场全局进行作战决策的关键。[1]通用作战图作为战场态势感知和可视化呈现的主要工具，能够为各级决策者和指挥官提供"所有参与者之间通用的作战环境的地理描绘图像"[2]。该图像呈现了包括火力、情监侦、机动、后勤等要素的即时状态，所含情报信息能够服务战略到战术层级的指挥控制，是作战决策的基础和关键。联合情报行动中心利用通用作战图的战场态势信息实时呈现和多层共享，使情报信息融入认知域作用于作战决策。

1. 战场态势信息实时呈现

战场态势信息实时呈现是将情报信息融入认知域支援实时决策的重要方式。通用作战图将作战单元位置和运动轨迹等战场态势信息录入一张"通用、统一的情报图"[3]并使指挥官实时可见，实现了情报信息的实时利用、分析、生产和分发，使情报生产和分发能够与作战实时同步。联合情报行动中心利用通用作战图，以易于理解且最大程度获取信息的方式向作战决策实时提供所需信息。一方面，联合情报行动中心抽取时敏信息，特别是目标、救援和威胁预警等最新信息，与现有数据库中信息进行整合并融入通用作战图，提供战场最新态势信息支援时敏决策。另一方面，联合情报行动中心将作战环境联合情报准备生成的全源情报信息融入通用作战图，并实时更新通用作战图数据库，向决策者和指挥官提供实时决策所需动态情报判断和评估。

以印太司令部联合情报行动中心的战场态势感知为例（如图 5.19 所示）。

---

[1] Mica R. Endsley,"Automation and Situation Awareness", Automation and human performance: Theory and applications, R.Parasurman & M.Mouloua, 1996：pp.163-181.http://www.aerohabitat.eu/uploads/media/Automation_and_Situation_Awareness_-_Endsley.pdf.

[2] U.S. Joint Chiefs of Staff, Joint Publication 1-02, *Department of Defense Dictionary of Military and Associated Terms*, Washington, D.C.: GPO, August 2017, p.44.

[3] U.S. Joint Chiefs of Staff, Joint Publication 2-01, *Joint and National Intelligence Support to Military Operations*, Washington, D.C.: GPO, 7 January 2012, p.II-1.

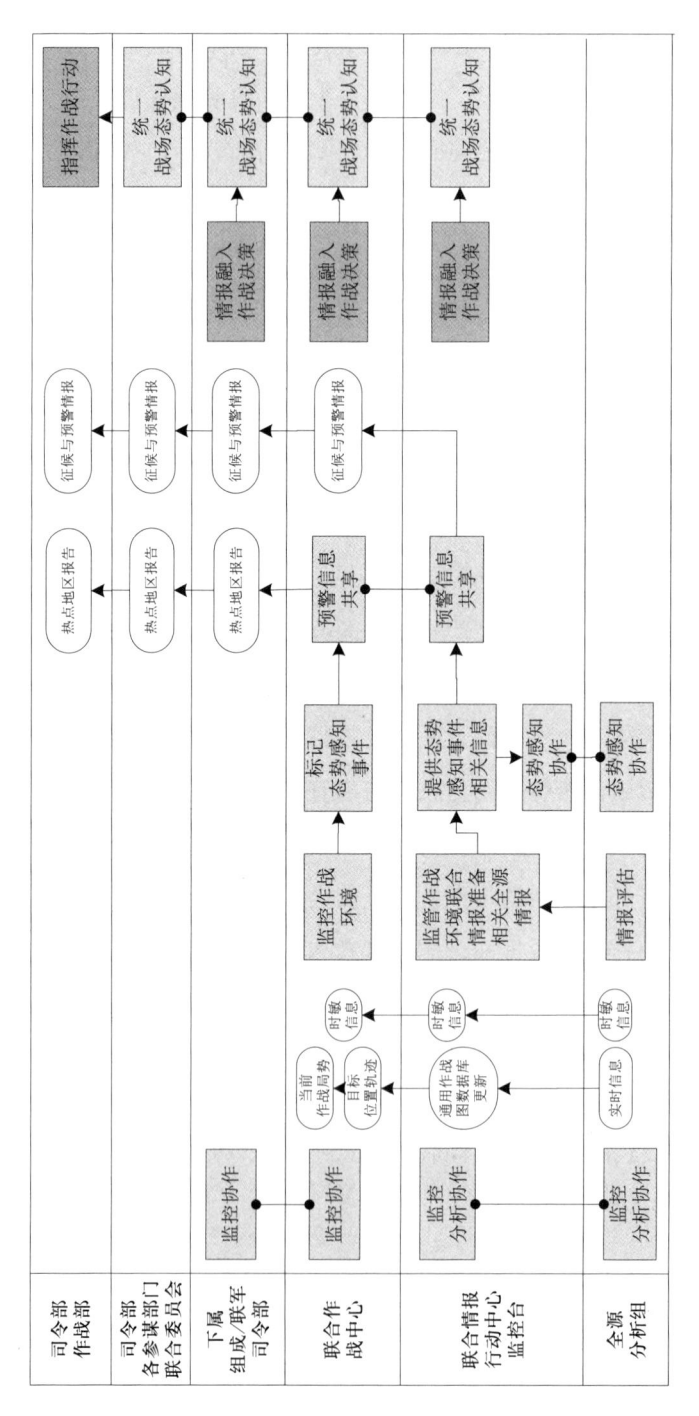

图5.19　印太司令部联合情报行动中心的战场态势感知工作[1]

---

[1] Gordon Schacher, Nelson Irvine and Roger Hoyt, "Joint Intelligence Operations Center (JIOC) Business Process Model & Capabilities Evaluation Methodology", Information Science Department Naval Postgraduate School, CA 93943, 26 March 2012, p.47.

印太司令部联合情报行动中心负责印太司令部态势感知工作，提供持续的征候与预警情报评估并根据需要关注威胁预警事件和行动。印太司令部联合情报行动中心监控台利用通用作战图向联合作战中心呈现战场实时态势，由全源分析组负责提供相关情报信息。全源分析组处理监控台接收的实时信息，将其录入通用作战图数据库，并向联合作战中心提供目标轨迹和当前作战局势等实时战场态势信息；同时抽取时敏信息提供给联合作战中心进行实时决策。联合情报行动中心监控台协助联合作战中心监控作战环境，接收全源分析组提供的情报评估等情报产品并监管作战环境联合情报准备相关全源情报。联合情报行动中心监控台按照联合作战中心在通用作战图标记的态势感知事件，提供态势感知事件相关信息，并与全源分析组协调所需情报分析和处理单位就态势感知进行协作。通过态势感知协作，监控台生成预警信息并与联合作战中心共享，向其提供"征候与预警情报"，并连同"热点地区报告"一并分发给下属组成/联军司令部、各参谋部门联合委员会以及作战部等单位。与此同时，联合情报行动中心监控台、联合作战中心以及下属组成/联军司令部等单位决策者和指挥官利用通用作战图，获取态势感知实时信息并同步融入作战决策，达成统一的战场态势认知，由作战部基于共同的战场态势认知统一指挥作战行动。

2. 战场态势信息多层共享

战场态势信息多层共享是将情报信息融入认知域支援各作战层级同步决策的重要方式。美军认为，联合情报行动中心应为国家、战区和战术指挥官提供各类军事行动计划与实施所需的全部情报。[1] 各级中心将不同层级情报信息汇总整合成通用作战图并统一呈现，使各层级决策者和指挥官能够从同一张情报图中按需获取相关情报信息，通过态势信息多层共享实

[1] U.S. Joint Chiefs of Staff, Joint Publication 2-0, *Joint Intelligence*, Washington, D.C.: GPO, 22 October 2013, p.GL-9.

现同步并行决策。这种多层共享既要使各层级能够统一认知，又要照顾到各层级和区域决策指挥对各种类型和详细程度情报信息的不同需求。各级中心根据不同作战层级具体需求，综合利用通用作战图以及其子系统——通用战术图[1]（Common Tactical Picture, CTP），为从国家到联合特遣部队层级的决策指挥提供情报信息（如图 5.20 所示）。各级中心按需筛选态势图所含战场态势信息，确保每个态势图站点提供的情报信息均能满足所在层级决策指挥需求并避免信息冗余造成的系统负担。此外，联合特遣部队联合情报支援分队负责将所处联合作战地域的态势信息实时整合录入单个站点的通用战术图，以便向通用作战图提供相关态势要素信息，保证所有层级决策者和指挥官都能够同步共享实时更新的通用作战图，满足同步并行决策的需要。

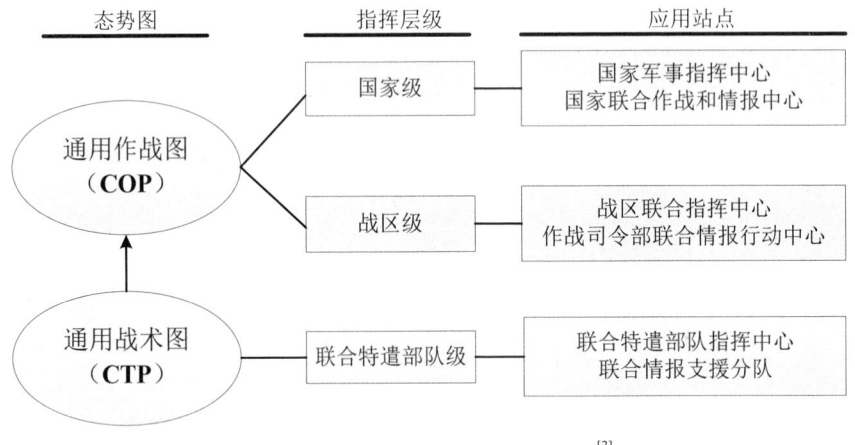

图5.20 态势图的应用层级和站点[2]

---

[1] U.S. Joint Chiefs of Staff, Joint Publication 1-02, *Department of Defense Dictionary of Military and Associated Terms*, Washington, D.C.: GPO, August 2017, p.44.

[2] 改编自赵宗贵：《战场态势估计概念、结构与效能》，载《中国电子科学研究院学报》2010 年 6 月第 3 期，第 228 页。

以印太司令部联合情报行动中心的态势信息多层共享为例（如图5.21所示）。联合情报行动中心根据司令部作战部的情报支援需求向联合作战中心提供作战态势信息。联合情报行动中心监控台根据作战部需求和作战指导，筛选态势信息进行通用作战图相关情报图设置，以配合联合作战中心通用作战图的整体设置。印太司令部所辖联合特遣部队联合情报支援分队负责设置通用战术图，并以态势图同步更新的方式将联合作战地域内目标态势信息上传至印太司令部联合情报行动中心监控台和联合作战中心的战区级通用作战图，并同步呈现在国家联合作战和情报中心的顶层通用作战图中。基于通用作战图相关态势信息，联合情报行动中心监控台和联合作战中心共同确认目标轨迹、进行轨迹整合并对轨迹信息集中管理，与联合情报支援分队协作监管通用作战图以及通用战术图相关信息共享情况。

（三）将作战决策融入信息域作用于情报工作

随着美军联合作战情报支援要求的提高，信息域不再是情报专属领域，作战决策应参与其中发挥影响力，使情报工作能够真正紧贴作战决策需要。联合情报行动中心统筹战场态势感知，利用通用作战图为作战决策和情报信息同步交互提供平台。联合情报行动中心向作战决策呈现和提供态势感知信息的同时，也将作战决策带入信息域，指导和参与情报信息搜集和分析等活动。作战决策以生成认知情报和进行需求指导的方式，作用于态势感知信息的生成，实现作战决策和情报信息的整合。

1. 引入作战决策生成认知情报

信息化战争时代，获取传统火力打击目标相关的物理情报已不足以满足制胜需要。一方面，随着战争形态的变化，单靠物理数据统计和比较已不能完全准确地计算和评估作战实力。另一方面，信息化战场海量待处理分析的物理数据信息，使战争胜负更多地依靠信息优势特

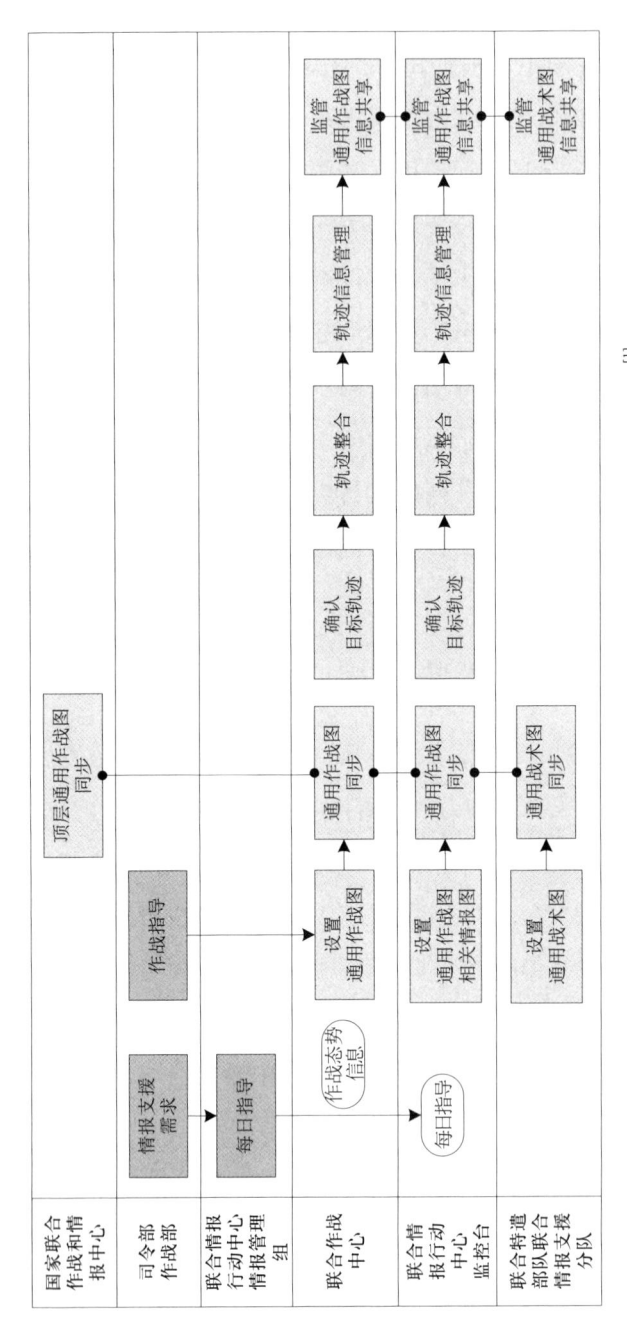

图5.21 印太司令部联合情报行动中心的态势信息多层共享[1]

---

[1] Gordon Schacher, Nelson Irvine and Roger Hoyt, "Joint Intelligence Operations Center (JIOC) Business Process Model & Capabilities Evaluation Methodology", Information Science Department Naval Postgraduate School, CA 93943, 26 March 2012 p.32.

别是认知优势来决定，凸显了认知情报的重要性。物理情报是反映作战实体物理参数的"硬情报"，而认知情报是对情报信息深度关联分析后的产物，带有知识性的判断、预测和评估，是指挥官态势感知理解和认知决策层面的"软情报"。认知情报较之于物理情报而言，是通用作战图能够向指挥官呈现的有助于了解敌方作战实力的更为重要的情报要素。联合情报行动中心在整合各方情报信息生成通用作战图的过程中，向各级指挥官开放通用作战图所有相关数据库。各级指挥官利用通用作战图及其数据库，能够实时访问获取待处理信息和情报成品，并进行分析加入相关情报判断和评估结果，参与情报分析生成认知情报。各级中心将不同层级认知情报与物理情报进行融合并共同呈现在通用作战图中，协助各层级指挥官形成统一的对作战态势的理解和把握（如图 5.21 所示）。

2. 引入作战决策进行需求指导

态势感知呈现了作战部队部署位置等信息，也体现了作战指挥官作战布局、意图等作战决策相关内容，为情报支援工作提供了重要的需求指导。联合情报行动中心利用通用作战图，一方面主动预见指挥官情报需求，随战场态势变化不断调整情报工作；另一方面实时获悉指挥官情报缺口，并在情报支援过程中与指挥官全程互动，接受其对情报工作的指导规划，以便紧贴指挥官需求向作战计划、准备和实施实时提供定制的情报信息。

以印太司令部联合情报行动中心获取情报需求指导为例（如图 5.22 所示）。一方面，分析人员向印太司令部各单位以及下属组成/联军司令部提供每日信息更新相关情报，并基于最新信息与情报管理组对作战情报需求进行预期，共同提出新的关注地域，继而提供给司令部各参谋部门联合委员会进行商议。另一方面，联合情报行动中心监控台和下属组成/联军司令部将接收到的最新信息融入作战决策，形成认知情报并分别录入

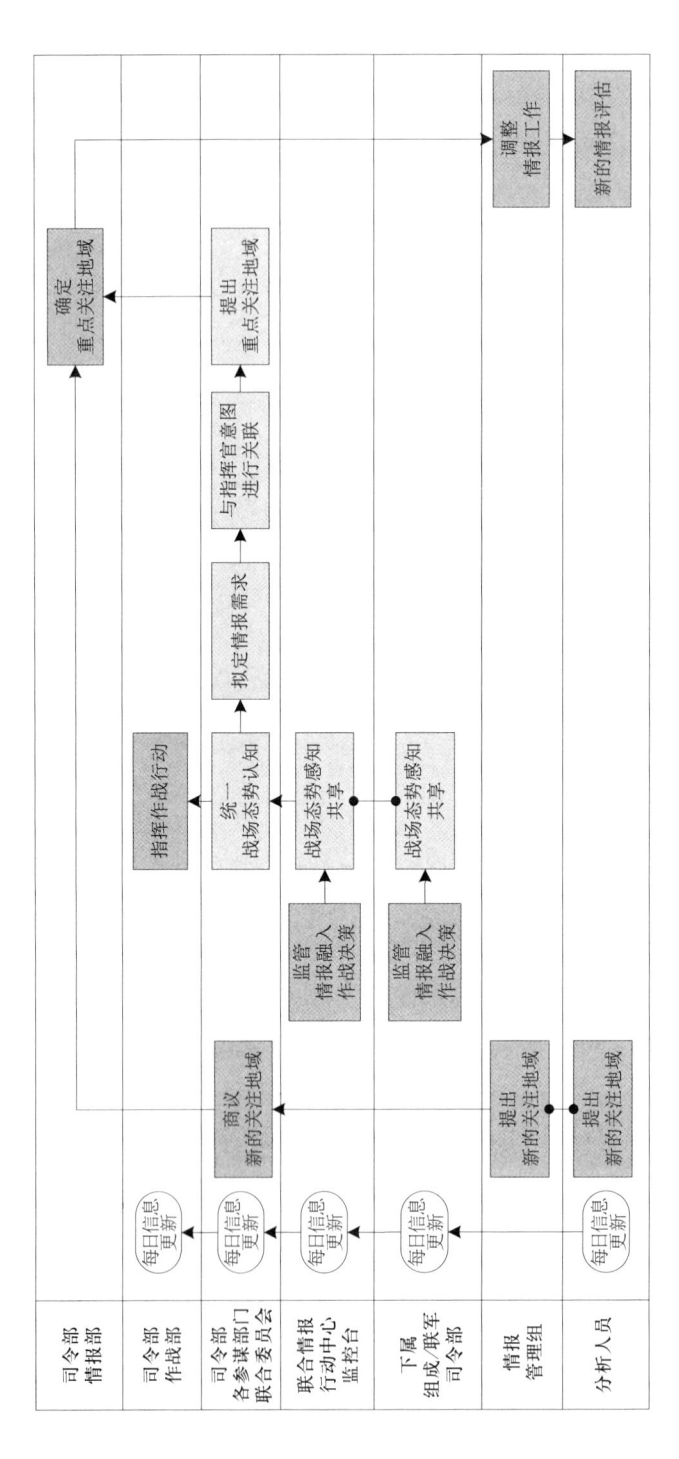

图5.22　印太司令部联合情报行动中心获取情报需求指导[1]

---

[1] Gordon Schacher, Nelson Irvine and Roger Hoyt, "Joint Intelligence Operations Center (JIOC) Business Process Model & Capabilities Evaluation Methodology", Information Science Department Naval Postgraduate School, CA 93943, 26 March 2012 p.46.

作战态势图进行战场态势感知共享。司令部各参谋部门联合委员会基于各级共享的战场态势感知，达成统一的战场态势认知，并呈现给司令部作战部，由其统一指挥作战行动。与此同时，司令部各参谋部门联合委员会根据统一达成的战场态势认知，拟定情报需求，并与司令部指挥官意图进行关联，提出重点关注地域，并交由情报部进行审核确定。情报管理组根据重点关注地域相关情报需求，调整情报工作，指导分析人员进行新的情报评估生产。

三、统筹情报行动计划，跨域整合作战计划和情报行动

情报行动筹划是美军指导各级情报力量共同向作战指挥官提供实现作战目标所需情报信息的关键，[1]处于认知域与物理域交汇点（如图 5.17 所示）。传统认知域与物理域交汇点只有作战行动筹划没有情报行动筹划，只注重作战决策作用于作战行动，仅仅将情报视为战前向作战决策提供静态信息的保障力量。与之相应，过去的情报计划也仅仅是以提供战前决策信息的形式出现在作战计划的情报附件中。信息化战争时代，情报主导作战进程，加之情监侦技术的发展，使情报成为可以贯穿作战全程、持续实施的行动。因此，美军"将'情报计划'（Intelligence Plan）升级为'情报行动计划'（Intelligence Campaign Plan）"[2]。"情报行动计划"是一个计划群，在保留原有"情报计划"决策信息相关内容的情报附件的同时，加入了统筹国家和国防情报力量所有情报行动配合一致的

---

[1] U.S. Joint Chiefs of Staff, Joint Publication 2-01, *Joint and National Intelligence Support to Military Operations*, Washington, D.C.: GPO, 7 January 2012, p.IV-1.
[2] Kevin A. McAninch, *Intelligence Campaign Planning: An Opportunity for the Army in Defense Intelligence Synchronization,* School of Advanced Military Studies, United States Army Command and Staff College, AY 06-07, p.9.

情报行动方案。[1]美军规定联合情报行动中心负责计划、同步、管理和实施针对各类军事行动的情报行动，通过统筹情报行动计划，推动情报和作战一体化配合。各级中心"情报计划"和"情报红队"相应单位参与作战计划制订，"为作战计划制订情报附件以及相应的情报行动方案，并根据作战计划调整同步更新情报行动计划"，将作战计划融入物理域指导情报行动，同时推动情报行动融入认知域支援作战计划。

（一）各级中心统筹情报行动计划

情报行动计划是"同步、整合和管理所有作战司令部现有情报能力和国家级情报能力，以满足作战司令部司令情报需求"[2]。联合情报行动中心作为凝聚各方情报能力、围绕作战统筹指导各项情报行动的核心机构，负责根据作战计划制订相应情报行动计划。美军的作战计划，即联合作战计划，通常指战役级以上军事行动计划。该计划由美国国家指挥当局和参联会进行指导，各作战司令部和下属组成司令部负责具体制定。[3]各级联合情报行动中心分别参与相应层级作战计划工作，负责所在层级情报行动筹划和相关行动方案的制定。

情报行动计划的目标就是"整合国防和国家情报能力以满足作战司令部情报需求"[4]。国家联合作战和情报中心从战略视角筹划国家和国防情报行动，负责制定战略层级情报行动方案。该中心是"融合了联合参

---

[1] Major Kevin A. McAninch, *Intelligence Campaign Planning: An Opportunity for the Army in Defense Intelligence Synchronization,* School of Advanced Military Studies, United States Army Command and Staff College, AY 06-07, p.2.

[2] U.S. Joint Chiefs of Staff, Joint Publication 2-01, *Joint and National Intelligence Support to Military Operations*, Washington, D.C.: GPO, 7 January 2012, p.IV-1.

[3] 冯兆新主编：《美军联合作战理论研究》，国防大学出版社 2001 年版，第 25 页。

[4] U.S. Joint Chiefs of Staff, Chairman of the Joint Chiefs of Staff Manual (CJCSM) 3130.01A, *Campaign Planning Procedures and Responsibilities*, Washington, D.C.: GPO, 25 November 2014, p.C-5.

谋部情报部、作战部和计划部要素"[1]的综合机构，是集中了参联会情报、作战和计划要素的"小型整合中心"，使情报要素能够参与战略层级作战计划制订，并根据作战计划和行动同步筹划调整情报行动。国家联合作战和情报中心通过预警中心内六大战区司令部席位与相应战区联络，"筹划、准备、整合、指导、管理和协调为各类作战行动持续提供支援的情报行动"[2]，协助各作战司令部联合情报行动中心制订统一的情报行动计划。

美军各作战司令部分别负责制订相应战区作战计划以及作战计划中各职能领域相关内容。[3] 各作战司令部联合情报行动中心根据作战计划为所在作战司令部制订相应情报行动计划。美军规定"作战司令部联合情报行动中心是作战司令部情报计划的核心机构"[4]，负责"对司令部责任区内所有情报行动进行计划、同步、协调、整合"[5]。作战司令部联合情报行动中心与作战司令部计划部和作战部紧密协作，通过成立"情报计划组"和"情报红队"全程参与作战计划制订，为作战计划制订和调整提供情报信息，并同步制订和更新情报行动计划。

联合情报支援分队是按照作战计划相应情报行动计划建立的联合特遣部队级机构。所建联合情报支援分队，如果是战役级联合情报行动中心，则设有"情报红队"参与联合特遣部队作战计划制订，并设有"联合特遣部队司令部作战和计划参谋部门联络人员"配合制订紧贴作战计划和实施

---

[1] U.S. Joint Chiefs of Staff, Joint Publication 2-01, *Joint and National Intelligence Support to Military Operations*, Washington, D.C.: GPO, 5 July 2017, p.II-12.

[2] Ibid., p.II-3.

[3] U.S. Joint Chiefs of Staff, Chairman of the Joint Chiefs of Staff Manual (CJCSM) 3130.01A, *Campaign Planning Procedures and Responsibilities*, Washington, D.C.: GPO, 25 November 2014, p.A-1.

[4] U.S. Joint Chiefs of Staff, Joint Publication 2-01, *Joint and National Intelligence Support to Military Operations*, Washington, D.C.: GPO, 5 January 2017, p.xii.

[5] Ibid., p.II-3.

的情报行动计划。

(二) 作战计划融入物理域指导情报行动

美军规定情报行动必须"以指挥官作战任务和方案为指导"[1]。根据作战计划筹划情报行动对于围绕联合部队任务开展情报行动十分必要。联合情报行动中心的情报行动筹划工作包括"根据作战计划寻找信息缺口、对情报需求进行优先性排序、制定情报搜集和生产相关计划、评估情报能力并制订相关增援计划等"[2]。各级中心根据作战计划进行动态协调并与作战、计划等参谋部门广泛协作筹划，能够将作战计划充分融入情报工作、指导情报行动。

1. 根据作战计划进行动态协调

信息化战争时代，作战计划不再仅限于根据战前预案进行静态计划，而是聚焦作战行动，以行动为先导进行动态计划制订和调整。因此情报计划不能仅为作战计划提供静态情报信息，而应聚焦在作战计划筹划和实施过程中如何动态协调各方情报力量，如何同步实施情报行动以适应作战行动。美军"情报行动计划"也称"适应性情报计划"（Adaptive Intelligence Plan）[3]，是美军为"适应性作战计划"（Adaptive Campaign Plan）[4] 配套开发的情报计划系列。"适应性作战计划"强调为适应战场形势和作战行动

---

[1] U.S. Joint Chiefs of Staff, Joint Publication 2-01, *Joint and National Intelligence Support to Military Operations*, Washington, D.C.: GPO, 5 January 2012, p.xvi.

[2] U.S. Joint Chiefs of Staff, Joint Publication 2-0, *Joint Intelligence*, Washington, D.C.: GPO, 22 October 2013, p.IV-3.

[3] Michael L. Current, "Adaptive Intelligence Planning: The Combatant Command J2 Fulcrum for Leveraging National Intelligence Support and Resources Today and Tomorrow", Naval War College, 6 November 2007, p.1.

[4] U.S. Joint Chiefs of Staff, Chairman of the Joint Chiefs of Staff Manual (CJCSM) 3130.01A, *Campaign Planning Procedures and Responsibilities*, Washington, D.C.: GPO, 25 November 2014, p.C-1.

第五章　联合情报行动中心的机构运行 | 191

变化，对作战计划进行动态调整。[1] 与之相配套的"适应性情报计划"强调制定与作战计划相符的各项情报行动方案支援作战行动，并同步配合作战计划制定和实施的不同阶段灵活调整情报行动计划，[2] 以期适应和推动作战计划及时调整，实现更为灵活的作战行动。[3] 美军联合情报行动中心负责制订"情报行动计划"，并"将这种能够适应不断改变的环境的更为完善的情报计划流程制度化"。[4]

美军过去的作战计划制订中，情报计划仅仅是为作战计划提供"敌方战斗序列"等内容的情报附件，即作战计划的"附件B（情报）"[Annex B（Intelligence）]。[5] 联合情报行动中心负责制订的"情报行动计划"新增了在作战计划实施中"如何编排情报资产，各作战阶段如何部署调遣情报力量，利用有限的现有情报资产优先获取所需的哪些信息和情报"[6] 等内容。具体而言，"情报行动计划"是由四个子计划构成的文件系列，分别是"作战计划的情报附件"、《作战司令部情报支援计

---

[1] Michael L. Current, "Adaptive Intelligence Planning: The Combatant Command J2 Fulcrum for Leveraging National Intelligence Support and Resources Today and Tomorrow", Naval War College, 6 November 2007, p.1.
[2] U.S. Joint Chiefs of Staff, Joint Publication 2-0, *Joint Intelligence*, Washington, D.C.: GPO, 22 October 2013, p.IV-1.
[3] 美军《重塑国防情报》称，建立联合情报行动中心的目的就是加强对作战司令部指挥官和国家情报主任情报支援，实现更灵活的作战行动。William G. Boykin, *"Defense Intelligence and Transformation"*, Seminar on Intelligence, Command, and Control, Guest Presentations, May 2007.p.16.
[4] U.S. Office of the Secretary of Defense, Public Affairs Office, "Joint Intelligence Operations Center (JIOC) Fact Sheet", 22 March 2006, http://www.defenselink.mil/home/pdf/JIOC-Fact-Sheet.pdf.
[5] U.S. Joint Chiefs of Staff, Joint Publication 2-01, *Joint and National Intelligence Support to Military Operations*, Washington, D.C.: GPO, 5 January 2017, p.III-5.
[6] U.S. Joint Chiefs of Staff, Joint Publication 2-0, *Joint Intelligence*, Washington, D.C.: GPO, 22 October 2013, p.IV-2.

划》、《国家情报支援计划》和《情报监视和侦察支援计划》。[1]作战计划的"情报附件"是对作战计划涉及的潜在威胁和敌方军力进行动态评估。《作战司令部情报支援计划》《国家情报支援计划》和《情报监视和侦察支援计划》是配合联合作战计划同步筹划的情报行动方案，用于指导各方情报力量为作战目标的实现开展动态协作。联合情报行动中心通过各项情报行动方案，详细筹划了负责具体任务的相关情报单位如何在实施情报行动中动态协作以支援作战计划中的具体作战行动。各级中心相关动态协调工作包括"根据作战计划同步审查能获取情报的所有资产，考虑在作战实施的哪个阶段利用哪些情报资产支援作战计划，详细规定搜集和生产需求，有针对性地分配国家和战区情报资产，并据此制订详细的情报行动方案同步支援作战计划"[2]。此外，在作战计划实施中，各级中心根据作战计划调整以及各指挥层级优先情报需求动态变化，同步更新调整情报行动计划，灵活调配所需情报力量，统一协调各项情报行动同步配合作战行动。

2. 与作战、计划等参谋部门广泛协作筹划

美军作战计划制订由各作战司令部在国家指挥当局和参联会指导下，负责具体制定。[3]相应的情报行动筹划也主要在作战司令部联合情报行动中心内进行，并由国家联合作战和情报中心负责战略层面的指导协调。作战计划制订依靠决策者和指挥官以及各参谋要素协作配合。情报行动计划制订也需围绕决策者和作战指挥官作战意图，与作战、计划等参谋部门广泛协作。

---

[1] Major Kevin A. McAninch, *Intelligence Campaign Planning: An Opportunity for the Army in Defense Intelligence Synchronization,* School of Advanced Military Studies, United States Army Command and Staff College, AY 06-07.

[2] U.S. Joint Chiefs of Staff, Joint Publication 2-0, *Joint Intelligence*, Washington, D.C.: GPO, 22 October 2013, p.IV-3.

[3] 冯兆新主编:《美军联合作战理论研究》，国防大学出版社2001年版，第25页。

第五章 联合情报行动中心的机构运行 | 193

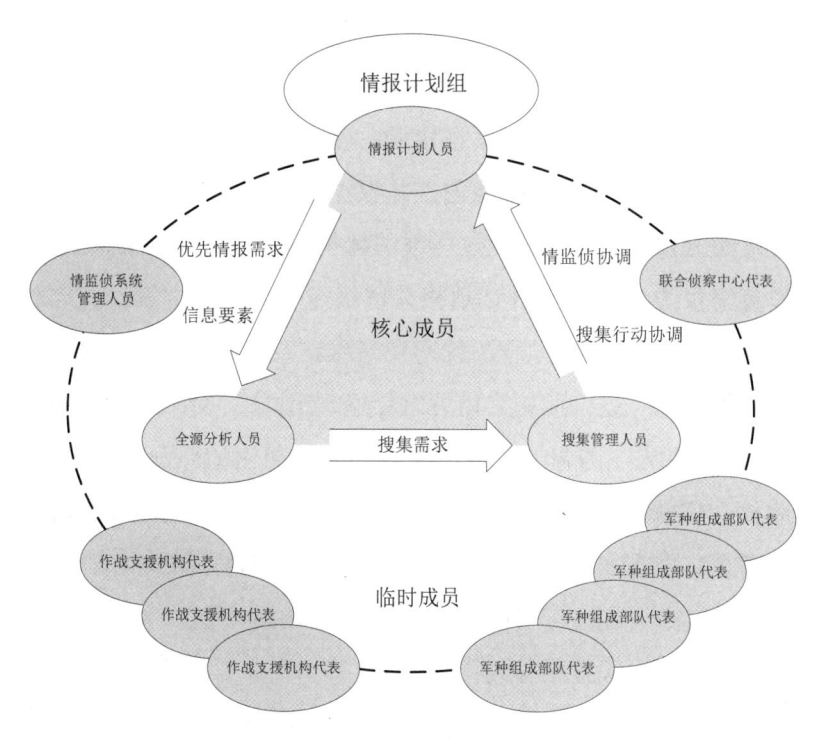

图5.23 情报计划组的人员构成[4]

作战司令部联合情报行动中心成立情报计划组，负责情报行动计划的整体筹划以及与各部门的协调工作。情报计划组由情报计划人员按照情报行动所需协作单位进行召集组建，设全源分析人员和搜集管理人员共同作为该组核心成员，设下属军种组成司令部和作战支援机构代表等临时成员，必要时增设联合侦察中心和战略司令部情报监视侦察组成司令部代表（如图 5.23 所示）。情报计划组汇总作战司令部以及下属军种组成司令部作战、计划等部门，基于作战计划的情报需求，充分将作战计划相关情报需求融入情报行动筹划，继而根据情报

---

[4] U.S. Joint Chiefs of Staff, Joint Publication 2-0, *Joint Intelligence*, Washington, D.C.: GPO, 22 October 2013, p.IV-6.

需求客观评估作战司令部以及下属军种司令部侦察、分析等情报能力以及所需后勤通信等保障条件。在评估中，情报计划组与下属军种组成部队甚至下级联合部队指挥官协调，考察战区内能够支援作战计划的作战司令部现有全部情报能力，并根据具体搜集和生产需求生成搜集和生产能力评估报告。[1] 经过详细的情报能力评估，情报计划组筹划协调现有情报力量制定作战计划相关情报需求的满足方案，并与作战、后勤和通信等部门人员沟通，就所需情报产品、时间节点、接收地点和分发设备达成一致，[2] 并将相关内容编入正式的《作战司令部情报支援计划》，以便统一协调战区内情报行动以及相应的后勤通信等保障行动。此外，作战司令部联合情报行动中心情报计划组根据额外情报力量增援需要，与国家联合作战和行动中心协调制订战区作战计划所需《国家情报支援计划》与《情报监视和侦察支援计划》，以便协调战区情报行动与国家层级情报行动同步一致。

以印太司令部的情报行动计划制订为例（如图 5.24 所示）。印太司令部情报计划组筹划战区情报体系，提出相应网络和指挥体系要求，将作战司令部指示以及下属组成/联合司令部需求融入情报行动筹划，并综合分析国家联合作战和情报中心提供的《国防情报战略》、"国家情报委员会需求"以及"参联会情报需求"等国家和国防情报纲领和需求，并汇总各参谋部门联合委员会情报需求，判定情报能力缺口，明确人员增援需求，纳入《国家情报支援计划》，并就现有情报能力制订《作战司令部情报支援计划》，统一协调战区情报行动。

---

[1] U.S. Joint Chiefs of Staff, Joint Publication 2-0, *Joint Intelligence*, Washington, D.C.: GPO, 22 October 2013, p.IV-8.

[2] U.S. Joint Chiefs of Staff, Joint Publication 2-01, *Joint and National Intelligence Support to Military Operations*, Washington, D.C.: GPO, 5 January 2012, p.III-52.

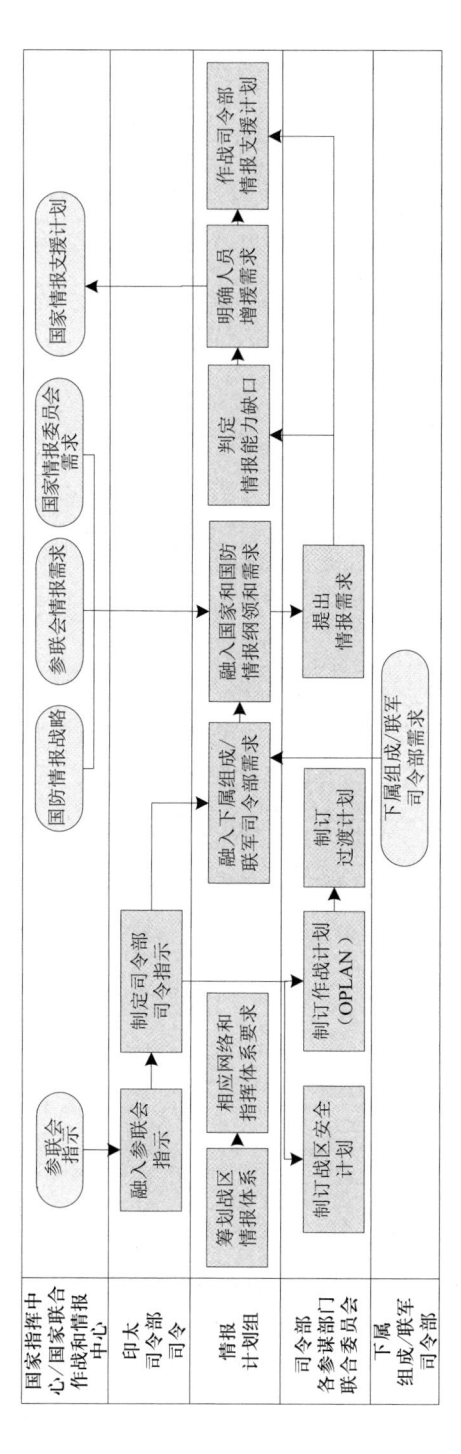

图5.24 印太司令部的情报行动计划制订[1]

[1] Gordon Schacher, Nelson Irvine and Roger Hoyt, "Joint Intelligence Operations Center (JIOC) Business Process Model & Capabilities Evaluation Methodology", Information Science Department Naval Postgraduate School, CA 93943, 26 March 2012, p.46.

（三）情报行动融入认知域支援作战计划

美军情报行动筹划目的是通过支援作战计划制订，同步支援作战行动。联合情报行动中心通过制订动态情报行动计划，适应和推动作战计划及时调整，为作战行动同步提供情报支援，实现更为灵活的作战行动。[1] 联合情报行动中心通过参与作战计划组和组建情报红队，能够为决策者作战计划全程提供所需情报支援，将情报行动有效融入认知域支援作战筹划。

1. 参与联合计划组

美军认为，情报人员在作战计划筹划开始阶段就应尽早参与，并融入作战计划制订和评估不同阶段需同步提供的情报支援。美军在作战司令部内组建联合计划组，负责联合作战计划的筹划工作。作战司令部联合情报行动中心应作战司令部要求，安排情报计划人员参与联合计划组。情报计划人员是联合计划组的核心成员，代表情报参谋部门协调联合作战情报准备等各项情报工作，[2] 为联合计划人员提供所需情报支援。情报计划人员参与整体作战计划设计和作战目标拟定，并设定评估作战计划实施效果的衡量标准，为作战计划制订和评估提供全程情报支援。[3]

情报计划人员与作战司令部计划部（J-5）协调，制订与指挥官计划时间表同步的情报计划时间表，并据此协调情报准备等各项工作，确保及

---

[1] 美军《重塑国防情报》称，建立联合情报行动中心的目的就是加强对作战司令部指挥官和国家情报主任的情报支援，实现更灵活的作战行动。William G. Boykin, "Defense Intelligence and Transformation", Seminar on Intelligence, Command, and Control, Guest Presentations, May 2007.p.16.

[2] U.S. Joint Chiefs of Staff, Joint Publication 2-01, *Joint and National Intelligence Support to Military Operations*, Washington, D.C.: GPO, 5 January 2017, p.III-4.

[3] U.S. Joint Chiefs of Staff, Joint Publication 2-0, *Joint Intelligence*, Washington, D.C.: GPO, 22 October 2013, p.IV-2.

时满足联合计划组的情报需求。[1] 就具体计划制订而言，情报计划人员与搜集管理人员和全源分析人员沟通，制订作战计划情报附件等情报类子计划。在作战计划的情报附件中，情报计划人员规定了作战计划相关"情报任务""情报行动概念"和"优先情报需求"，并筹划了搜集、处理和分发、分析和生产、分发和整合、评估和反馈等具体情报行动的实施方案。[2] 同时，情报计划人员参与作战等其他参谋部门非情报类附件的制定，为其提供间接的情报参考或是直接的情报内容。比如，情报计划人员负责协助作战人员制定"附件C（作战）"的"附录9（侦察）"以及"附件S（特种技术行动）"等，并根据实际需要向作战计划的"附件H（气象和海洋条件下的作战行动）"等提供分析支援和相关信息。此外，在作战计划实施过程中，情报计划人员会根据作战计划调整以及相应情报需求变化，及时更新作战计划的情报类附件。比如，情报计划人员会更新作战计划"情报附件"的"附录1（优先情报需求）"，并调整"情报附件"原有搜集和生产需求以及相关情报行动方案。

2. 组建情报红队

美军认为"红队"对于作战计划制订十分关键，应在作战计划制订单位组建"红队"，帮助作战计划人员进行辩证和创新思考，避免定式思维误区。[3] 联合情报行动中心派情报分析人员扮演"红队"，参与作战计划制订不同阶段各项工作。

"红队"主要由不同专业领域的情报分析专家构成，能够以独立于我方的敌方或第三方视角对现有作战环境下作战计划和行动的替代方案进行

---

[1] U.S. Joint Chiefs of Staff, Joint Publication 2-0, *Joint Intelligence*, Washington, D.C.: GPO, 22 October 2013, p.IV-5.

[2] U.S. Joint Chiefs of Staff, Joint Publication 2-01, *Joint and National Intelligence Support to Military Operations*, Washington, D.C.: GPO, 5 January 2017, p.III-5.

[3] U.S. Joint Staff J-7, Joint Doctrine Note 1-16, *Command Red Team*, Washington, D.C.: GPO, 16 May 2016, p.V-1.

充分考察，为作战计划制订各阶段提供情报支援。具体而言，在作战计划制订的作战方案分析和兵棋推演阶段，"红队"以敌方视角分析考察整体作战计划和行动可行性，提供调整改进办法。在随后的作战方案比较阶段，"红队"会评估影响作战方案实施情报制约要素，并重点阐述每个作战方案的优势和劣势，协助联合计划组选定最终作战方案。

第六章
联合情报行动中心的成效与问题

组建联合情报行动中心是信息化时代美军从组织体制上推动情报与作战一体化的核心举措。[1]在伊拉克战争以及美军之后的一系列军事行动中,联合情报行动中心在推动情报与作战一体化配合方面取得了良好成效,[2]但也在机构设置和运行方面存在需进一步解决的问题。

第一节 运行成效

美军认为,获得信息优势是情报支援的首要任务。信息化时代,信息

---

[1] U.S. Office of the Secretary of Defense, Public Affairs Office, "Remodeling Defense Intelligence (RDI) Initiative Fact Sheet", 22 March 2006.
[2] U.S. Department of Defense, Office of the Assistant Secretary of Defense (Public Affairs), "News Transcript, Press Availability on Joint Intelligence Operations Centers", Presenter: Deputy Under Secretary of Defense for Intelligence and Warfighter Support Lieutenant General William G. Boykin, USA, 12 April 2006.

环境发生的质变使信息优势的概念扩大，超越了只积累更多或更好信息的范畴。与作战割裂的情报能力和单纯信息优势只是战争胜利的前提，只有通过情报与作战紧密配合的内聚一体，将信息优势转化为决策优势和行动优势，才能真正将情报能力转化为战斗力，打赢信息化时代一体化联合作战。联合情报行动中心在"情报内部整合"以及"情报与作战整合"两方面，均取得了美军预期的情报与作战一体化成效。

情报内部整合能够塑造以作战为牵引的一体化情报能力进而获得信息优势，是美军夺取战场主动权、主导作战进程、打赢一体化联合作战的重要前提。联合情报行动中心统筹各级情报机构、各项情报活动以及各类情报信息，形成作战牵引的一体化情报能力，使美军具备紧贴作战、真正有利于作战行动的情报能力，[1]是美军获得信息优势的关键机构。信息搜集、分析和分发能力是衡量一体化情报能力的关键，也是情报内部整合效果的重要体现。美国国会资料以及最新《四年防务评估》等国防部研究资料表明，美国所面临威胁亟须综合和改进情报快速搜集、分析和使用的能力，[2]即信息搜集、分析和分发能力。美军认为，随着非传统、非对称安全威胁凸显，其军队越来越多地卷入反恐、维和等非传统军事行动中。较之于冷战时的目标"易寻难打"，全球反恐战争中的目标"易打难瞄"[3]，"以20世纪威胁为基础的情报搜集、整合、分析与分发能力"[4]已无法满足需要。联合情报行动中心整合各层级、各作战空间情报力量，形成了全方位、成

---

[1] William G. Boykin, "Defense Intelligence and Transformation", Seminar on Intelligence, Command, and Control, Guest Presentations, May 2007.

[2] Gerry J. Gilmore, "DoD to Set Up Joint Intelligence Operations Centers Worldwide", 12 April 2006.

[3] Rita Boland, *Expert Organization Soothes Transformation Growing Pains*, June 2007.

[4] U.S. Department of Homeland Security, *Air Domain Surveillance and Intelligence Integration Plan: Supporting Plan to the National Strategy for Aviation Security*, Washington D.C.: GPO, 26 March 2007, p.1.

体系的一体化情报能力，是一体化联合作战的基础和支撑。联合情报行动中心通过实现全维多源搜集、多层协作分析以及互动共享分发，构建了能够对全维战场进行实时同步侦控的一体化情报能力。

情报与作战整合能够将信息优势转化为决策优势和行动优势，是"美军将情报能力转化为战斗力并以情报能力为支撑实施一体化联合作战的关键"。联合情报行动中心以"增强情报与传统作战计划和行动职能融合"[1]为目标，通过推动情报融入作战指挥决策以及作战行动实施，将信息优势转化为决策优势和行动优势，显著提升了作战速度、强度和效果。

联合情报行动中心通过情报内部整合获得信息优势，进而通过情报与作战整合将情报优势转化为决策优势和行动优势。整个机构体系实际运行时，在战场情报搜集、分析和分发以及情报融入作战指挥决策和作战行动实施等方面都体现出十分可观的成效，有效推动了情报与作战一体化，塑造了美军一体化联合作战所需的情报能力。

一、实现全维多源搜集

多维一体是一体化联合作战的重要特征之一。一体化联合作战中，作战行动都是在指定地区的全维环境中进行，[2]作战行动由单一战场独立行动转变为多维一体化行动。[3]一方面，利用多维战场之间的制约关系，作战力量多维部署和行动能够提高抗毁力；另一方面，多维战场作战力量集中使用和跨多维战场行动协调配合能够实现对目标的一体化击破，提升战斗力。全维多源搜集是适应多维一体化作战需要、夺取多维一体化战场制权的关键。

---

[1] U.S. Office of the Secretary of Defense, Public Affairs Office, "Remodeling Defense Intelligence (RDI) Initiative Fact Sheet", 22 March 2006.
[2] 宁凌等编著：《一体化作战》，军事谊文出版社 2006 年版，第 180 页。
[3] 王克海等：《一体化联合作战研究》，解放军出版社 2005 年版，第 29 页。

美军联合情报行动中心整合了分布在各作战空间的传感器和搜集力量，构建了覆盖陆海空天战场的全维侦察网络。该网络实现了地面、海上、水下、空中和太空各种侦察手段相结合，图像、信号、人力、征候与预警、公开情报、技术和反情报等多种情报门类相补充，[1]以适应一体化联合作战全维多源的搜集需要。借助各级联合情报行动中心，[2]美军在伊拉克战争中已基本实现了覆盖全维战场的全维多源搜集。[3]美军以国家军事联合情报中心、中央司令部联合情报中心[4]以及在卡塔尔临时组建的联合情报信息中心[5]为主，在联合情报行动中心体系其他机构的配合下，将各作战空间情报力量整合为全维多源的"传感器网"，使伊拉克战场对美军单向透明，为战场作战部队提供了强有力的情报支援。伊拉克战争中，各类侦察卫星以及空中预警机、无人侦察机和特种侦察分队等全时段、全方位监视伊军动向；"太空情报与不断提高的近实时空中平台照相能力、电子情报侦察能力、信息情报侦察能力、人力情报处理能力、来自诸如特种部队的地面部队情报能力和公开情报资料相结合"[6]。美军通过联合情报行动中心对搜集力量的整合，基本实现了全维多源一体的搜集，形成了覆盖战场全方位一体化的侦察能力，为美军实施"快速决定性作战"提供了可靠的情报信息保障。

---

[1] 张晓军等：《美国军事情报理论研究》，军事科学出版社 2007 年版，第 296 页。
[2] 伊拉克战争时，美军建立了联合情报行动中心的前身——联合情报中心。
[3] 孙建民、汪明敏、杨传英：《情报战战例选析》，国防大学出版社 2010 年版，第 352 页。
[4] 中央司令部联合情报行动中心的前身。
[5] 联合情报信息中心由约 700 人组成，是美军伊拉克战场联合作战地域内情报工作总枢纽，相当于联合情报行动中心体系的联合特遣部队级机构。参见王及平主编：《一体化联合作战研究》，军事科学出版社 2005 年版，第 57 页。
[6] 〔美〕安东尼·H. 科德斯曼：《伊拉克战争：战略、战术及军事上的经验教训》，军事科学院世界军事研究部李辉光主译，军事科学出版社 2005 年版，第 355 页。

二、实现多元协作分析

信息优势的取得需要覆盖全维战场的多源搜集，更需要对数据信息的深度解析。一方面，全维战场产生了海量繁杂的作战信息；另一方面，多样化军事任务涉及政治、社会甚至经济等相关专业领域的信息。因此，全维多源搜集而来的数据信息需要各专业领域情报力量进行多元协作的综合分析鉴别，才能尽可能将繁杂的战场信息转化为准确可用于作战的情报，减少战争迷雾。

联合情报行动中心要尽可能与国家和国防情报专家以及学术界各相关领域专家协作，满足多元化情报分析需要。美军认为，国防部没有完备的常驻专业分析人员，所以联合情报行动中心既要获取国家和国防分析力量，还要"能接触到人类学家，接触到理解文化的人士，接触到国防部内没有的东西"。"联合情报行动中心要尽可能获取用户可能会需要的所有情报资源，充分开发和利用这些资源"。[1]

联合情报行动中心整合多元情报分析力量，统筹分析协作，有效加深了情报分析的深度[2]和准确性。国家联合作战和情报中心的直接支援分队是国防情报局分析处的危机管理办公室，负责在危机期间以及持续军事行动中获取国家和国防情报界多元分析支援。此外，预警中心内相应战区席位会得到国防情报局分析人员的直接增援扩编。战区司令部联合情报行动中心是向战场作战部队提供情报分析的主要机构，负责将相关信息需求发送给国家级中心的同时，通过虚拟平台使战区情报分析专家以及作战相关领域特别是人文、社会等非军事分析专家能够同步进行多元协作交流。联合特遣部队情报支援分队配备有国家分析增援力量，确保情报专家能够部

---

[1] William G. Boykin, "Defense Intelligence and Transformation", Seminar on Intelligence, Command, and Control, Guest Presentations, May 2007.

[2] Tyler Akers, "Taking Joint Intelligence Operations to the Next Level", Joint Force Quarterly, Issue 47, 4th Quarter 2007, p. 69, https://www.cia.gov/library/center-for-the-study-of-intelligence/kent-csi/vol43no3/pdf/v43i3a08p.pdf.

署在战区前沿，就近为作战部队提供最快捷详细的战场最新动态以及分析；同时能够获得来自战区司令部联合情报行动中心的分析产品支援，向基层作战部队持续提供敌方战斗序列等具体情报分析产品。多元协作分析能够加深情报分析的深度和全面性，同时通过虚拟协作或实地部署的方式真正"将分析人员送到作战环境中，使分析人员能够实时看到发生了什么"[1]，提高了情报分析的准确性和预测性。

以印太司令部联合情报行动中心为例。印太司令部联合情报行动中心"依照战场优先性将主要分析工作分为中国、反恐、朝鲜和泛太平洋地区四部分"[2]。"每部分内不仅配有全源情报分析人员还配有目标专家、图表专家以及情报协作专家等专业化人员，并提升了所有主要岗位的岗位等级和专业水准"[3]，保证有足够数量和水平的情报专家对各种复杂甚至特殊威胁进行分析评估。其分析人员负责与国家和国防情报界，甚至非政府研究机构相关专家开展多元合作，提高了情报预测分析能力，能够向作战实施者提供"更切合其情报需求"[4]的"动态局势分析、长期评估和威胁预测"[5]。

三、实现互动共享分发

情报分发是决定情报作用于作战的重要环节。"作战环境的复杂性要

---

[1] William G. Boykin, "Defense Intelligence and Transformation", Seminar on Intelligence, Command, and Control, Guest Presentations, May 2007.
[2] Tyler Akers, "Taking Joint Intelligence Operations to the Next Level", Joint Force Quarterly, Issue 47, 4th Quarter 2007, p.69.
[3] Ibid.
[4] Ibid.
[5] James D. Marchio, "The Evolution and Relevance of Joint Intelligence Centers", Studies in Intelligence, Volume 49, 1 Number 2006, https://www.cia.gov/csi/studies/vol49no1/html_files/the_evolution_6.html.

求对国家级到战术级的各类情报予以共享。"[1] 美军设立各级联合情报行动中心，旨在"将所有人和各种来源的情报统一链接在一个统一架构中，使所有人都能与其他人进行情报共享"[2]。联合情报行动中心各级机构间以网络链接为基础的互连、互操作，使各级决策者和指挥官能够进行实时信息共享，是成功打击全球联动敌人的关键。联合情报行动中心整合各类情报信息，通过将体制化逐级传递改为网络化发布抽取，"将战略级体制壁垒一路碾碎至战术级"[3]。"'国家级—战区级—战术级'无缝架构中的情报交互确保了互动视频传输、电子发布、数据转换和经处理的图像的传输"[4]，使各级指挥官和决策者实时互动共享，提升了分发的准确性，最大程度上缓解了信息冗余过载。

各级联合情报行动中心整合各类情报信息数据库并辅以开发便捷化检索处理工具，提升了情报信息向作战的分发效率。联合情报行动中心整合维护数据库，实现了情报信息近实时共享。"伊拉克联合情报行动中心将有关伊拉克情报信息的200多个数据库联网进行整合共享，阿富汗联合情报行动中心也是如此。"[5] 联合情报行动中心将所有作战层级的数据信息库集中整合为独立于指挥链的无缝链接信息系统，使所有层级的情报用户和分析人员能够平等获取各种图像和多种数据库，并同步生产情报产品以回应具体任务需要。联合情报行动中心提供的"这种上至战略情报、下达战

---

[1] U.S. Headquarters, Department of the Army, Field Manual No. 3-0, Operations, Washington, D.C., June 2001, pp.8-11.

[2] William G. Boykin, "Defense Intelligence and Transformation", Seminar on Intelligence, Command, and Control, Guest Presentations, May 2007.

[3] Defense Intelligence Agency, Intelligence Support to Warfighters: Response to a Changing Environment, Phase 1:Assessment of Joint Intelligence Center Functions, Washington, D.C., 1992.

[4] Ibid.

[5] William G. Boykin, "Defense Intelligence and Transformation", Seminar on Intelligence, Command, and Control, Guest Presentations, May 2007.

术情报的获取端口是情报分发不可或缺的支柱"[1]。联合情报行动中心开发便捷化检索处理工具，为快速获取情报信息进行情报分析提供了条件。情报用户和分析人员发起查询时，通过相关检索处理工具与各类数据库中的情报进行自动关联，抽取并呈送相关情报。"过去需 5 小时或 5 天的事情，现在 5 分钟就能完成。"以伊拉克联合情报行动中心为例。"我们从伊拉克得到了积极反馈，该中心采用单个资料分析数据库系统，可以节省大量时间。""伊拉克联合情报行动中心进行的分析能够在几分钟内完成，而老式中心完成同样工作需要几个小时。"[2]

四、情报融入作战指挥决策

一体化联合作战中，情报是基础，指挥控制是关键，作战指挥决策必须以情报为基础。情报融入作战指挥决策能够形成以情报为基础的指挥控制能力，将情报优势转化为决策优势。信息化时代作战环境复杂多变，要求作战指挥由"计划为中心"变为"行动为中心"。在作战实施过程中，各级各类指挥机构和作战部队，需针对战场情况变化，以行动为中心及时调整作战方案。"统一筹划、分布调控"的指挥控制方式要求指挥官具备自主同步调控能力，对情报提出了更高要求。

联合情报行动中心是美军作战指挥体系的情报架构，负责将情报融入作战指挥决策。一方面，联合情报行动中心各级机构为其对应指挥机构提供情报信息，使各指挥机构能够充分自主调控所需情报信息。比如，联合情报支援分队专门负责向联合特遣部队指挥官和参谋人员提供定制情报信息，能够

---

[1] Defense Intelligence Agency, Intelligence Support to Warfighters: Response to a Changing Environment, Phase 1: Assessment of Joint Intelligence Center Functions, Washington, D.C., 1992.
[2] William G. Boykin, "Defense Intelligence and Transformation", Seminar on Intelligence, Command, and Control, Guest Presentations, May 2007, p.24.

根据作战地域内战场动态，进行即时信息搜集处理，从而避免数据信息回传至更高层级情报机构处理，使基层作战部队指挥官能够根据实时动态信息，进行与作战进程同步的自主调控。另一方面，联合情报行动中心提升了作战指挥体系的情报共享程度，使指挥官能够在作战实施过程中自主同步调控。作战指挥体系情报共享程度提升，使各级指挥机构间从信息域的共享信息发展为认知域的共享态势感知。"态势感知共享是自同步的基础。"[1] 伴随情报共享程度加深的是各级指挥机构更高频率和更高质量的交互配合，从"协作"联合到"自同步"[2]一体（如图6.1所示）。图中纵轴表示情报共享程度的加深，横轴表示指挥控制协作程度的提升。九宫格中的数字"0"到"4"，依次呈现了指挥控制协作程度随情报共享程度加深而提升的不同阶段。"0"显示了各指挥机构过去依靠建制资源提供情报信息只能实现传统配合，"4"显示了各指挥机构现在通过态势感知共享达到了相互间的自同步。

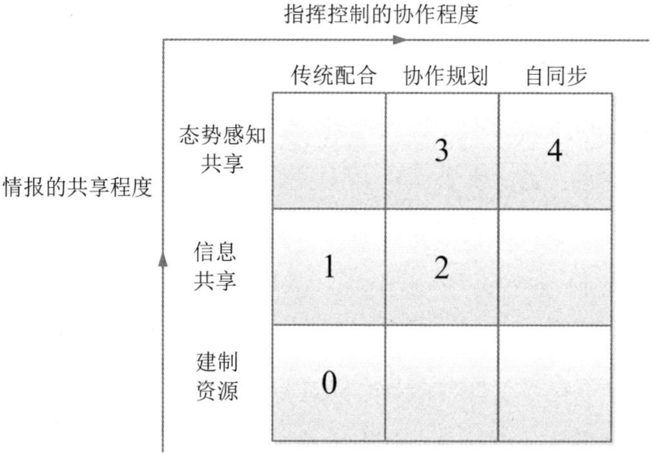

	传统配合	协作规划	自同步
态势感知共享		3	4
信息共享	1	2	
建制资源	0		

图6.1　情报共享对指挥控制的影响[3]

---

[1] Clayton D. Saunders, Al Qaeda: An Example of Network-Centric Operations, Naval War College, 4 February 2002, p.7.
[2] 《网络中心战——美国国防部呈国会报告》，军谊谊文出版社2009年版，第93页。
[3] 改编自"美军网络中心战应用成熟度模型图"。参见《网络中心战——美国国防部呈国会报告》，军事谊文出版社2009年版，第93页。

以伊拉克战争为例。前美军中央司令部汤米·弗兰克斯上将称，"伊拉克自由行动"中，美军指挥控制的协作能力达到了新水平，"我是在指挥作战，但我是通过我的下属们完成的"[1]。中央司令部联合情报行动中心向联合作战中心24小时不间断输送各种战场信息。"战场信息呈现在联合作战中心6个大显示屏上，每隔2～5分钟更新一次"[2]，确保战地最高指挥官和参谋人员近实时了解战场情况，及时进行自主决策判断。美军《2020年联合构想》规划在2020年时，美军所有任务的指挥控制能力都能达到自同步水平。

五、情报融入作战行动实施

情报融入作战行动实施能够形成情报驱动的一体化作战能力，将信息优势转化为行动优势。信息优势和决策优势只有转化为行动优势，获得较之于敌方的作战优势，才能真正实现情报与作战内聚一体，将情报能力转化为作战能力。信息化时代一体化联合作战节奏加快，作战行动与指挥控制日趋融合同步。[3]作战实施从机械化时代以计划为中心转变为信息化时代以行动为中心，成为贯穿观察、判断、决策和行动四环节，涉及信息域、认知域和物理域的"OODA环"（如图6.2所示）。作战实施的观察、判断、决策和行动四环节，均以情报为基础。观察是基于战场信息生成态势感知；判断是基于认知对战场态势进行分析评估；决策是基于理解将认知转化为作战意图；行动是基于作战意图实施作战方案。各环节分别以感知、认知、理解和意图为前提，依赖情报流以数据、信息以及态势感知等

---

[1]〔美〕汤姆·弗兰克斯：《美国士兵》，沈君安等译，中国青年出版社2006年版，第87页。
[2] 刘茂林：《美军网络中心战指挥与控制研究》，军事科学院博士学位论文，2010年6月，第71页。
[3] 宁凌等编著：《一体化作战》，军事谊文出版社2006年版，第162页。

形式贯穿链接，循环流转，进而推动整个作战实施进程。

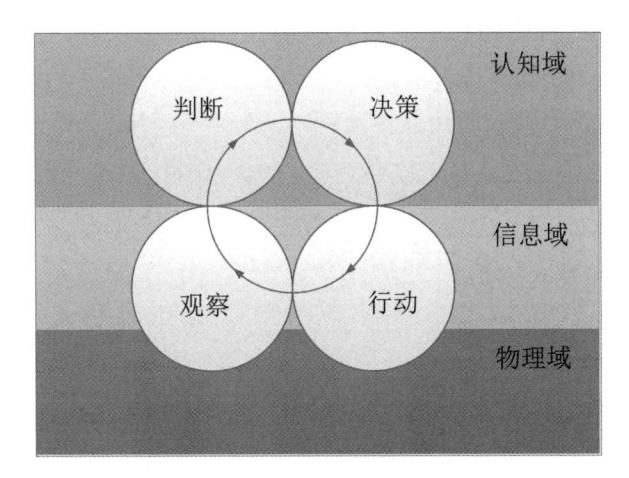

图6.2　贯穿信息域、认知域和物理域的"OODA环"

联合情报行动中心"统筹情报和作战覆盖战争全域的融合一体，推动了情报融入作战实施全程"。联合情报行动中心各级机构使不同空间和层级分散的作战要素和单元都能全方位实时感知战场态势，推动了"OODA环"快速流转，实现了观察、判断、决策、行动一体的快速反应行动。

一方面，联合情报行动中心直接向各作战要素和作战单元提供情报信息，缩短了情报流在作战体系中的传递时间，同时提高了传递的有效性。高质量情报在作战体系中快速高效流动，加速了作战进程，大幅压缩了"OODA环"轮转所需时间。加快的作战进程能够使美军行动快于敌方行动，先敌夺取作战主动权。

另一方面，联合情报行动中心情报和计划、作战部门交互，推动情报紧密作用于作战行动，带来了信息优裕度、可达度和交互质量的革新（如图6.3所示）。信息优裕度、可达度和交互质量的提升推动了观察、判断、决策和行动四环节紧密一体，为战场情况与指挥员决心之间以及战场指挥员决心和作战力量行动之间构建了"情况—决心—行动"的直通车,[1]使情报直接作用于作战行动。

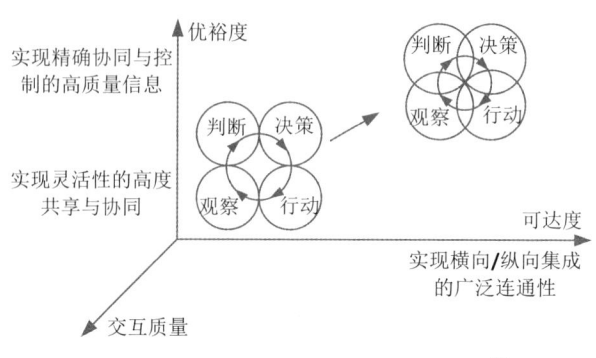

图6.3 四环节紧密一体的"OODA环"[2]

以美军原联合作战司令部联合情报行动中心[3]为例。该中心主任认为,"在当今作战环境下,联合部队指挥官必须能够得到情报并且有能力基于情报采取实时行动"[4]。"联合情报行动中心能够将情报及时送到作战人员和战斗人员手中"[5],使作战指挥机构能够及时获取实时战场信息,基于实时战场动态快速决策反应。以伊拉克战争为例。伊拉克战争中实现了"情报实体—联合情报中心—情报用户"的情报快速传递通道,[6]减少了情报传递层级,加大了情报输送量,使作战单元快速了解战场情况,迅速作出反

---

[1] 崔亚峰:《建立在军事信息网格基础上的一体化联合作战》,载《中国军事科学》2004年第5期,第37页。
[2] 改编自〔美〕大卫·阿尔伯特等:《网络中心行动的基本原理及其度量》,李耐和等译,国防工业出版社2007年版,第119页。
[3] 该中心全称为"联合情报行动中心试点(JIOC-X)",是联合作战司令部情报转型司令部下属机构。Rita Boland, *Expert Organization Soothes Transformation Growing Pains*, June 2007.
[4] Rita Boland, *Expert Organization Soothes Transformation Growing Pains*, June 2007.
[5] Ibid.
[6] 王及平主编:《一体化联合作战研究》,军事科学出版社2005年版,第60页。

应。伊拉克战争中，中央司令部联合情报行动中心及时提供关键目标等战场信息，使美军凭借战场态势感知优势，实施了快速决定性作战。

第二节　存在问题

联合情报行动中心是美军负责情报与作战一体化的专职机构，有效推动了信息化时代情报与作战的配合一体。随着美军情报与作战一体化深入推进，联合情报行动中心在机构设置和运行方面也亟须改进。在机构设置上，美军联合情报行动中心通过整体机构体系化布局、各级机构模块化组建以及机构间网络化关系构建，完成了机构设置预期目标。但与之相应的，在机构体系集权与分权、各级机构常设与临建以及机构关系固定与随机三方面仍存在需进一步平衡的问题。在机构运行上，美军联合情报行动中心以"情报内部整合"为基础进行"情报与作战整合"，有效推动情报与作战配合一体，但在"情报内部整合的协调与亲为"以及"情报与作战整合的专职与兼职"两方面仍存在需调整完善之处。

一、机构体系集权与分权

一体化联合作战是"集中指挥、分散实施"的多层一体化联合，其作战指挥呈现出"战略级决策、战役级控制、战术级协调"[1]的主要特征。联合情报行动中心各级机构对应相应层级指挥机构和作战部队需求，负责情

---

[1]　王克海等：《一体化联合作战研究》，解放军出版社 2005 年版，第 12 页。

报事务的"集中筹划、分散实施"[1]。集中筹划、分散实施的核心是整个机构体系集权与分权问题。

各级中心分工协作，围绕整体作战目标集中筹划情报支援，同时根据各级指挥机构和作战部队具体需求分散指导实施各级情报支援。一般而言，由国家联合作战和情报中心授权相应战区作战司令部联合情报行动中心作为战区级情报事务焦点，其他相关作战司令部联合情报行动中心为该受援作战司令部联合情报行动中心提供支援，并按需组建联合作战地域内联合情报行动中心或联合情报支援分队负责直接支援作战部队。集权意味着联合情报行动中心整个机构体系由服务国家决策层的国家联合作战和情报中心或是其授权的相应战区作战司令部联合情报行动中心负责全局统筹。分权意味着机构体系内作战司令部联合情报行动中心、联合作战地域内联合情报行动中心或联合情报支援分队享有完全独立的自主权。美军设立联合情报行动中心的目的，是将情报和作战一体的体制壁垒从战略级碾碎至战术级，将各层级指挥官、作战部队以及各种来源情报信息统一链接在一个组织架构中，使所有人员相互间都能进行情报共享。美军理想中的各级联合情报行动中心间不再是传统的等级体制上传下达关系，而是网络化分布的平等交互关系。这种平等交互关系应是集权与分权的平衡统一。集权的弊端是阻碍自主共享的官僚体制壁垒，而分权的弊端是无情报支援重点的低效共享。

美军在联合情报行动中心机构体系建设过程中，仍在探索集权和分权的平衡点。目前，美军仅规定平时全局战略预警由国家联合作战和情报中心统筹牵头负责；战时和危机时情报支援统筹协调"由国家联合作战和情报中心及担负主要任务的作战司令部联合情报行动中心，分别以国家级和战区级为重点"，共同负责。

---

[1] U.S. Joint Chiefs of Staff, Joint Publication 2-0, *Joint Intelligence*, Washington, D.C.: GPO, 22 June 2007, p. III-8.

二、各级机构常设与临建

一体化联合作战要求联合作战体系各作战要素和作战单元打破原有军种和层级结构，通过积木式优化重组，达到效能倍增的内聚一体。联合情报行动中心通过组建各级机构对情报和作战进行模块化优化重组，推动情报与作战功能耦合达至内聚一体。这种优化重组既要适应常规任务，具有一定稳定性；又要针对具体危机事件，具备适度灵活性。需要常设和临建机构兼顾稳定性和灵活性。一般而言，常设机构稳定性强，其内部要素经长期磨合，配合程度高于临建机构；而临建机构灵活性大，对危机事件的反应速度以及应对具体任务的适应能力高于常设机构。

联合情报行动中心各级机构与联合作战体系中的机构都面临如何在常设与临建中求得平衡的问题。美军认为联合作战体系应从组建之初就是打破军种的联合混编，通过国防体制改革建设也逐渐建立独立于各军种部的常设国家级和战区级联合作战指挥机构。联合情报行动中心对应国家和战区级作战指挥机构设立了常设国家联合作战和情报中心以及各作战司令部联合情报行动中心。常设的国家和战区级机构各功能组长期配合、默契协作，能够满足国家和战区级常规战略战役任务需要，整合情报与作战，但应对危机的平战转换能力不足。目前联合情报行动中心国家和战区级机构加强了危机和战时扩编机制，通过建立临时工作组等方式，以弥补常设机构的灵活性欠缺。美军联合作战体系中联合特遣部队是负责具体战役战术任务的小规模模块化部队，一般情况下根据具体任务临时组建，部分部队也存在常设化发展趋势。[1] 联合情报行动中心针对联合特遣部队情报与作战整合需要，规定可按需临时设立联合情报支援分队或战役级联合情报行

---

[1] 美国国防部 2001 年《四年防务审查报告》中明确要建立"常设联合特遣部队司令部"和"常设联合特遣部队"。

动中心。联合情报行动中心联合特遣部队级临时机构根据具体任务选建内部职能单位，能够有针对性地满足情报与作战整合的各种具体任务。但由于抽调组建时间短，各职能单位之间或内部配合不足，联合特遣部队级临建机构效率有待提高。目前美军联合情报行动中心仍在根据联合特遣部队常设化建设情况平衡该层级机构的常设和临建问题。

三、机构关系固定与随机

联合情报行动中心各机构间的网络化关系使各级机构能够同步协作互动，统筹情报与作战内聚一体。这种同步协作互动不仅需有章可循，更应灵活自主。因此各机构间网络化关系需在固定与随机间取得平衡。

"情报联盟"和《国家情报支援计划》等是美军预先规定协作互动关系的支援方案，根据不同任务对联合情报行动中心各机构间协作关系进行规定。大部分方案将各机构间的协作职责按规定固定下来，具有一定强制性，以确保机构间的协作互动能够有序进行。但固定的协作职责在实施过程中难免会僵化，而摒弃固定协作职责的随机调整又会带来无序、冗余等弊端。美军通过改进支援方案寻求各机构间权责固定和随机调整的平衡，然而效果仍不尽如人意。

以"情报联盟"为例。应对危机或实施作战的主要作战司令部的联合情报行动中心会通过正式的情报联盟协议与其他作战司令部联合情报行动中心等联盟伙伴建立支援关系，[1]得到联合情报行动中心各级机构情报人员和资产等直接或间接的增援。情报联盟预先由联合参谋部情报部、各作战司令部情报参谋部门等相关单位计划并以相应的《作战计划》《国家情报支援计划》或协议备忘录等形式确立，明确支援关系，确保权责固定，并

---

[1] U.S. Joint Chiefs of Staff, Joint Publication 2-01, *Joint and National Intelligence Support to Military Operations*, Washington, D.C.: GPO, 5 January 2012, p.III-7.

在危机突发时根据需要迅速调整组建临时性危机情报联盟，避免随机调整出现无序协作。

具体而言，一般当危机出现后，相关作战司令部联合情报行动中心协助情报部评估情报能力、判明情报能力缺口，按预先计划通过正式电报请求联盟伙伴支援，启动联盟程序。如果危机并非之前所预计的，则由受援作战司令部联合情报行动中心向国家联合作战和情报中心申请建立临时危机情报联盟。国家联合作战和情报中心对存在冲突的伙伴需求进行调整，协助联合参谋部情报部危机行动处确立危机情报联盟，并对其实施进行监督并提供指导和协助。必要时，国家联合作战和情报中心会通过协调，对支援需求的优先性进行重新排序，发现联盟伙伴资源不足以继续完成危机支援任务时，会适时解散支援伙伴关系并对情报联盟关系进行调整。情报联盟在一定程度上缓解了联合情报行动中心各机构间权责固定和随机调整的矛盾。然而由于情报联盟制定需考虑向危机模式转化，赋予作为联盟伙伴的各机构较大灵活调整空间，较之于其他支援方案，权责相对松散，对各机构约束力较弱，实施中仍会陷入无序、冗余的弊端。目前，美军仍在寻求各机构间权责固定和随机调整的平衡。

四、情报内部整合的协调与亲为

美军设立联合情报行动中心旨在针对作战统筹提供情报支援，在情报内部整合基础上，实现情报与作战一体化联合。美军就情报内部整合做过很多尝试。1961年成立国防情报局专门负责国防情报事务，向军事行动提供情报支援；随后设立了情报事务国防部副部长以及相关国防部办公室等，负责整合国防情报界事务；直到成立联合情报行动中心，美军才有了成体系的专职机构负责情报内部整合，统筹联合作战情报支援。在此过程中，联合作战情报支援统筹一直在管理协调和事必躬亲之间摇摆，存在协调与亲为的矛盾。协调能够充分利用多方力量优化资源利用，机构本身不需较大规模；亲为是自主进行分析生产等情报活动，能够迅速满足需求且针对性强。

国防情报局更多的是亲为，主要以亲自从事国防情报分析等具体情报业务为主，辅以沟通协调国防情报界相关机构；情报事务国防部副部长以及相关国防部办公室等主要行使宏观管理协调权。联合情报行动中心机构体系直接对应作战指挥体系各指挥机构，较之于国防情报局等机构，规模更大，情报事务统筹能够更全面直接，但协调和亲为更难准确定位。

美军在情报内部整合过程中，仍在探讨协调和亲为的配比问题。就联合情报行动中心自二战至今的发展历程而言，其职能体现更多的是协调，亲为逐渐减少。各级机构因对应指挥机构层级和职能不同而不尽相同。一般而言，处于较高指挥层级的联合情报行动中心更多进行协调，较低指挥层级的因距离战场和作战部队相对较近而更多进行亲为。比如，国家联合作战和情报中心负责管理协调针对作战的国家级情报支援；各作战司令部联合情报行动中心一般是协调和亲为兼顾；联合作战地域联合情报行动中心和联合情报特遣队以亲为为主，根据现场作战部队所需自主生产情报信息。目前，美军最难定位的是作战司令部联合情报行动中心的协调和亲为程度。战区作战司令部是联合作战指挥链的中心环节，是战区最高指挥机构。其相应联合情报行动中心在整个机构体系中任务最重，亲为进行自主情报分析生产，能够及时满足作战司令部需求，但所需机构规模和人员数量较多。[1] 协调其他力量却面临战区情报力量有限的困难，需与前沿作战部队争夺情报资源。

---

[1] Captain James T. Cannon, USN, Improving Joint Reserve Intelligence Support to the Supported Commands' Joint Intelligence Operations Centers, Joint Forces Staff College, 13 July 2008.

五、情报与作战整合的专职与兼职

美军最初设立机构负责整合情报与作战时，有两种方案。一是设立负责情报与作战整合的专职机构，该机构应集情报和作战职能为一体，能与作战部门平等沟通协调，统筹情报和作战事务；二是设立负责情报与作战整合的兼职机构，该机构只具备情报职能，专职负责统筹情报事务，在情报内部整合基础上兼职整合情报与作战。

第一种方式能够将情报与作战职能合二为一，其机构组建本身就实现了情报与作战功能耦合，且因其既能统筹情报事务也能指挥作战，对情报和作战整合效力较强。第二种方式组建的机构本质上是情报机构，只负责针对作战统筹情报事务，在情报与作战整合上，更多的是通过与作战部门沟通，协调情报工作对作战进行配合，对作战部门影响力不足，因此对情报和作战整合效力较弱。然而第一种方式组建的机构相当于包含情报和作战部门在内的司令部，面临阻力大，较为困难。因为就美军作战部门对情报职能地位的认同而言，作战部门虽认同情报于作战的重要性但尚未认同情报部门能够与作战部门平等协作，甚至由作战部门履行战场搜集等情报职能。正如美国原负责情报事务的副国防部长所言，"如果不是来自作战部门的阻力，联合情报行动中心早该成为联合情报作战司令部（Joint Intelligence Operations Command）了"[1]。

目前，联合情报行动中心仍在平衡专职和兼职整合情报与作战。在联合情报行动中心各级机构中，国家级机构正向专职整合情报与作战的方向发展。国家联合作战和情报中心作为联合情报行动中心国家级机构，

---

[1] William G. Boykin, "Defense Intelligence and Transformation", Seminar on Intelligence, Command, and Control, Guest Presentations, May 2007, p.23.

接纳了来自联合参谋部情报部、作战部和计划部部分人员,[1] 在履行情报职能的同时融入部分作战职能,为情报职能和作战职能同步协作提供了平台。

---

[1] U.S. Joint Chiefs of Staff, Joint Publication 2-01, *Joint and National Intelligence Support to Military Operations*, Washington, D.C.: GPO, 5 January 2012, p. II-13.

第七章
联合情报行动中心的发展趋势与启示

信息化时代的新军事革命已经成为世界军事发展的必然趋势。世界主要国家纷纷加紧推进军事转型,加快新型作战力量建设步伐,大国博弈明显加剧。信息化时代为情报与作战密切配合提供了技术支撑,也对其配合程度提出了更高要求。美军深入推进情报与作战一体化,加紧发展和调整联合情报行动中心机构体系,同时也为我军紧跟新军事革命、把握信息化时代制胜机理带来了宝贵启示。

第一节 发展趋势

随着美军情报与作战一体化深入发展,联合情报行动中心的实效得到广泛认可,地位愈加重要。美军针对联合情报行动中心机构设置和运行中尚未解决的问题，规划了未来机构建设和运行的发展方向，在后备力量、部署方式和联合组训以及情报内部协作、情报与作战协作等方面均进行了调整和改进。

一、后备力量梯队化

联合情报行动中心各级机构针对指挥机构具体需求分工协作。整个机构体系平时保持能够履行日常职能的最低标准，危机和战时得到国家和军种情报机构增援进行扩编。随着美军联合作战情报支援工作日趋成熟规范，联合情报行动中心在整个情报支援工作中的核心地位进一步确立，开始担负战略预警等越来越多更为具体和关键的职能。美军愈加注重整个机构体系的后备梯队力量建设，加强平时情报能力之余，也便于提升整个机构体系危机反应能力，迅速进行平战转换。

以美军联合预备情报中心（Joint Reserve Intelligence Center, JRIC）和联合情报预备队（Joint Reserve Intelligence Units, JRIU）为例。联合预备情报中心是"为作战司令部联合情报行动中心储备后备情报力量的'卫星机构'"[1]，由军种部管理，通过情报网络与作战司令部、各军种和战斗支援机构链接在一起，是围绕联合情报行动中心而建的情报支援网络上的"子节点"。联合预备情报中心可以进行作战环境联合情报准备、制定作战方案优先性情报需求和情报附件并充当"红队"。"所有作战司令部联合情报行动中心能做的事，联合预备情报中心基本都能够完成。"[2] 联合情报预备队是联合预备情报中心的后备力量。该预备队指挥官被称为"远程情报主任"，编有来自各军种情报代表以及各类情报人员。

---

[1] James T. Cannon, USN, "Improving Joint Reserve Intelligence Support to the Supported Commands' Joint Intelligence Operations Centers", Joint Forces Staff College, 13 July 2008.
[2] Ibid.

目前，美军仍在加强联合情报行动中心机构体系后备力量梯队化建设，已建成 20 多家分布全国的联合预备情报中心以及中央司令部联合情报预备队。联合预备情报中心"平时负责联合情报生产和训练活动并为作战司令部联合情报行动中心分担一部分任务"[1]。战区作战司令部联合情报行动中心会将辖区内国家分若干个给相应预备中心。[2] 危机和战时，联合预备情报中心接收接到动员命令的预备役情报力量或联合情报预备队，首先通过分担任务的方式减轻作战司令部联合情报行动中心工作负荷，必要时就近派遣预备役情报人员扩编联合情报行动中心。梯队化后备力量能够科学有序地分担各级联合情报行动中心任务，是美军完善联合情报行动中心机构体系建设的未来趋势。

二、部署方式多样化

美军"对应国家和战区级作战指挥机构设立常设国家联合作战和情报中心以及各作战司令部联合情报行动中心，应联合特遣部队需要设立临时联合情报支援分队或战役级联合情报行动中心"[3]。无论是常设或临建机构都是实体机构。随着美军情报与作战一体化发展，联合情报行动中心成为针对作战统筹情报工作的重要方法，其部署方式也愈加灵活多样，甚至出现了以网络形式存在的虚拟机构。

美军在规范联合情报行动中心常设和临建机构的同时，探索尝试了以虚拟网络部署为代表的多样化部署方式。美军信息化战争时代网络中心战

---

[1] J. R. Olson, "Theater Exercise Intelligence Support Needs a 'Renaissance'", Naval War College, 2004.
[2] James T. Cannon, USN, "Improving Joint Reserve Intelligence Support to the Supported Commands' Joint Intelligence Operations Centers", Joint Forces Staff College, 13 July 2008.
[3] U.S. Joint Chiefs of Staff, Joint Publication 2-01, *Joint and National Intelligence Support to Military Operations*, Washington, D.C.: GPO, 5 July 2017, p.II-7.

理论对其情报工作产生了重要影响。以网络为中心使得战场物理空间大幅收缩，战场前沿与后方距离拉近、界限模糊，在战场地理空间高度分散的情报力量能够以网络为中心高效整合。此外，鉴于情报本质是可以存在于网络中的信息，网络环境下，虚拟节点间能够实现更为高效快捷的分布式协作共享，实现基于网络的虚拟整合。正如美军学者迈克·格林伍德在《合众为一：改善网络中心环境下的情报支援》中所言，较之于困难重重的情报实体整合，虚拟化的整合也是不错的选择。[1]信息化战争的核心特征是网络中心取代平台中心，作为实体机构存在的情报中心仍属于平台范畴，会逐步向虚拟化发展。伊拉克战争中，美军设计开发了虚拟"伊拉克联合情报行动能力（系统）"（Joint Intelligence Operations Capability-Iraq，JIOC-I），并成功在"伊拉克自由行动"中的营级部队使用，进行战术情报整合。"伊拉克联合情报行动能力（系统）"不再是实体机构，而是相当于网络化情报系统的虚拟机构。各级作战指挥官通过网络端口链接到伊拉克联合情报行动中心，都能实时搜索、提取数据信息并就情报加工生产进行同步虚拟协作。[2]

网络虚拟中心等多样化部署方式代表了联合情报行动中心的未来趋势，使其组建更为灵活快捷且更广泛适用于各级指挥机构。美军重视探索联合情报行动中心的多样化部署方式，也为美军提升情报工作带来了契机。美陆军甚至在伊拉克联合情报行动中心的基础上，开发了陆军分布式通用地面系统（Distributed Common Ground System-Army，DCGS-A），并将该系统从军、师级逐渐配备至营级作战部队，推动更大

---

[1] Michael D. Greenwood, *E Pluribus Unum: Enhancing Intelligence Support in the Network Centric Environment*.

[2] Major Kevin A. McAninch, *Intelligence Campaign Planning: An Opportunity for the Army in Defense Intelligence Synchronization,* School of Advanced Military Studies, United States Army Command and Staff College, AY 06-07, pp.21-22.

范围的情报协作共享。[1]

三、联合组训常态化

信息化时代情报与作战内聚一体要求联合情报行动中心各级机构能够实时互动，同步协作共享。美军自组建联合情报行动中心各级机构起，就十分重视通过联合组训加强机构间的协作配合。美军原联合作战司令部下属联合转型司令部专门启动了转型试验版联合情报行动中心（JIOC-Transformation，JIOC-X），专门负责联合情报行动中心联合训练并开发、试验协作技术和方法。目的是确保联合情报行动中心各级机构都按照一套相同标准运行，机构之间由标准化网络进行链接并具互操作性，能够实现实时信息协作共享。[2]

随着美军情报与作战一体化进程发展，联合情报行动中心内部有越来越多的国家情报机构、各军种情报机构代表以及作战和计划部门代表。联合组训能够加强联合情报行动中心各机构之间以及机构内部情报人员与作战、计划部门代表协作，对整个机构有效运行尤为重要。围绕作战开展情报协作的联合组训逐步向经常性、常态化发展。

一方面，美军赋予作战司令部就战区范围和职能领域业务需要进行实战情报联训的职能。作战司令部负责牵头开展各级别、各类型的联合情报训练，提高联合情报行动中心各级机构的交互能力与反应能力。例如，印太司令部下属驻韩美军司令部在 2006 年和 2012 年就朝鲜核试验实战演训，驻韩美军司令部联合情报行动中心协作配合。另一方面，美军规定定

---

[1] Major Kevin A. McAninch, *Intelligence Campaign Planning: An Opportunity for the Army in Defense Intelligence Synchronization,* School of Advanced Military Studies, United States Army Command and Staff College, AY 06-07, p.29.

[2] Rita Boland, *Expert Organization Soothes Transformation Growing Pains*, June 2007.

期调整更新战区作战计划，同时就情报附件中机构间的支援协作关系进行演训并进行评估调整。例如，印太司令部对战区作战计划的情报部分进行审核，推动以联合情报行动中心为主的相关情报机构高效无缝协作。[1]

四、情报内部协作机制化

联合情报行动中心统筹情报内部整合，协调国家和国防情报机构以及战区和战术等各级情报机构，就各类情报活动实施以及各项情报产品生产和分发进行全面协作。随着美军联合作战情报支援日趋成熟，越来越多的情报机构参与到美军联合作战情报支援中。强化对作战支援机构和各军种情报机构的整合并促进更为广泛的部门间、国家间合作与共享，是美军情报内部协作的必经之路。成熟的协作机制成为联合情报行动中心未来发展重点。

美军在日常演习和作战计划调整中建立健全针对作战任务的情报协作机制，加强对作战支援机构和各军种情报机构整合。印太司令部联合情报行动中心在 2006 年"终极暴怒演习"（Exercise Terminal Fury）中，以情报"红队"等实战情报工作建立并检验情报协作机制。此外，美军加快推行情报行动计划制订，以其为契机建立针对具体作战任务的情报协作机制。驻韩美军司令部联合情报行动中心在 2004—2005 年间用 9 个月时间将《美对朝作战计划（OPLAN5027）》等战区作战计划"情报附件"中的静态情报评估调整为动态情报行动计划，在此期间演练了相关作战支援机构和军种情报机构在实施情报行动中的协作配合。特种作战司令部也在 2007 年年初完成了对《全球反恐作战计划（OPLAN7500）》等计划的情报

---

[1] Tyler Akers, "Taking Joint Intelligence Operations to the Next Level", *Joint Force Quarterly*, Issue 47, 4th Quarter 2007, p.70. https://www.cia.gov/library/center-for-the-study-of-intelligence/kent-csi/vol43no3/pdf/v43i3a08p.pdf.

行动演练和情报计划更新。其他作战司令部在2015年前后陆续完成对主要作战计划情报行动计划的演练和更新。[1]情报协作机制以情报行动计划制定更新为牵引，进一步得以确立和规范化。

美军在技术创新和文化建设中建立情报协作机制，加强对部门间、国家间情报工作的整合。美军引入"情报百科"（Intellipedia）进行技术创新，加强联合情报行动中心与国家情报界的情报协作。"情报百科"源于维基百科技术，其原理与互联网维基百科相似，能够让用户随时创建、编辑、增补或改写信息，就情报事务进行广泛协作共享。[2]印太司令部联合情报行动中心率先利用"情报百科"，促进联合情报行动中心所辖战区情报机构通过接入"情报百科"端口与国家情报机构就情报事务同步协作。联合情报行动中心带来协作方面的变革，不仅是技术上的，更是文化上的。[3]美军加强协作文化建设，由"需要知道"（Need-to-Know）向"有义务分享"（Responsibility-to-Share）转变并倡导"基层化"政策（Stay-low Policy），以此改进和强化情报人员的协作意识，推动联合情报行动中心与战场基层作战部队以及盟国部队的情报协作共享。美军以协作技术创新和文化建设为基础塑造的协作机制，在未来联合情报行动中心发展中将扮演重要角色。

五、情报与作战协作例行化

联合情报行动中心推动情报与作战一体化，促进情报部门与作战

---

[1] Major Kevin A. McAninch, *Intelligence Campaign Planning: An Opportunity for the Army in Defense Intelligence Synchronization,* School of Advanced Military Studies, United States Army Command and Staff College, AY 06-07, p.33-34.

[2] Gordon Schacher, Richard Kimmel and Douglas MacKinnon, PACOM JIOC—Business Process Model, Naval Postgraduate School Monterey, CA 93943-5000, Dec-2009, p.3.

[3] Rita Boland, *Expert Organization Soothes Transformation Growing Pains*, June 2007.

和计划部门协作,"更紧密地将情报和传统的作战和计划职能整合在一起"[1]。国家联合作战与情报中心是"情报与作战一体化深入发展的新产物,它不只履行情报职能,更接纳了来自联合参谋部情报、作战和计划部门部分人员"[2],"构建了促进情报、计划和作战深度协调同步的新平台"。作战司令部联合情报行动中心和联合特遣部队情报中心也设立了来自作战和计划部门代表,为情报与作战和计划沟通协作提供便利。联合情报行动中心以组织制度的方式为情报、作战和计划部门协作提供平台并将其固定下来,使情报与作战的交流成为日常惯例,[3]使情报、作战和计划人员能够例行协作。

联合情报行动中心不仅是组织结构的变革,也标志着文化和新思维模式的转变。"美军将情报、作战和计划部门人员聚集在国家级、作战司令部以及战术级情报中心,旨在转变完成情报任务的方式。"[4]以印太司令部联合情报行动中心为例。该中心运行重点始终是"将情报、作战和计划进行融合",以提升印太司令部作战的速度、能力和战斗效力。"其变化不再停留在'组织层面',而是深入延伸到理念层面,使机构间能够协调合作,进行例行的情报交流,为情报流程成功运转提供持续能量和动力。"[5]印太司令部联合情报行动中心内的情报随时可被获取,情报人员更加习惯与印

---

[1] U.S. Office of the Secretary of Defense, Public Affairs Office, "Remodeling Defense Intelligence (RDI) Initiative Fact Sheet", 22 March 2006, http://www.defenselink.mil/home/pdf/RDI-Fact-Sheet.pdf.

[2] U.S. Joint Chiefs of Staff, Joint Publication 2-01, *Joint and National Intelligence Support to Military Operations*, Washington, D.C.: GPO, 5 January 2012, p. II-13.

[3] Captain James T. Cannon, USN, *Improving Joint Reserve Intelligence Support to the Supported Commands' Joint Intelligence Operations Centers*, Joint Forces Staff College, 13 July 2008, p.5.

[4] Rita Boland, *Expert Organization Soothes Transformation Growing Pains*, June 2007.

[5] Gordon Schacher, Richard Kimmel, Douglas MacKinnon, *PACOM JIOC—Business Process Model*, Naval Postgraduate School Monterey, CA 93943-5000, Dec-2009. p.69.

太司令部作战和计划各方面紧密协作配合，根据任务所需轻松调整情报需求优先次序并实时提供所需情报，并按要求向印太司令部联合作战中心提供"更切合其情报需求"的情报支援。[1]

印太司令部联合情报行动中心及其下属驻韩美军司令部联合情报行动中心"在情报、作战和计划一体化方面处于领先地位"。随着美军情报、作战和计划一体化进程的深化，情报、作战和计划之间的界限已愈加模糊，[2] 美军情报工作从一种参谋功能转化为既有参谋功能同时又具有作战意义。[3] 联合情报行动中心领导不再仅来自情报领域，也会来自计划或是作战领域，抑或是由兼具三个领域任职背景的新型领导担任。未来的各级联合情报行动中心特别是作战司令部联合情报行动中心也会向国家联合作战和情报中心发展，接纳更多作战和计划部门人员与情报人员一同工作，成为情报、作战和计划沟通协作的平台。联合情报行动中心使情报与作战协作真正成为一种日常惯例深入人心，很可能会合并联合作战中心，最终成为集作战、计划和情报职能于一身的真正的作战中心（operation center）。正如美军所言，"未来美军也不再需要联合情报行动中心或是联合作战中心，只需要（集作战、计划和情报职能于一身的）作战中心"[4]。

---

[1] Tyler Akers, "Taking Joint Intelligence Operations to the Next Level", *Joint Force Quarterly*, Issue 47, 4th Quarter 2007, p.69.

[2] Rita Boland, *Expert Organization Soothes Transformation Growing Pains*, June 2007.

[3] Gerry J. Gilmore, DoD to Set Up Joint Intelligence Operations Centers Worldwide, April 12, 2006, http://www.globalsecurity.org/intell/library/news/2006/intell-060412-afps01.htm。

[4] Lt. Gen. Jerry Boykin, Press Availability on Joint Intelligence Operations Centers, 12 April 2006, p.9.

第二节 有关启示

"世界新军事革命给我军提供了难得的历史机遇,同时也提出了严峻挑战。机遇稍纵即逝,抓住了就能乘势而上,抓不住就可能错过整整一个时代。"[1]他山之石,可以攻玉。借鉴美军联合作战情报中心的建设经验以及其情报与作战一体化运行原理,能够根据世界主要军事大国成功经验,契合现代战争打赢制胜的内在机理,对我军适应新军事革命、完成向信息化条件下一体化联合作战转变具有十分重要的意义。

一、立足作战效能倍增,塑造一体化情报体系

联合情报行动中心是美军为适应信息化时代一体化联合作战,实现情报与作战"一体化"联合的组织制度设计的核心,是"美军联合作战情报支援的焦点"。联合情报行动中心立足作战效能倍增,打破美军情报体系原有"烟囱似"壁垒,推动了情报与作战内聚一体,塑造了能够最大限度共享的一体化情报体系。当前我军处于由机械化向信息化过渡的关键时期,一体化联合作战是未来发展的必然趋势。立足作战效能倍增,塑造与一体化联合作战相符的一体化情报体系是我军的必然选择。为适应信息化战争新趋势和军事使命任务拓展新要求,我军正进行军事体系调整改革以构建中国特色现代军事力量体系。就情报体系而言,我军组建了战略支援部队作为"维护国家安全的新型作战力量和我军新质作战能力的重要增长点"。战略支援部队根据新型作战力量建设内在规律和新质作战能力生成

---

[1] 中华网《伟大的变革 历史的跨越》,http://www.china.com.cn/news/2017-09/10/content_41562655.htm.

机理，将"坚持体系融合，高标准高起点推进一体发展"作为指导思路，以重塑情报部队这一新型力量体系，打造新质作战能力。

（一）紧贴作战任务，分层管理新型作战力量体系

联合情报行动中心对应联合作战指挥体系各层级设立相应中心，分别负责整合国家和国防情报机构、战区以及任务区情报力量，紧贴作战任务对情报资源进行优化配置，管理各项情报活动，及时向决策者和指挥官提供作战计划、实施和评估所需各类全源情报产品。我军组建战略支援部队，旨在针对作战整合构建一体化情报体系，推动情报与作战一体化联合，进而实现作战效能倍增。针对作战任务，分层管理战略支援部队构成的新型作战力量体系，是塑造一体化情报体系的首要措施。各级情报部门应担负相应情报管理职责，紧贴作战任务，分别从国家、战区和基层部队视角协调部署情报力量，统筹情报活动、汇总情报信息。联参情报要素应根据作战任务结合主战战区司令部需要，统筹调配其他战区情报增援力量，并贯彻"军民一体"，协调获取国家层面非军事情报力量支援。战区司令部负责解析作战任务具体情报需求，据其统筹部署战区内各军种情报力量，组织搜集和生产等具体情报活动，汇总情报信息并向战区内作战部队分发按需定制的情报产品。作战部队情报要素主要负责管理基层情报力量，接收和分发情报信息，按需同步实施战场情报活动。

（二）以搜集、分析和分发为重点，培养新质作战能力

搜集、分析和分发是一体化情报能力的重心，也是塑造一体化情报体系的重点内容。美军联合情报行动中心对全维战场进行实时同步侦控，通过全维多源的搜集、多元协作的分析以及互动共享的分发，形成了"全方位、成体系"的一体化情报能力，实现了作战效能倍增。战略支援部队作为我军的独立情报力量部队，应以搜集、分析和分发为核心，培养新质作

战能力。信息化战争是覆盖陆海空天网电各作战空间的一体化联合作战。应整合分布各作战空间传感器和搜集力量，构建覆盖陆海空天战场的全维侦察网络，将地面、海上、水下、空中和太空各种侦察手段相结合，图像、信号等多种来源情报相补充，形成全维多源的搜集能力。通过全维多源搜集能力获取的海量繁杂信息需专业化的全面深度分析才能真正用于作战，减少战争迷雾。应整合多元情报分析力量，就专项问题组织国家和国防情报专家以及学术界各相关领域专家开展虚拟或实地协作研讨，提升情报分析准确性和预测能力。情报分发直接决定了情报作用于作战的效能。应加强情报数据库和分发网络建设，采取抽取和推送双向分发方式，推动情报用户与情报生产者在分发过程中能够互动共享实时信息，提升情报分发准确性的同时缓解信息冗余过载。

（三）以多层互动共享为核心，建训情报协作机制

情报共享决定了整个情报体系一体化程度，是塑造一体化情报体系的关键。在情报搜集时间不变的情况下，共享能够改善信息环境，增加信息交互，大幅降低认知偏差，迅速提升作战效能。美军联合情报行动中心负责在国防部、作战司令部和各作战层级间实现信息互动共享，确保整个军方都能获取各种来源的全部情报。美军原联合作战司令部下属联合转型司令部的转型试验版联合情报行动中心（JIOC-X），专门负责各级中心信息共享的技术研发和联合组训，旨在实现各级中心间基于实时信息的协作共享。我军组建战略支援部队的目的是整合重塑情报体系。共享是衡量整合效果的重要指标，也是新质作战力量体系一体化程度的体现。我军应以多层互动共享为核心，建训情报协作机制。各级情报机构应针对不同作战任务建立协作机制，并通过定期演训调整改进协作机制。情报协作机制能够培养各层级情报机构就同一作战任务同步实时共享情报信息的能力，使战略支援部队能够以允许所有情报机构看到并产生共识的方式进行情报搜

集、呈现和分发，使整个情报体系能够进行远程实时的信息共享，达到一体化的整合效果。

二、聚焦情报与作战功能耦合，构建情报作战一体化统筹体系

联合情报行动中心为情报与作战沟通合作提供了平台，通过连通情报支援体系与作战指挥体系，从组织结构上改变了情报要素和作战指挥要素的相互作用方式，推动了情报和作战功能耦合、内聚一体。我军在改革中新建了战略支援部队和联合作战指挥体制，分别整合了情报体系和作战指挥体系。目前我军对情报内部整合十分重视，旨在通过情报内部整合实现情报与作战的紧密配合。情报与作战内聚一体是实现信息化条件下一体化联合作战的关键。聚焦情报与作战功能耦合，构建情报与作战一体化统筹体系是我军顺应世界军事变革，向信息化战争过渡的必然要求。

（一）以战区为枢纽，设立各级情报作战统筹机构

联合情报行动中心对应美军作战指挥体系设立各级中心，构建一体化情报支援体系，并分层整合情报和作战，推动了情报支援体系和作战指挥体系联动一体，实现了情报要素与作战要素功能耦合。我军应以战区为枢纽，建立与新的联合作战指挥体制一致的各级情报作战统筹机构。战区是我军实施联合作战的主要指挥层级，也是整个作战指挥体系中情报与作战任务最为繁重、最需沟通协作的重要层级。应以战区为枢纽，设立情报作战统筹机构，为情报与作战沟通提供平台，推动情报和指挥控制这两个一体化联合作战中最关键要素的融合，继而对应作战指挥体系，按需在其他层级设立相应统筹机构，密切融合情报支援体系与作战指挥体系，形成体系化集成的联合作战体系。一方面使信息请求能够以最快捷的方式得到充

分满足，另一方面，形成情报与作战密切关联、有机互动的功能耦合的联合作战体系，生成体系化作战能力。

（二）以情监侦和态势感知为重点，培养情报与作战习惯化协作

情监侦是情报活动也是作战行动，态势感知是情报信息作用于作战决策的过程。两者都兼具情报和作战职能属性。美军联合情报行动中心协调情报和作战部门统筹实施情监侦和态势感知，推动情报和作战常态化跨域协作，实现情报和作战功能耦合。我军应以情监侦和态势感知为重点，培养情报部门和作战部门协作习惯，推动情报与作战习惯化协作。各级情报机构与相应层级作战部门就情监侦进行常态化协作，整合国家、战区和战术侦察力量，统筹制订侦察计划，调配各层级侦察力量实施与联合部队作战行动同步的侦察活动，并对数据信息进行实时回传处理和分发。各级作战决策者和指挥官应培养与情报部门协作的习惯，持续不间断获取现有最新信息，并与情报人员同步获悉战场情况、保持认知一致。

（三）以情报计划为内容，建立情报与作战联训机制

情报计划是基于作战计划的情报活动实施纲领，目的是统筹情报活动与作战活动紧密配合一致达至实时同步。美军联合情报行动中心根据作战计划制订相应情报计划并定期演练和更新，确保情报与作战能够基于具体作战任务紧密配合达至一体。我军应以情报计划为内容，建立情报与作战联训机制，推动情报与作战配合一体。应根据作战计划制订与之相符的情报行动计划支援作战行动，并基于该计划开展情报与作战联训。联训中，要及时根据作战计划调整更新情报计划，灵活实施情报行动，尽可能确保情报行动能够与作战行动同步配合，切实满足作战部队情报需求。

三、围绕以知识为中心的体系化作战，推动情报与作战内聚一体

信息化战争是以知识为中心的体系化作战，各军种作战要素以情报为基础紧密联合、体系集成，要求情报能够与作战同步配合、内聚一体，实现情报驱动的作战效能倍增。联合情报行动中心针对作战统筹情报工作，为作战指挥提供按需定制的情报信息，并与作战行动同步实施情报活动，使情报和作战以前所未有的方式紧密配合达至一体，实现了作战效能倍增。我军已开始认识到情报对体系化作战能力形成的重要作用，成立了战略支援部队作为行使情报职能的独立部队对整个情报体系进行整合。正如美军前参联会副主席欧文斯所言："陆军、海军、空军都将只不过是历史的产物，你也许将成立一个把所有传感器放在一起的军种用于观察战场，你可能想有一个称之为'主导性机动'的军种。"[1] 未来在整合情报体系的基础上，围绕以知识为中心的体系化作战，促进情报与作战指挥和行动的融合，推动情报与作战内聚一体是下一阶段的建设重点。

（一）以指挥控制为重点，推动情报与作战体系融合

一体化联合作战中，情报是基础，指挥控制是关键。情报与指挥控制充分融合能够形成以情报为基础的一体化指挥控制能力，是信息优势转化为决策优势的关键。美军联合情报行动中心为各级作战指挥机构提供实时同步的情报信息，将情报融入作战指挥体系，推动情报与作战体系融合。我军应构建各级决策者和作战部队平等交互共享的情报网络，为指挥控制网络提供信息支持。一方面，以情报网络为基础的指挥控制网应整合各军

---

[1] 〔美〕比尔·欧文斯：《拨开战争的迷雾》，胡利平、李耀宗译，国际文化出版公司、北京妇女儿童出版社 2001 年版，第 230 页。

种和各作战要素，将作战单元作为网络节点构建一体化联合的作战网络，实现"从传感器到射手、从军事统帅到散兵坑的'无缝信息链接'"[1]，形成以网络为中心的一体化作战体系。另一方面，应统筹情报机构直接支援各级决策指挥者和作战部队指挥官，搭建情报体系和作战指挥体系链接的桥梁，推动情报和指挥控制体系融合，构建以情报体系为基础、作战指挥体系为核心、各要素体系化集成的一体化联合作战体系。

（二）以作战行动为导向，推动情报与作战实时同步

情报融入作战行动能够使情报与作战实时同步，是决策优势转化为行动优势的关键。信息优势和决策优势转化为行动优势，将情报能力转化为作战能力，实现情报与作战内聚一体。美军联合情报行动中心是链接情报用户与情报机构的枢纽，通过与作战同步实施情报活动，直接向作战部队指挥官输送所需情报，提升了情报的时效性和传递速度。我军应以作战行动为导向，推动情报与作战实时同步。一方面，加强对基层作战部队的情报支援，跟踪作战行动实时同步进行情报活动，确保直接向各作战要素和作战单元提供情报信息，缩短情报流在作战体系中的传递时间，同时提高传递的有效性。另一方面，与作战行动实时同步的情报活动能够使各军种和作战要素实时感知全维战场环境，将空间上分散的各作战力量集中于相对有限的空间内更紧密地联系在一起，形成效能倍增的体系化作战能力。

（三）以情报驱动为思路，推动情报与作战紧密一致

情报相当于人的眼睛、神经和大脑。信息化战争的作战指挥和行动都必须立足于情报驱动。联合情报行动中心是美军一体化联合作战中链接情

---

[1]《网络中心战——美国国防部呈国会报告》，杨辉审译，军事谊文出版社2009年版，第35页。

报和作战的枢纽，将情报与作战指挥和行动以前所未有的紧密程度凝聚一体，推动情报与作战密切配合，形成了以情报为驱动的一体化作战体系。我军应坚持以情报为驱动，加强情报对作战的影响力，推动情报与作战紧密一致。一方面，情报部门应及时掌握和跟进作战指挥官和部队的情报需求，确保情报力量调配、情报活动实施以及情报信息提供都能紧贴作战需要。另一方面，指挥官和作战部队应与情报部门同步沟通，执行战场搜集任务并获取情报，确保作战指挥决策和作战行动实施都能基于实时情报，推动情报与作战实现一体化配合下的效能倍增。

参考文献

一、中文文献

1. 著作

[1] 〔美〕安东尼·H.科德斯曼:《伊拉克战争:战略、战术及军事上的经验教训》,军事科学院世界军事研究部李辉光主译,军事科学出版社2005年版。

[2] 〔美〕托马斯·F.特罗伊:《历史的回顾——美国中央情报局的由来和发展》,狄奋、李航译,群众出版社1988年版。

[3] 〔美〕艾伯茨:《信息时代美军的转型计划:打造21世纪的军队》,李耐和等译,国防工业出版社2011年版。

[4] 〔美〕弗雷德里克·W.卡根:《寻找目标——美国军事政策的转型》,王春生等译,军事科学出版社2010年版。

[5] 〔美〕史蒂芬·罗宾斯:《组织行为学》,孙敏健、李原译,中国人民大学出版社2005年版。

[6] 〔美〕大卫·阿尔伯特等：《网络中心行动的基本原理及其度量》，李耐和等译，国防工业出版社 2007 年版。

[7] 〔美〕詹姆斯·邓尼根、雷蒙德·马赛多尼亚：《美军大改革——从越南战争到海湾战争》，海南出版社 1999 年版。

[8] 〔美〕比尔·欧文斯：《拨开战争的迷雾》，胡利平、李耀宗译，国际文化出版公司、北方妇女儿童出版社 2001 年版。

[9] 崔师增、陈希滔主编：《美军高技术作战理论与战法》，国防大学出版社 1993 年版。

[10] 陈学惠等译编：《美军作战指挥体制改革》，军事科学出版社 2013 年版。

[11] 车军辉：《美军联合作战情报支援问题研究》，军事科学出版社 2011 年版。

[12] 崔师增、王勇男主编：《美军联合作战》，国防大学出版社 1995 年版。

[13] 董鸿宾主编：《美国军事基本情况》，军事科学出版社 2013 年版。

[14] 高元新：《美国情报文化研究——从思维行动到决策的透视》，军事谊文出版社 2008 年版。

[15] 关永豪等主编：《美军一体化联合作战理论研究》，解放军出版社 2006 年版。

[16] 李耐国：《军事情报研究》，军事科学出版社 2001 年版。

[17] 李植云主编：《美军联合作战理论研究》，国防大学出版社 1995 年版。

[18] 李春立等：《美军战术级联合作战专题研究》，军事科学出版社 2005 年版。

[19] 刘宗和、高金虎：《第二次世界大战情报史》，解放军出版社 2009 年版。

[20] 刘鹏等主编：《走向军事网格时代》，解放军出版社 2004 年版。

[21] 任国军：《美军联合作战情报支援研究》，军事科学出版社 2010 年版。

[22] 任连生主编:《基于信息系统的体系作战能力概论》,军事科学出版社 2011 年版。

[23] 孙建民、汪明敏、杨传英:《情报战战例选析》,国防大学出版社 2010 年版。

[24] 孙建民等:《战后情报侦察技术发展史研究》,军事科学出版社 2008 年版。

[25] 《网络中心战——美国国防部呈国会报告》,杨辉审译,军事谊文出版社 2009 年版。

[26] 蒙塔古:《超级机密》,王敬之、朱琴译,群众出版社 1980 年版。

[27] 宁凌等:《一体化作战》,军事谊文出版社 2006 年版。

[28] 徐红梅、宋远航:《教育科学研究方法原理与应用》,黑龙江教育出版社 2007 年版。

[29] 徐根初:《跨越:从机械化战争走向信息化战争》,军事科学出版社 2004 年版。

[30] 王克海等:《一体化联合作战研究》,解放军出版社 2005 年版。

[31] 王保存:《世界新军事变革新论》,解放军出版社 2003 年版。

[32] 王保存:《面向信息化战争的军事理论创新》,解放军出版社 2005 年版。

[33] 王及平主编:《一体化联合作战研究》,军事科学出版社 2005 年版。

[34] 阎学通、孙学峰:《国际关系研究实用方法》,人民出版社 2001 年版。

[35] 曾苏南:《一体化联合作战专题研究》,军事科学出版社 2004 年版。

[36] 周晓宇:《联合作战概论》,白山出版社 2010 年版。

[37] 赵丕等主编:《冷战后外国新军事思想研究》,军事科学出版社 2011 年版。

[38] 张晓军等:《美国军事情报理论研究》,军事科学出版社 2007 年版。

[39] 张晓军主编：《美国军事情报理论著作评介》，时事出版社 2005 年版。

[40] 张锦炎：《海湾战争情报工作》，解放军出版社 1995 年版。

[41] 张维明等主编：《一体化联合作战导论》，军事科学出版社 2010 年版。

[42] 张红霞：《教育科学研究方法》，教育科学出版社 2009 年版。

[43] 张召忠：《怎样才能打赢信息化战争》，世界知识出版社 2004 年版。

[44] 张伶军：《一体化联合作战理论发展与实践探索》，军事谊文出版社 2006 年版。

[45] 冯兆新主编：《美军联合作战理论研究》，国防大学出版社 2001 年版。

[46] 军事科学院世界军事研究部：《美国军事基本情况》，军事科学出版社 2004 年版。

[47] 《美军联合作战新构想》，军事科学院世界军事研究部译，军事科学出版社 2005 年版。

[48] 军事科学院世界军事研究部、中国国防科技信息中心编译：《海湾战争——美国国防部致国会的最终报告》，军事科学出版社 1992 年版。

[49] 军事科学院世界军事研究部：《战后世界局部战争史》，军事科学出版社 2008 年版。

[50] 军事科学院世界军事研究部：《世界军事革命史》，军事科学出版社 2012 年版。

[51] 原总参谋部军训和兵种部：《美军联合作战与联合训练（论文精选）》，军事科学出版社 2005 年版。

[52] 中国军事百科全书军事情报学编写组：《中国军事百科全书（第 2 版）学科分册——军事情报》，军事科学出版社 2007 年版。

[53] 中国军事百科全书军事情报学编写组：《中国军事百科全书——军事情报学分册》，军事科学出版社 1992 年版。

2. 文章

[1] 崔军：《浅谈美军联合作战的情报支援》，《现代军事》1998 年第 8 期。

[2] 王保存：《美国军事转型的七个运行环节》，《现代军事》2005 年第 10 期。

[3] 宋筱元、纪光阳：《论孙子兵法中的情报决策观》，（台）《"中央警察大学"警学丛刊》2007 年第 4 期。

[4] 任国军：《浅析美国关于情报流程的理论认识》，《解放军外国语学院学报（社会科学版）》2012 年第 2 期。

[5] 戴禹祺：《活用战场情报准备》，（台）《陆军学术月刊》2004 年第 1 期。

[6] 潘学俊：《"全球信息栅格"揭开神秘面纱》，《解放军报》2003 年 7 月 9 日，第 11 版。

[7] 王保存：《美国军事转型的七个运行环节》，《现代军事》2005 年第 10 期。

[8] 王克整编：《美国空间战演习浅析》，《国外卫星动态》2005 年第 3 期。

[9] 谢志渊：《从情报学发展趋势探讨"国军"战场情报准备工作之发展》，（台）《陆军学术月刊》2003 年第 10 期。

[10] 赵丕：《浅析外军信息化作战与建设实践》，《外国军事学术》2006 年第 8 期。

[11] 陈树岐：《联合战役侦察情报指挥体系建设问题初探》，《军事学术》2002 年第 2 期。

[12] 付岩松、朱荣杰：《美国军事情报体系透析》，《外国军事学术》2003 年第 7 期。

[13] 车军辉、程恺：《美军联合作战情报支援的主要特点》，《解放军理工大学学报（综合版）》2011 年第 5 期。

[14] 车军辉、马骁：《美军联合作战情报支援指挥体制探析》，《海军学

术研究》2011 年第 10 期。

[15] 李智林、李建坡：《析美军一体化联合作战情报支援的特点》，《外国军事学术》2004 年第 10 期。

[16] 罗宝红：《美军联合作战情报支援体系建设的主要特点及发展趋势》，《外军信息化研究》2011 年第 1 期。

[17] 匡巨彦：《浅析美军联合情报支援分队对联合特遣部队的情报支援》，《解放军外国语学院学报（社会科学版）》2012 年第 5 期。

[18] 梅宪华：《美军联合作战情报支援理论述略》，《军事历史研究》2011 年第 2 期。

[19] 崔亚峰：《建立在军事信息网格基础上的一体化联合作战》，《中国军事科学》2004 年第 5 期。

二、英文文献

1. 官方文件

[1] CENTCOM CCJ2 (Central Command/J-2) Briefing, "Organizations and Functions in Desert Shield/Desert Storm", Unpublished Transcript, CENTCOM, 1991.

[2] Congressional Research Services, Reforming Defense Intelligence, CRS Report for Congress, Washington D.C., 1992.

[3] Defense Intelligence Agency, Intelligence Support to Warfighters: Response to a Changing Environment, Phase 1: Assessment of Joint Intelligence Center Functions, Washington, D.C.,1992.

[4] Defense Intelligence Agency, A Brief History: 35 Years Committed to Excellence in Defense of the Nation, DIA Historical Research Support Branch, Washington, D.C.: GPO, 1995.

[5] Defense Intelligence Agency, 50 Years Committed to Excellence in Defense of the Nation, DIA Historical Research Support Branch, Washington, D.C.: GPO, 2011.

[6] U.S. Office of the Director of National Intelligence, National Intelligence Strategy, 2023, p.16.

[7] Office of the Under Secretary of Defense for Intelligence, "JIOC After Next", 2006.

[8] "Organization and Operations of JICA-JIARC", Records of Office of Assistant Chief of Staff, G2, Intelligence, Historical Studies and Related Records of G-2 Components, Washington, D.C.: National Archives, 1 August 1945.

[9] Key Issues Relevant to Actionable Intelligence, Torch Bearer, National Security Report, 2005.

[10] U.S. Armed Forces Staff College, Staff Officers' Manual for Joint Operations, 1948—49, Washington, D.C.: National Archives, 1950.

[11] U.S. Armed Forces Staff College, "Intelligence for Joint Forces", Washington, D.C.: National Archives, January 1976.

[12] U.S. Joint Chiefs of Staff, Joint Action Armed Forces (JAAF) manual, Washington, D.C.: National Archives, 1951.

[13] U.S. Joint Chiefs of Staff, "Establishment of Joint Intelligence Divisions as part of the Joint Staff in Unified Commands under the JCS", Washington, D.C.: National Archives, 21 May 1951.

[14] U.S. Joint Chiefs of Staff, Joint Publication 1, Joint Doctrine for the Armed Forces of the United States, Washington, D.C.: GPO, 10 January 1995.

[15] U.S. Joint Chiefs of Staff, Joint Publication 1, Doctrine for the Armed

Forces of the United States, Washington, D.C.: GPO, 20 March 2009.

[16] U.S. Joint Chiefs of Staff, Joint Publication 1, Doctrine for the Armed Forces of the United States, Washington, D.C.: GPO, 23 March 2013.

[17] U.S. Joint Chiefs of Staff, Joint Publication 1, Doctrine for the Armed Forces of the United States, Washington, D.C.: GPO, 12 July 2017.

[18] U.S. Joint Chiefs of Staff, Joint Publication 1-0, Joint Personnes Support, Washington, D.C.: GPO, 01 December 2020.

[19] U.S. Joint Chiefs of Staff, Joint Publication 1-02, Department of Defense Dictionary of Military and Associated Terms, Washington, D.C.: GPO, 15 February 2016.

[20] U.S. Joint Chiefs of Staff, Joint Publication 1-02, Department of Defense Dictionary of Military and Associated Terms, Washington, D.C.: GPO, August 2017.

[21] U.S. Joint Chiefs of Staff, Joint Publication 1-02, Department of Defense Dictionary of Military and Associated Terms, Washington, D.C.: GPO, January 2020.

[22] U.S. Joint Chiefs of Staff, Joint Publication 2-0, Joint Doctrine for Intelligence Support to Operations, Washington, D.C.: GPO, 5 May 1995.

[23] U.S. Joint Chiefs of Staff, Joint Publication 2-0, Doctrine for Intelligence Support to Joint Operations, Washington, D.C.: GPO, 15 March 2000.

[24] U.S. Joint Chiefs of Staff, Joint Publication 2-0, Joint Intelligence, Washington, D.C.: GPO, 22 June 2007.

[25] U.S. Joint Chiefs of Staff, Joint Publication 2-0, Joint Intelligence, Washington, D.C.: GPO, 22 October 2013.

[26] U.S. Joint Chiefs of Staff, Joint Publication 2-01, Joint and National

Intelligence Support to Military Operations, Washington, D.C.: GPO, 7 October 2004.

[27] U.S. Joint Chiefs of Staff, Joint Publication 2-01, Joint and National Intelligence Support to Military Operations, Washington, D.C.: GPO, 05 January 2012.

[28] U.S. Joint Chiefs of Staff, Joint Publication 2-01, Joint and National Intelligence Support to Military Operations, Washington, D.C.: GPO, 05 July 2017.

[29] U.S. Joint Chiefs of Staff, Joint Publication 2-03, Geospatial Intelligence in Joint Operations, Washington, D.C.: GPO, 31 October 2012.

[30] U.S. Joint Chiefs of Staff, Joint Publication 2-03, Geospatial Intelligence in Joint Operations, Washington, D.C.: GPO, 5 July 2017.

[31] U.S. Joint Chiefs of Staff, Joint Publication 3-0, Joint Operations, Washington, D.C.: GPO, 17 September 2006 (Incorporating Change 1, 13 February 2008).

[32] U.S. Joint Chiefs of Staff, Joint Publication 3-0, Joint Operations, Washington, D.C.: GPO, 11 August 2011.

[33] U.S. Joint Chiefs of Staff, Joint Publication 3-0, Joint Operations, Washington, D.C.: GPO, 17 January 2017.

[34] U.S. Joint Chiefs of Staff, Joint Publication 3-33, Joint Task Force Headquarter, Washington, D.C.: GPO, 30 July 2012.

[35] U.S. Joint Chiefs of Staff, Joint Publication 3-10, Joint Security Operations in Theater, Washington, D.C.: GPO, 13 November 2014.

[36] U.S. Joint Chiefs of Staff, Joint Publication 3-05, Special Operations, Washington, D.C.: GPO, 16 July 2014.

[37] U.S. Joint Chiefs of Staff, Joint Publication 3-60, Joint Targeting,

Washington, D.C.: GPO, 13 April 2007.

[38] U.S. Headquarters, Department of the Army, Field Manual No. 2-0, INTELLIGENCE, Washington, D.C., 23 March 2010.

[39] U.S. Headquarters, Department of the Army, Field Manual No. 3-0, Operations, Washington, D.C., June 2001.

[40] U.S. Joint Chiefs of Staff, Chairman of the Joint Chiefs of Staff Instruction (CJCSI) 3340.2B, Joint Enterprise Integration of Warfighter Intelligence, Washington, D.C.: GPO, 24 October 2013, pp. D-1-2.

[41] U.S. Joint Chiefs of Staff, Chairman of the Joint Chiefs of Staff Instruction (CJCSI) 3115.01, Common Tactical Picture Reporting Requirements, 10 October 2014.

[42] U.S. Joint Chiefs of Staff, Chairman of the Joint Chiefs of Staff Instruction (CJCSI) 3110.05E, Military Information Support Operations Supplement to Joint Strategic Capabilities Plan, 30 September 2011.

[43] U.S. Joint Chiefs of Staff, Chairman of the Joint Chiefs of Staff Manual (CJCSM) 3500.03E, Joint Training Manual for the Armed Forces of United States, Washington, D.C.: GPO, 20 April 2015.

[44] U.S. Joint Chiefs of Staff, Chairman of the Joint Chiefs of Staff Manual (CJCSM) 3130.01A, Campaign Planning Procedures and Responsibilities, Washington, D.C.: GPO, 25 November 2014.

[45] U.S. Joint Staff J-7, Joint Doctrine Note 1-16, Command Red Team, Washington, D.C.: GPO, 16 May 2016.

[46] U.S. Joint Staff J-7, Deployable Training Division, Insights and Best Practice Paper, Assessment, Washington, D.C.: GPO, July 2013.

[47] U.S. Joint Staff J-7, Joint Staff Officer Handbook, Staffing and Action Guide, Washington, D.C.: GPO, August 2012.

[48] U.S. Joint Warfighting Center, Commanders Handbook for Persistent Surveillance, Washington, D.C.: GPO, 20 June 2011.

[49] U.S. Office of the Director of National Intelligence, U.S. National Intelligence Overview, 2013.

[50] U.S. Office of the Secretary of Defense, Public Affairs Office, "Remodeling Defense Intelligence (RDI) Initiative Fact Sheet", 22 March 2006.

[51] U.S. Office of the Secretary of Defense, Public Affairs Office, "Joint Intelligence Operations Center (JIOC) Fact Sheet", 22 March 2006.

[52] U.S. Defense Intelligence Agency, Office of Public Affairs, "Defense Joint Intelligence Operations Center (DJIOC) Frequently Asked Questions", 12 April 2006.

[53] U.S. Defense Intelligence Agency, Office of Public Affairs, Press Release, "DIA Update: Defense Intelligence Operations Coordination Center", 3 October 2007.

[54] U.S. Defense Intelligence Agency, Strategic Plan 2007-2012: Leading the Defense Intelligence Enterprise, http://www.dia.mil/thisisdia/2007-2012_DIA_Strategic_Plan.pdf.

[55] U.S. Secretary of Defense Memorandum, "Strengthening Defense Intelligence", 15 March 1991.

[56] U.S. Deputy Secretary of Defense Memorandum, "Implementation Guidance on Restructuring Defense Intelligence and Related Matters", 8 May 2003.

[57] U.S. Department of Defense, Final Report to Congress: Conduct of the Persian Gulf War, Washington, D.C.: GPO, 1992.

[58] U.S. Joint Chiefs of Staff, Chairman of the Joint Chiefs of Staff Report

on the Roles Missions, and Functions of the Armed Forces of the United States, Washington, D.C.: GPO, 10 February 1993.

[59] U.S. Department of Justice, Federal Bureau of Investigation, "Timeline of FBI History", http://www.fbi.gov/libref/historic/history/historicdates.htm.

[60] U.S. Department of Homeland Security, Air Domain Surveillance and Intelligence Integration Plan: Supporting Plan to the National Strategy for Aviation Security, Washington D.C.: GPO, 26 March 2007.

[61] United States, Congress, Joint Committee on the Investigation of the Pearl Harbor Attack, Pearl Harbor Attack, Hearings, 79th Congress, Washington D.C.: GPO, 1946.

[62] U.S. Congress, Senate, Committee on Armed Services, Operation DESERT SHIELD/DESERT STORM, Hearings, Washington, D.C.: GPO, 1991.

[63] U.S. Defense Intelligence Agency, "Concept of Operations for the National Intelligence Support Team", Washington, D.C.: GPO, 22 March 1995.

[64] U.S. Defense Intelligence Agency, Office of Public Affairs, Press, "STRATCOM's Joint Functional Component Command for Intelligence, Surveillance and Reconnaissance Formally Opens for Business", 13 September 2006.

[65] U.S. Intelligence Community, 500 Days Plan, Integration and Collaboration, 10 October 2007, http://www.dni.gov/500-day-plan/500-day-plan.pdf.

[66] United States Transportation Command, USTRANSCOM Pamphlet 38-1, Intelligence Directorate (TCJ2)/ Joint Intelligence Operations Center (JIOC-TRANS) Organization and Functions, 12 May 2011.

[67] U.S. Department of Defense Inspector General, Unclassified Report of Investigation on Allegations Relating to USCENTCOM Intelligence Products, Washington, D.C.: GPO, January 31, 2017.

[68] 16th International Command and Control Research and Technology Symposium, All-source Information Management and Integration for Improved Collective Intelligence Production, 16th ICCRTS"Collective C2 in Multinational Civil-Military Operations" Québec City, Canada, June 21–23, 2011.

[69] U.S. Department of Defense Directive 5105.21, Defense Intelligence Agency, 18 March 2008.

[70] U.S. Office of the Inspector General: Joint intelligence Centers' Support for Operating Forces, Department of Defense Audit Report No. 95-163, 31 March 1995.

[71] U.S. Pacific Command, Joint Intelligence Center Pacific (JICPAC) Organization and Functions Manual, Hawaii:, 1993.

[72] U.S. Special Operation Command, Joint Intelligence Center (JIC) Organization Chart and Mission Statements,1994.

[73] U.S. Under Secretary of Defense for Intelligence Memorandum, "Re-designation of U.S. Joint Force Command (USJFCOM) Joint Intelligence Transformation-Intelligence (JTC-I) as Joint Operational Intelligence Center (JIOC)", 10 March 2010.

[74] U.S. Department of Defense, Office of the Assistant Secretary of Defense (Public Affairs), "News Transcript, Press Availability on Joint Intelligence Operations Centers", Presenter: Deputy Under Secretary of Defense for Intelligence and Warfighter Support Lieutenant General William G. Boykin, USA, 12 April 2006, http://www.defenselink.mil/transcripts/transcript.aspx?transcriptid=1243.

2. 著作

[1]   Carter, Ashton B., and John P. White, *Keeping the Edge: Managing Defense for the Future*, Cambridge, MA.: MIT Press, 2001.

[2]   Chizek, Judy G., *Military Transformation: Intelligence, Surveillance and Reconnaissance*, Congressional Research Service, January 17, 2003.

[3]   Dover, Robert, *Routledge Companion to Intelligence Studies*, Routledge, London, 2015.

[4]   Hopple, Gerald W., and Bruce W. Watson, *The Military Intelligence Community*, Boulder, CO.: Westview Press, 1986.

[5]   Holmes, W. J., *Double-Edged Secrets: U.S. Naval Intelligence Operations in the Pacific during World War II*, Annapolis, MD.: Naval Institute Press, 1979.

[6]   Irvin, Stewart, *Organizing Scientific Research for War: The Administrative History of the Office of Scientific Research and Development*, Boston, MA.: Little, Brown and Company, 1948.

[7]   Layton, Edwin T., *Roger Pineau and John Costello, And I Was There: Pearl Harbor and Midway-Breaking the Secrets*, N.Y.: Quill, 1985.

[8]   May, Ernest R., *Knowing One's Enemies*, N.J.: Princeton University Press, 2001.

[9]   Moore, Jeffrey M., *Spies for Nimitz: Joint Intelligence in the Pacific War*, Washington, D.C.: Naval Institute Press, 2003.

[10] Joseph A. McChristian, *Vietnam Studies: The Role of Military Intelligence, 1965–1967*, Washington, D.C.: Department of the Army, 1974.

[11] Packard, Wyman H., *A Century of US Naval Intelligence*, Washington, D.C.: Department of the Navy, 1996.

[12] Specter, Ronald H., *Listening to the Enemy: Key Documents on the Role of Communications Intelligence in the War with Japan*, Wilmington, D.C.: Scholarly Resources, Inc., 1988.

[13] Shellum, Brian, *A Chronology of Defense Intelligence in the Gulf War: A Research Aid For Analysts*, DIA History Office, 1997.

[14] Shellum, Brian, *Defense Intelligence Crisis Response Procedure and the Gulf War*, DIA History Office, 1996.

[15] Scanlon, Charles Francis, *In Defense of the Nation: DIA at Forty Years*, Washington, D.C.: GPO, 2002.

[16] Warner, Michael and J. Kenneth McDonald, *US Intelligence Community Reform Studies since 1947*, Washington, D.C.: Center for the Study of Intelligence of CIA, 2005.

[17] Wilson, John Hughes, *Military Intelligence Blunders*, N.Y.: Caroll & Graf Publishers, Inc., 1999.

[18] Worley, D. Robert, *Shaping U.S. Military Forces, Revolution of Relevance in a Post-Cold War World*, Westport, CT.: Praeger Security International, 2006.

3. 论文和文章

[1] Akers, Tyler, "Taking Joint Intelligence Operations to the Next Level", Joint Force Quarterly, Issue 47, 4th Quarter 2007, pp. 69-71.

[2] Barros, Alfred, "Joint Intelligence Center Pacific Peacetime Intelligence Support to the Pacific Command: A Study of Intelligence Readiness", Washington, D.C.: Joint Military Intelligence College, 1995.

[3] Boykin, William G., "Defense Intelligence and Transformation", Seminar

on Intelligence, Command, and Control, Guest Presentations, May 2007.

[4] Boland, Rita, "Expert Organization Soothes Transformation Growing Pains", June 2007, www.http://www.afcea.org/content/?q=expert-organization-soothes-transformation-growing-pains.

[5] Burgess, Ronald L., "History of the Defense Intelligence Agency", Intelligence: Journal of U.S. Intelligence Studies, Summer/Fall 2012, pp.25-29.

[6] Brooks, Randy, "Split Based Intelligence Operations During Desert Storm: a Glimpse of the Future Digital Army", Third International Symposium: National Security & National Competitiveness: Open Source Solutions Proceedings, 1994 Volume I.

[7] Bradley, Carl M., "Intelligence, Surveillance and Reconnaissance in Support of Operation Iraqi Freedom: Challenges for Rapid Maneuvers and Joint C4ISR Integration and Interoperability", Naval War College, 9 February 2004.

[8] Bird, John J., Analysis Of Intelligence Support To The 1991 Persian Gulf War: Enduring Lessons, Carlisle, P.A. Army War College, 3 May 2004.

[9] Clapper, James R., "Challenging Joint Military Intelligence", Joint Force Quarterly, Spring 1994, pp. 92-99.

[10] Clapper, James R., "Reorganization of DIA and Defense Intelligence Activities", Defense Intelligence Agency, 1994.

[11] Coles, John P., "Cultural Intelligence & Joint Intelligence Doctrine", Joint Operations Review, 2005, http://www.au.af.mil/au/awc/awcgate/ndu/jfsc_cultural_intelligence.pdf .

[12] Cannon, James T., "Improving Joint Reserve Intelligence Support to the Supported Commands' Joint Intelligence Operations Centers", Joint

Forces Staff College, July 13, 2008.

[13] Current, Michael L., "Adaptive Intelligence Planning: The Combatant Command J2 Fulcrum for Leveraging National Intelligence Support and Resources Today and Tomorrow", Naval War College, 6 November 2007.

[14] Dilday, Garry W., "Joint Intelligence Centers: Improving Support to Warfighters Below the JTF Level", Washington, D.C.: Joint Military Intelligence College, 1996.

[15] Doyle, John M., Actionable Intelligence: Getting Accurate Info To Decision Makers – Quickly, Institute for Defense and Government Advancement, 2013, http://www.hstoday.us/briefings/correspondents-watch/single-article/actionable-intelligence-getting-accurate-info-to-decision-makers-quickly/51a8bdb5cdb2f1b00b6a12c2f808abd9.html.

[16] Dento, James L., "Joint Functional Command for Intelligence, Surveillance, and Reconnaissance," Joint Force Quarterly, Issue 46, 3rd Quarter, 2007.

[17] Endsley, Mica R., "Automation and Situation Awareness", Automation and human performance: Theory and applications, R.Parasurman & M.Mouloua, 1996：pp.163-181, http://www.aerohabitat.eu/uploads/media/Automation_and_Situation_Awareness_-_Endsley.pdf.

[18] Estvanik, Robert D., "Intelligence and the Commander: Desert Shield/Storm Case Study", Newport, R.I.: Naval War College, 22 June 1992.

[19] Greenwood, Michael D., E Pluribus Unum: Enhancing Intelligence Support in the Network Centric Environment, Final Report, Naval War College, 5 February 1999.

[20] Gilmore, Gerry J., DoD to Set Up Joint Intelligence Operations Centers Worldwide, April 12, 2006, http://www.globalsecurity.org/intell/library/

news/2006/intell-060412-afps01.htm.

[21] Green, Jason D., "Integrating Mission Type Orders into Operational Level Intelligence Collection", Joint Advanced Warfighting School, Joint Forces Staff College National Defense University, 27 May 2011.

[22] Henson, Casey, "JIOC Segmented Architecture, Status & Way Ahead", CTO, May 2010.

[23] Hecker, Steven, "National-level Intelligence and the Operational Commander: Improving Support to the Theater", Newport, R.I.: Naval War College, 20 May 1994.

[24] Harwood, Matthew, "New Plan for Intelligence Coordination Released", 15 October 2007, http://www.securitymanagement.com/news/new-plan-intelligence-coordination-released.

[25] Iwicki, Stephen K., "CSA's Focus Area 16: Actionable Intelligence--Introducing the Concept of 'Actionable Intelligence'", Military Intelligence Professional Bulletin, Volume 30, Number 1, January-March 2004.

[26] Lose, James M., "National Intelligence Support Teams: Fulfilling a Crucial Role", https://www.cia.gov/library/center-for-the-study-of-intelligence/kent-csi/vol43no3/pdf/v43i3a08p.pdf.

[27] Marchio, James D., "The Evolution and Relevance of Joint Intelligence Centers", Studies in Intelligence, Volume 49, Number 1, 2006, pp. 41-54.

[28] Marchio, James D., "Days of Future Past: Joint Intelligence Operations During the Second World War", Joint Force Quarterly, Spring 1996, pp. 116-123.

[29] Marchant, John C., "The Case for the Establishment of a Theater Joint Intelligence Center", Norfolk, VA.: Joint Forces Staff College Archives (JFSCA), December 1948.

[30] Miller, Mark E., "The Integration of Operations and Intelligence Getting

Information to the Warfighter", Maxwell AFB: Air Command and Staff College, 1 March, 1997.

[31] Morris E, Levine L, Meyers C, "System of Systems Interoperability (SOSI)", Final Report, Software Engineering Institute, Carnegie Mellon University.

[32] McAninch, Kevin A., "Intelligence Campaign Planning: An Opportunity for the Army in Defense Intelligence Synchronization", School of Advanced Military Studies, United States Army Command and Staff College, AY 06-07.

[33] MacIntyre, Jean "Operational Intelligence in a Changing World", Newport, R.I.: Naval War College, 5 February, 2001.

[34] Olson, J. R., "Theater Exercise Intelligence Support Needs a 'Renaissance' ", Naval War College, 2004.

[35] Ohlke, Gordon, "All Source Intelligence Centre", The Canadian Army Journal, Vol.10.3, Fall 2007.

[36] Pendall, David W., "Military Epistemologies in Conflict", The Vanguard, Journal of the Military Intelligence Corps Association (MICA), Fall 2005, pp. 5-10.

[37] Quin, Mary E., "What's a JIC to do?" Naval War College, 18 May 2004.

[38] Rosenberg, Barry, "Joint Staff achieves intelligence superiority through collaboration", 10 September 2010, https://defensesystems.com/articles/2010/09/02/directors-view-collaboration-tools-benefit-intelligence.aspx?admgarea=DS.

[39] Rémillard, L. H., The "All-Source" Way of Doing Business—The Evolution of Intelligence in Modern Military Operations, Canadian Military Journal, Autumn 2007.

[40] Stavridis, James, "Intelligent Theater", Joint Forces Quarterly, Issue 56, 1st Quarterly 2010, pp. 104-108.

[41] Schacher, Gordon, Richard Kimmel and Douglas MacKinnon, "PACOM JIOC – Business Process Model", Naval Postgraduate School Monterey, CA 93943-5000, Dec, 2009.

[42] Schacher, Gordon, Nelson Irvine and Roger Hoyt, "Joint Intelligence Operations Center (JIOC) Business Process Model & Capabilities Evaluation Methodology", Information Science Department Naval Postgraduate School, CA 93943, 26 March. 2012.

[43] Saunders, Clayton D., "Al Qaeda: An Example of Network-Centric Operations", Naval War College, 04 February 2002.

[44] Stauffer, John D., National Intelligence Goes Operational: An Evolution Underway, Newport, R.I.: Naval War College, 13 February 1995.

[45] Twitty, Joseph J., "The Growth of JICPOA", Report of Intelligence Activities in the Pacific Ocean Areas, Pearl Harbor, HI., 15 October 1945.

[46] Valero, Larry A., "The American Joint Intelligence Committee and Estimates of the Soviet Union, 1945-1947", Studies in Intelligence, Summer 2000, No. 9.

[47] Westermann, Christian P., "Defense Reorganization: Evolution and Reformation of Defense Intelligence", Washington, D.C.: Joint Military Intelligence College, 1991.

[48] West, James P., "Gaining the Knowledge to Win", Marine Corps Gazette, Volume 89, Issue 12, December 2005.